21世纪技能创新型人才培养系列教材

新媒体系列

# 新媒体运营

## （微课版）



主　编◎杨临佳
副主编◎何志军　苏晓萍　林　娴
参　编◎余临倩　王雪莹　冯建铭

中国人民大学出版社
·北京·

图书在版编目（CIP）数据

新媒体运营：微课版/杨临佳主编．--北京：中国人民大学出版社，2023.8

21 世纪技能创新型人才培养系列教材．新媒体系列

ISBN 978-7-300-32043-4

Ⅰ.①新… Ⅱ.①杨… Ⅲ.①传播媒介－运营管理－教材 Ⅳ.①G206.2

中国国家版本馆 CIP 数据核字（2023）第 150093 号

21 世纪技能创新型人才培养系列教材·新媒体系列

**新媒体运营（微课版）**

主　编　杨临佳

副主编　何志军　苏晓萍　林　娴

参　编　余临倩　王雪莹　冯建铭

Xinmeiti Yunying

| | | | |
|---|---|---|---|
| **出版发行** | 中国人民大学出版社 | | |
| **社　　址** | 北京中关村大街 31 号 | **邮政编码** | 100080 |
| **电　　话** | 010－62511242（总编室） | | 010－62511770（质管部） |
| | 010－82501766（邮购部） | | 010－62514148（门市部） |
| | 010－62515195（发行公司） | | 010－62515275（盗版举报） |
| **网　　址** | http://www.crup.com.cn | | |
| **经　　销** | 新华书店 | | |
| **印　　刷** | 北京昌联印刷有限公司 | | |
| **开　　本** | 787 mm×1092 mm　1/16 | **版　　次** | 2023 年 8 月第 1 版 |
| **印　　张** | 17 | **印　　次** | 2023 年 8 月第 1 次印刷 |
| **字　　数** | 387 000 | **定　　价** | 49.00 元 |

# 前言

随着新媒体行业的快速发展，企业对于新媒体人才的需求形成了“发展速度快、招聘要求低、人员薪资高、人才需求大”的特点，新媒体高技能人才供需矛盾日益突出。本教材是针对开设新媒体相关课程的高职院校编写的，内容所涉范围全面、实用性强，配有数字化教学资源，如微课视频等。项目式教学更符合高职院校学生学情，能够有效培养学生新媒体职业技能。

党的二十大报告提出“教育是国之大计、党之大计”，首次将教育、科技、人才作为一个整体进行论述，强调“教育、科技、人才是全面建设社会主义现代化国家的基础性、战略性支撑”，“深入实施科教兴国战略、人才强国战略、创新驱动发展战略”。这充分体现了我们党对教育、科技、人才的高度重视，深刻揭示了建设教育强国、科技强国、人才强国的内在联系。只有加快建设教育强国，才能为建设科技强国、人才强国涵养源头活水。本教材的内容开发与设计从职业岗位能力需求分析出发，基于工作过程系统化的职教理念开发教材体系、改革教材内容，将新规范、新技术融入教材，进行专业升级和数字化改造，并有机融入爱国主义、文化自信、工匠精神等思政元素。

本教材主要分为以下五个项目：

项目一　新媒体概述：通过详细讲解新媒体的概念、特征，新媒体运营的思维以及新媒体发展的时代趋势，为读者夯实新媒体行业相关理论基础知识，帮助读者厘清在行业时代发展洪流中个人与企业的定位。本项目帮助读者站在宏观角度了解“新媒体是什么”。

项目二　新媒体平台：帮助读者快速熟悉新媒体平台的特色与功能，把握不同平台的内容调性，通过了解新媒体的平台类型、新媒体矩阵的搭建方式、主要新媒体平台的特征，为各平台的内容创作以及合理制定综合的新媒体运营策略奠定基础。本项目帮助读者站在微观角度了解“新媒体有哪些”。

项目三　新媒体文案写作：引导读者从了解新媒体文案的类型入手，了解新媒体文案有哪些类别、特征，什么样的新媒体文案才会被受众传播，接着了解新媒体文案的写作结构、步骤，最后通过了解短视频脚本写作、直播脚本策划、软文写作等，了解不同类型的文案写作技巧。本项目帮助读者掌握“新媒体文案怎么写”。

项目四　微信推文写作：微信推文是新媒体写作中最能体现文案基本功的部分，也是最重要的部分。读者通过细致地了解微信平台的内容创作流程，包括推文的类型、选题的策划、标题的写作方法、推文的结构以及推文的排版技巧等，进一步明晰新媒体文案写作的目的是引流变现。本项目的目标是帮助读者“见微知著”，通过一个平台中文案创作全流程的操作方法，了解其他平台的文案创作。

项目五　新媒体营销：在具有一定的新媒体文案写作功底后，写作需要服务于更复杂的、更具系统性的新媒体营销策划，即需要了解新媒体营销的类型及方法，并能够策划营销活动，在活动结束后能够复盘数据、解读数据，撰写数据分析报告。本项目的目标是帮助读者认识新媒体营销，形成数据思维，明白研究和分析数据是为了优化运营。



本教材的主要特色有：

第一，校企“双元”合作，编写团队结构合理。参与本教材编写的团队成员来自台州科技职业学院、宁波大学、临海市方一仁食品有限公司、台州花样年华服饰有限公司等，长期在新媒体专业第一线从事教学、科研与实践，并取得了相应的研究成果。

第二，融入课程思政元素，以习近平新时代中国特色社会主义思想为指导，全面贯彻党的二十大精神，把坚持为党育人、为国育才落到实处，将“育德”与“修技”有机结合。

第三，应用数字化资源，构建“声像图文”新形态一体化教材内容，微课及案例资源丰富。

第四，对接职业化标准，满足“双证”融通就业需求，将行业职业标准融入教材，在教材中把行业职业所需的基本知识、基本原理、基本技能、职业素质等，通过项目化、工作任务、工作过程的逻辑呈现出来，并通过典型案例、项目任务、能力拓展等途径内化为学生的基本素养，使学生就业时能够快速对接岗位需求。

第五，项目化教学结构，激发学生的学习主动性，以“项目导入，任务驱动”为主的教育教学理念逐步成为高等职业教育中的教学指导思想，适合以就业为导向的高职学生的心理特点，能激发高职学生学习的主动性。

本教材的内容以习近平新时代中国特色社会主义思想为指导，以行业背景知识和传媒基础理论为切入点，引入学科导论，通俗易懂地将实际工作中的操作场景融入课程，将理论知识与实际操作相结合，帮助学生更快速地学习新媒体相关理论知识，储备相关案例，成长为信息时代大国的“能工巧匠”；同时，为社会、组织、企业培养“互联网+”时代必备的具有系统学科知识储备及实操技能的优秀新媒体运营人才。此外，本教材也面向零基础的、处于初级阶段的新媒体运营人员，可以帮助他们对实际工作中的重难点实现各个击破，并合理规划其职业生涯。

**杨临佳**

# 目　录

# 项目一
# 新媒体概述

【知识目标】
- 了解狭义与广义的媒体概念；
- 了解新媒体的概念与特征；
- 了解新媒体的类型；
- 了解新媒体运营的九大思维；
- 理解 UGC、PGC、OGC 的含义及区别；
- 理解新媒体发展的时代趋势；
- 理解新媒体工作的内容；
- 了解新媒体岗位的类别；
- 了解新媒体岗位的技能要求。

【技能目标】
- 能够理解新媒体概念的相对性与动态性；
- 能够举例说明新媒体的特征；
- 能够具备新媒体思维，并能将其应用到实践中；
- 能够说出新媒体发展的四大时代趋势，并联系实际探讨其对人们生活的影响；
- 掌握不同阶段新媒体岗位的工作内容、职责要求与考核侧重点；
- 能够有意识地根据新媒体岗位技能要求培养不同的技能、素质。

【素养目标】
- 培养全媒体运营思维，初步掌握矩阵化运营能力；
- 培养新媒体思维，增强对新媒体发展趋势的认知；
- 培养新媒体职业理想和职业道德。

## 思维导图

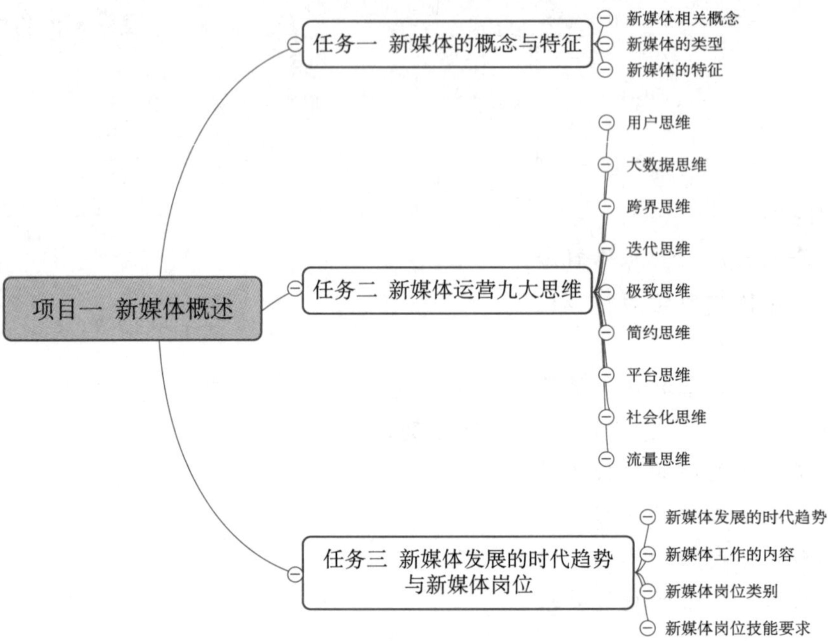


## 项目引例

### 一年卖出 10 亿元，故宫超级 IP 打造记

“故宫淘宝”已成为“互联网＋”时代文博产品运营的成功典范。作为一个拥有600 年历史的文化符号，北京故宫博物院拥有众多的皇宫建筑群、文物、古迹，成为中国传统文化的典型象征。它能够唤起中国人心中强烈的民族和文化认同感，这是故宫能成为文化领域超级 IP 的重要基础。

1. 2012—2015 年——改变故宫的人，和点亮故宫的那一划火柴

说到故宫博物院，就不得不提到前院长单霁翔。如果把故宫博物院比作一家企业，那作为故宫管理的负责人，他就是企业的 CEO。他在 2012 年上任后，便开始了故宫 IP 的转型与打造。他不仅走遍了故宫 9 371 间房子，争取到领导划批 4 亿元的文物保管预算，凭借段子红透网络，更看到了 1 700 多千米外的台北“故宫博物院”划亮的那道火光。

2013 年，台北“故宫博物院”推出的“朕知道了”纸胶带受到市场的热捧，也在社交媒体上爆红。单院长看到了故宫 IP 在文创上蕴含的巨大潜力，便开始推出故宫超级 IP 计划。2013 年，故宫博物院开始运营微信公众号，早期文章风格比较平实、内容比较严肃，无人设定位，直到 2014 年“画风”发生了转变。

2014 年，“故宫淘宝”发布的微信公众号文章《雍正：感觉自己萌萌哒》引起广泛关注。在这篇文章里，雍正一改严肃庄重的古代皇帝形象，通过反差感“卖萌”，成为故宫品牌下的第一个 IP 代言人。可以说，新媒体运营的成功，是故宫 IP 火起来的一大

关键，如今“故宫淘宝”的微信推文10万+的比比皆是，先是一本正经地科普故宫传统文化，然后再卖着萌销售文创产品。

另外，自2013年首次试水开发上线App“胤禛美人图”以来，故宫博物院共上线了“紫禁城祥瑞”“皇帝的一天”“韩熙载夜宴图”“每日故宫”“清代皇帝服饰”“故宫陶瓷馆”“掌上故宫”等8款App。故宫App制作精良已经成为业内共识，其中不少App曾成为苹果应用商店的“年度精选”App。

随着手机App的广泛应用，用户与故宫文化的互动不再局限于线下，越来越多的人了解了故宫文化以及背后的故事，尽管不是营利性质的产品，但通过对自身IP的挖掘，仍可以通过文创产品的销售带来相当可观的收入。

2. 2016年——打破围墙，线上跨界活动

2016年，一个《穿越故宫来看你》H5在朋友圈中刷屏，同样是通过反差人设进行“卖萌”，让鲜活、年轻化的故宫IP真正意义上进入了大众视野。这个H5其实是腾讯NEXT IDEA与故宫的一次跨界合作，目的是为QQ表情创作大赛做宣传，但却自此拉开了故宫IP跨界玩法的序幕，卡地亚、Kindle、QQ音乐、抖音、小米、百雀羚等品牌，争先恐后地向故宫博物院抛出合作的橄榄枝。众多品牌联合，覆盖了几乎全年龄段受众，尤其受年轻群体喜爱，成功地向所有人展现了一个历史悠久但又活力迸发的新故宫IP。

3. 2017年——“卖萌”卖出的15亿元

单霁翔院长曾晒出2017年故宫文创的成绩单，仅2017年一年，故宫文创的销售收入就已经达到15亿元，在售文创产品种类超过1万种。如果对数字没有概念，可以想象一下，15亿元超过了1 500家A股上市公司的收入。据报道，故宫博物院专门从事文创工作的人员有150多人，分布在文化创意产品策划、设计、生产和销售等各个环节。

4. 2018年——口碑影视综艺收获流量

除了线上的各类品牌联动，故宫博物院当然没有忽视在影视方面的投入，从纪录片到综艺节目均有涉及。故宫博物院共推出了《故宫》《故宫100》《故宫往事》《我在故宫修文物》《故宫新事》5部豆瓣高分纪录片，2018年还上线了三档综艺节目，分别是《国家宝藏1》《国家宝藏2》《上新了·故宫》，三档综艺节目豆瓣评分均在8分以上，每一部都口碑不俗，实属难得。

另外，在2018年末，故宫博物院旗下的两家官方机构“故宫文创”和“故宫淘宝”均推出了彩妆产品，朋友圈刷屏之后便一货难求，成为“国潮”品牌中的最新代表。

5. 自带风景的事件营销操作

2019年元宵的“紫禁城上元之夜”正是故宫博物院在事件营销方面的最佳案例。故宫博物院官网先发布了活动时间以及票务预约消息，然后预先发布了故宫建筑群提前点亮造势的夜景图，既是首次举办灯会活动，又是首次夜间接受公众预约，踩准了元宵节的节点，这一波节日事件营销成功刷屏，朋友圈中更是“一票难求”。

故宫博物院是一个巨大的IP宝藏，同时也是一个IP综合体，拥有着数量众多的子IP，而在每个历史人物以及每件文物背后，都能延展出动人的故事与巨大的商业价值。接下来故宫博物院要做的，应该会是在IP发掘、衍生品打造上继续创新拓展，同时在

内容方面不断输出，既需要输出传统的文化内容，也需要根据时代变化输出新的内容，让这个600岁的IP不断保持活力，走向世界。

资料来源：郑卓然．故宫超级IP打造记：故宫是怎么一路火起来的？．（2019-02-21）[2023-02-15]．人人都是产品经理网站．

**分析提示**

故宫博物院作为中国地标性的传统文化景点，近几年来在互联网背景和新媒体时代的推动下，成功转型为一代超级文化类大IP，成为国内外博物馆争相学习的典范。故宫博物院营销的成功不是偶然的，更不仅仅是千年文化的赋能，而是懂得借助互联网的东风和擅于利用新媒体营销思维的结果，其背后的营销思路值得学习、借鉴。



# 任务一　新媒体的概念与特征

## 情境重现

某服装厂商一直以来都是用传统的分销形式卖货，随着年轻一代渐渐进入厂商销售部门，厂商领导看到了许多新的变化：短视频创意带来火爆的销量；直播带货群情高涨；微博的话题互动让品牌赢得了消费者的关注与好感；微信公众号、小红书的软文推广潜移默化地影响着品牌的成长……这些似乎都是现在的商家不能错过的渠道。那么，新媒体是什么？它包含了哪些范畴呢？

## 课堂讨论

表1-1“选项”中哪些是“新媒体”？请你仔细思考后做出判断（是的打“√”，不是的打“×”）。

**表1-1　判断哪些是“新媒体”**

| 选项 | 结论（“√”或“×”） |
| --- | --- |
| 抖音/快手 | |
| 今日头条手机客户端 | |
| 电视 | |
| 哔哩哔哩（B站） | |
| 地铁广告屏 | |
| 知乎 | |
| 报纸 | |
| 舍而文化（SocialBeta）微信公众号 | |

## 知识准备

新媒体时代，媒体与受众的关系从单向灌输向双向互动转变。媒体与用户之间，随时都在进行信息、观点、情感的交流、交锋、交融。从简单交互，到深度参与，直至出现像微博、微信、抖音、快手这样几乎完全由用户提供内容的平台，媒体与用户日益成为信息传播共同体、价值判断共同体、情感传递共同体。

### 一、新媒体相关概念

#### （一）媒体的概念

媒体是什么？

“媒体”一词是拉丁语“Medius”的音译，也叫媒介。

媒体有广义和狭义之分。广义的媒体是指人们用来传递信息与获取信息的工具、渠道、载体、中介物或技术手段。加拿大著名传播学者马歇尔·麦克卢汉（Marshall McLuhan）在《理解媒介：论人的延伸》一书中提出“媒介即讯息”，言简意赅地将媒体所具有的积极的能动作用概括出来。我们可以从一定程度上将媒介理解为人感官的延伸，例如文字作为一种媒介，与印刷媒体结合便延伸了人的视觉能力。狭义的媒体指的是传统的四大媒体，即报纸、电视、广播和杂志。

#### （二）新媒体的概念

新媒体的概念

清华大学的熊澄宇教授认为，新媒体主要是在计算机信息处理技术的基础上产生的媒体形态，包括在线的网络媒体和离线的其他数字媒体形式。因此，新媒体是一个相对的概念，是新的技术支撑体系下出现的媒体形态，如数字杂志、数字报纸、数字广播、手机短信、移动电视、网络、桌面视窗、数字电视、数字电影、触摸媒体等。相对于报纸、电视、广播和杂志这四大传统意义上的媒体，新媒体被形象地称为“第五媒体”。

美国《连线》杂志认为，新媒体是所有人对所有人的传播。在智能终端产业（主要包括个人电脑、智能手机、智能电视）发展的推动下，每个人都成了“信息人”，拥有了贴身的信息工具，提升了信息化水平，每个人都拥有了“新媒体能力”。因此，“新媒体”是一个动态的概念，是利用数字技术和网络技术，通过互联网、宽带局域网、无线通信网、卫星等渠道，以及电脑、手机、电视等智能终端，向用户提供信息和娱乐服务的传播形态。随着科学技术的不断进步，人们的信息需求也在不断发生变化，新媒体的内涵也会相应发生变化。

简单地说，新媒体就是指当下“万物皆媒”的环境，它包含了所有数字化的媒体形式。新媒体的本质在于：人人都可以是信息的生产者，也都可以是信息的传播者。新媒体的意义在于：每个人都在信息传播中被赋予了话语权，每个人对于内容都有投票权。

**知识链接**

新媒体、自媒体、融媒体、全媒体有何不同?

媒体的形态越来越多，相关术语越来越复杂，比如新媒体、自媒体、融媒体、全媒体……对于运营者、大众、用户来说，这些五花八门的名词到底有什么区别?

它们各有什么样的特点？相互之间有什么样的关系？

**新媒体——企业品牌宣传和产品营销的利器**

对于企业来说，新媒体获取用户、品牌宣传、产品营销的路径有着独特的优势。

第一，成本优势。比起传统媒体动辄需要一次性投入上百万元、千万元甚至过亿元的资金投入才能实现，新媒体则不需要一次性投入大量的资金，就可以借助平台进行产品营销和品牌宣传。

第二，数据优势。新媒体本身就是技术发展的产物，可以对数据进行很全面的收集和反馈，各类新媒体平台都可以看到内容发布之后的数据反馈，据此可以对用户、粉丝等进行精准的数据分析。

第三，内容优势。新媒体的内容多样，表现形式和表现过程也比较丰富，可以将文字、音频、图像、视频等融为一体，既可以扩展延伸也可以纵深挖掘，内容的创作显得更加便捷简单。

第四，时空优势。基于互联网的各种终端，新媒体用户可以方便地接收信息。互联网的基础用户在不断增加，受众群体越来越广，用户接收信息不受时间、空间的影响，相比传统媒体的各种档期、审核等复杂的流程，新媒体可以做到即时创作、即时发布、即时接收。

第五，传播优势。在新媒体领域，人人都是信息接收者，也都可以成为信息的分享者和传播者，用户可以一边接收信息，一边对信息进行动作交互，如点赞、评论、分享等，更加利于信息的传播与扩散。

**自媒体——人人都可以是自媒体**

自媒体是指普通大众通过网络等途径，向外发布他们本身的事实和新闻的一种传播方式，也可以说是普通大众经由数字科技与全球知识体系相连之后，提供与分享本身事实和新闻的一种途径。人人都可以是自媒体，自媒体有着特别的优势。

第一，门槛优势。自媒体是基于互联网内容产生的，没有统一的标准，也没有相应的统一规范。自媒体的内容由自媒体人自行决定，每一个人的创作能力不一样、学历知识不一样、兴趣爱好不一样，但是都可以通过自媒体内容运营来表达自我、实现自我。

第二，小众优势。个性化是自媒体最为重要的一个特性。其受众是以小群体的形式不断聚集和传播信息的，例如音乐爱好者、影视爱好者、汽车爱好者等，只要有优质的领域内容就可以得到粉丝、用户的认可，受到人们的关注和传播。

第三，交互优势。这也是自媒体的根本属性之一。其实不论是自媒体人还是自媒体内容的接收者，使用自媒体的核心目的都是满足相关兴趣领域沟通交流的需求，通过各种形式的交互来强化自我价值的体现。

第四，碎片优势。碎片化是现代社会信息传播的趋势，受众越来越习惯和乐于接受简短、直观的信息，自媒体人与专业的传统媒体和组织化的新媒体运营者相比，生产创作各类简单、直接、碎片、接地气的信息内容就有着更明显的优势。

第五，变现优势。副业赚钱、知识付费、社群经济等各类新兴概念，已经被大众所熟知和接受。自媒体人可以利用自身优势，进行各类别的内容创作，逐步形成关键意见领袖（KOL）、关键意见消费者（KOC）、个人IP等，借助平台实现不同的变现路径和变现方式。

**融媒体——资源通融、内容兼融、宣传互融、利益共融**

“融媒体”首先是个理念。这个理念以发展为前提，以扬优为手段，把传统媒体与新媒体的优势发挥到极致。“融媒体”不是一个独立的实体媒体，而是把广播、电视、互联网的优势加以整合和利用，使其功能、手段、价值得以全面提升的一种运作模式，是一种实实在在的科学方法。

**全媒体——媒体的数字化、分众化、多元化、融合化**

全媒体指采用文字、声音、影像、动画和网页等多种媒体表现手段，利用广播、电视、音像、电影、出版、报纸、杂志和网站等不同媒介形态，通过融合的广电网络、电信网络以及互联网络进行传播，用户以电视、电脑及手机等多种终端均可完成信息的融合接收，最终实现任何人在任何时间和任何地点以任何终端都可获得任何想要的信息。

融媒体和全媒体具有下列关系：第一，融媒体是媒体融合的阶段性成果，全媒体是媒体融合的最终成果；第二，融媒体强调融合的过程，全媒体强调融合的结果。

各类别的媒体相互之间的关系如图1-1所示。传统媒体的传播主体主要集中于政务、媒介，新媒体的传播主体范围更广，包括政务、媒介、组织和个人，而自媒体和社会化媒体则以个人和小团队为主。新媒体是一个较大的概念范畴，自媒体从属于新媒体，全媒体侧重于品类齐全，融媒体则侧重于各门类融通而又有显著的个性存在。

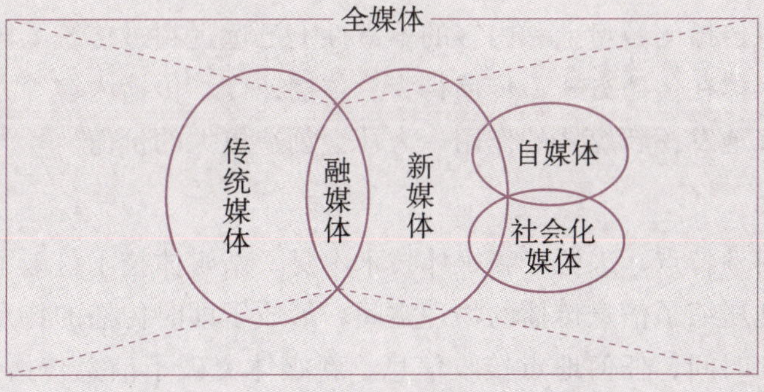


图1-1　各类别的媒体相互之间的关系

资料来源：李明杰．新媒体、自媒体、社会化媒体、融媒体的区别是什么，特点是什么．(2021-01-14)［2023-02-15］．https：//baijiahao.baidu.com/s?id=1688868949801423261&wfr=spider&for=pc.

## 二、新媒体的类型

随着信息化数字技术、互联网技术和移动通信技术的发展，信息的产生、加工与传播方式发生了翻天覆地的变化，在新闻资讯、社交娱乐、产品营销等领域出现了许多新的媒体形态，本书在此基础上将新媒体划分为三种类型：数字新媒体、网络新媒体和移动新媒体。

### （一）数字新媒体

数字新媒体是指第一媒体（纸质平面媒体）、第二媒体（广播）、第三媒体（电视）应用数字技术记录、处理和传播信息而形成的新的媒体形态，主要包括数字电视、数字期刊、电子书等。数字技术已经充分运用到新媒体的内容生产、存储和接收过程中，它改变了信息传输方式，提高了信息传输质量。

### （二）网络新媒体

网络新媒体是指第四媒体（互联网）发展到宽带互联网阶段，在计算机技术的支持下，以互联网为主要传播载体的媒体形态，主要包括门户网站、搜索引擎、即时通信工具、微博、网络直播等。在以因特网为标志的网络环境下，信息的传播突破了时间与空间的限制，在更高程度上实现了全社会的共享。在网络新媒体环境下，内容的生产方式发生了变化，用户成为信息与内容生产的主体之一。用户主导、用户参与、用户分享、用户创造是网络新媒体的重要特点。

### （三）移动新媒体

移动新媒体是指在移动通信技术的支撑下，通过以手机为代表的各种移动视听终端，即时传播和展示信息内容的个性化媒体，是具备移动便携特性的媒体形态，也被称为第五媒体，包括手机媒体、平板媒体、移动车载媒体等形态。其中，智能手机是移动新媒体的代表。移动新媒体具有传播速度快、传播范围广、信息到达率高、传播成本低、影响力大、受众精准的特点。

## 三、新媒体的特征

新媒体在信息传播的数量上和内容的丰富性上已远远超过传统媒体，具有独特的传播优势。了解新媒体在传播方式、传播行为、传播速度、传播内容等方面的特征能够让新媒体工作者更好地发挥新媒体的作用，为社会创造更大的价值。

### （一）即时性

新媒体的即时性特点，来源于新媒体技术本身。新媒体技术打破了传统媒体在时间上的限制，极大地压缩了信息传播的物理空间，形成了即时传播的特点，使得新媒体的使用者可以在任何时间、任何地点接收信息。新媒体突破了信息传播对时空的依附性，网络信息在任何一个网点引起的涟漪，都能迅速波及全球，瞬间到达分布于各个地区的接收者。纵然远隔千山万水，新媒体技术也可以实现信息传播的“零距离”。新媒体上的信息以小时甚至分钟为周期更替，通过新媒体人们可以随时了解到世界各地发生的大事，真正做到了“足不出户，便知天下事”。相对于传统媒体来讲，新媒体是迄今为止速度最快的传播媒介，其传播信息的速度令人惊叹，在短短的几十年间，随着光纤通信系统的发展，网络传输速度提高了几万倍，从每秒几千和几万字节的普通电信网，发展到每秒几十亿字节的光纤网。也就是说，像一根头发丝那样细的光纤在不到 1 秒钟的时间里，就可以传送《华尔街日报》创办以来每期报纸的所有内容。

### （二）交互性

广播、电视等传统媒体的信息传播方式是线性传播、单向传播，这就使受众对信息的反馈大部分都是延迟的、事后的。而新媒体的出现，则彻底改变了受众在信息传播中的被动地位，在媒体与受众之间、受众与受众之间建立了一种多元化的互动交流关系。通过新媒体，信息传播者和接收者的身份不再明确，每个人都可以成为传播者，也都可以成为接收者，二者的地位平等。新媒体实现了传播者和接收者之间信息的双向互动传播，当传播者将信息发布在网上之后，接收者可以马上做出反应，还可以根据个人的思想观点、兴趣爱好对其进行补充和修改，并及时将信息反馈给传播者，也可以转发给其他人，实现信息的双向互动、多向互动。例如网络论坛、网上聊天等就是典型的交互式信息传播模式。

### （三）共享性

麦克卢汉（Marshall McLuhan）于1962年在《谷登堡星汉璀璨：印刷文明的诞生》中首次提出了“地球村”的概念，说它“最著名但最不为人所理解”。麦克卢汉指出：“由于电力使地球缩小，我们这个地球不过是个小小的村落。电力可能会使人的意识放大到全球的规模，电力媒介将会使许多人退出原来那种分割的社会——条条块块割裂的、分崩离析的社会，产生一个人人参与的、新型的、整合的地球村。”如我们所看到的那样，使“地球村”预想成为现实的“电力媒介”就是现今迅速发展的新媒体。随着新媒体技术的发展，信息的传播已经逐渐突破了地域的限制。作为新媒体典型代表的互联网，已经将世界联系成了一个整体，庞大的地球可以说已经成为一个“地球村”。新媒体给人们带来了一个广阔的信息海洋，而且网络上的海量信息面向社会大众开放。无论何时何地，只需要轻轻点一下鼠标，方便、快捷、强大的网络搜索功能就能为我们提供所需要的信息，实现信息共享的全球化、最大化。

### （四）虚拟性

我们以新媒体的重要代表——网络媒体为例，阐述一下新媒体虚拟性与匿名性的特点。网络世界中的各种信息如文本、图片、音频、视频等都是以数字信号的形式被传输、记录和存储的。也就是说，网上传播的信息仅仅是一串串虚拟的符号。在网络这个虚拟的世界中，传播者和受众的角色大多是虚拟的，信息交流的双方均由抽象的符号代替。正如英国社会学家吉登斯（Anthony Giddens）所说：“在互联网上，没有人可以知道其他人的真正面貌——他们是男性还是女性，或者生活在哪里。”法国后现代主义思想家鲍德里亚（Jean Baudrillard）也说过：“在网络空间里，我们不再是‘人’，而是出现在另一个人的电脑屏幕上的信息。”人们通过一个个ID来代表自己，真实的身份、性别、年龄都可以隐匿起来，这样人们就可以毫无顾忌地以某种虚拟的身份相互沟通、交流，可以自由地展现自我、发泄对周围事物的不满、上传各种各样的信息。

### （五）个性化

人们对新媒体信息不仅有选择权，还有控制权，可以改变信息传播的内容和形式。人们可以根据自己的需求精选信息，如通过搜索引擎收集自己感兴趣的信息，通过新闻类App、QQ、微信、电子邮件定制新闻资讯。人们还可以根据自己的职业、爱好、兴趣，通过手机、电脑进入不同的论坛、博客、直播间等平台，与不同的人群讨论共同感兴趣的话题。每一个人，不管是作为信息的传播者还是接收者，都可以自由地发表观点、传播信息等。新媒体可以满足不同人的不同需求，给新媒体用户提供个性化的展示平台。

# 任务二 新媒体运营九大思维



## 情境重现

随着开设新媒体账号想法的推进，该服装厂商领导发现，他们其实并不懂新媒体应该如何运营，以及要怎样运营才能快速获得消费者的关注和青睐。此外，他们也发现了一批在互联网中从 0 到 1 快速成长起来的企业，有的从成立到上市甚至只用了短短几年的时间，这速度是传统企业无法想象与比拟的。那么，做好新媒体运营，需要具备哪些思维作为基础呢？

## 课堂讨论

你对哪些互联网品牌印象深刻？请说说这些品牌分别给你留下了怎样的印象。

## 知识准备

一个毫无餐饮行业经验的人开了一家餐馆“雕爷牛腩”，仅用 2 个月时间，便获得风险投资（VC）6 000 万元，估值高达 4 亿元人民币；3 位“80 后”男生创立的国货美妆品牌“完美日记”，仅 4 年时间市值就飙升至 873 亿元；“小米”成立 3 年时，估值已达 100 亿美元……这 3 家企业虽然分属不同的行业，但又惊人地相似，它们的成功与新媒体运营思维有着紧密的联系。完成本任务的学习，你将全面了解新媒体运营九大思维的含义及应用场景。

随着互联网的发展，诞生了一批“新物种”——那些让人无法用过去的思维、逻辑和行为模式去评价和判断的新公司，比如通过“卖萌”年入 10 亿元的故宫淘宝、把书籍销售和培训升维成知识付费的知识服务商“罗辑思维”，以及把“鸡汤”贴片广告做成互动营销的“新世相”公众号等。移动互联网对媒体行业的变革，是包括内容定位、内容生产、产品运营机制以及商业模式等在内的全方位链条式变革。

新媒体是这些“新物种”的构成部分之一，新媒体的“新”并不仅仅是指工具的进化（从竹简、报纸、电台、电视、门户到公众号等），更是指思维、逻辑和行为模式上的整体进化。因此，新媒体从业者在学习新媒体相关技能之外，更要学会运用以下九种新媒体运营思维，如图 1-2 所示。

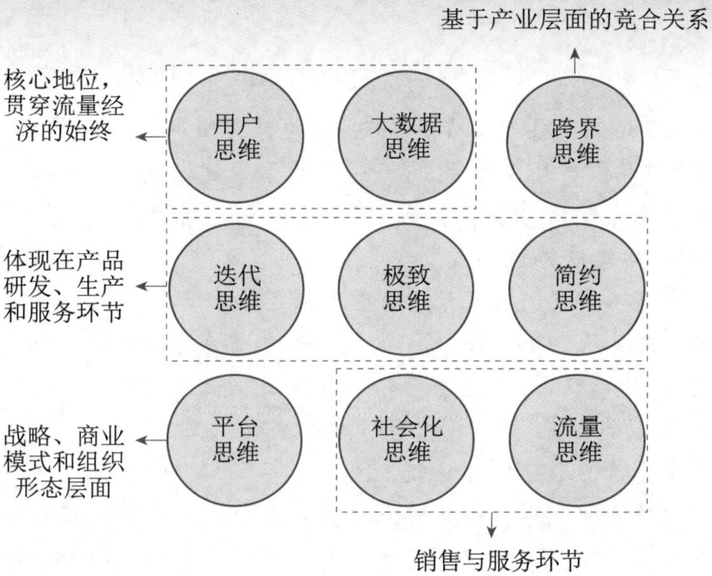


图 1-2　新媒体运营九大思维

## 一、用户思维

在传统营销思维中，在诉说产品卖点时更倾向于表述产品的功能特点有哪些。例如，卖手机时，大多数厂家都在表述自己用的是高通芯片，摄像头是 1 500 万像素，屏幕 5.7 英寸……这就决定了需要用户自己去判断该产品是否符合自己的需求。而用户思维想要做到的则是实现产品卖点与用户需求间的快速匹配，站在用户角度直接描述产品利益点，让用户不用思考就能立即做出判断。这就是传统思维与用户思维诉说产品卖点的区别（如图 1-3 所示）。例如，某手机的广告语——“××手机，就是快!”，直接亮出产品给用户带来的利益点和价值点，一下子就抓住了用户急需解决的智能手机卡顿的问题。

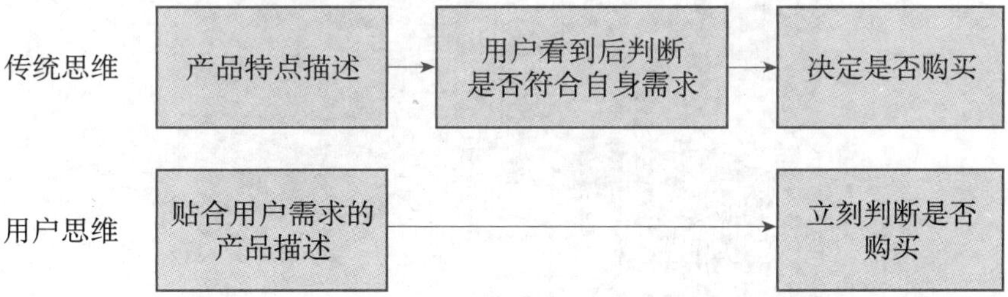


图 1-3　传统思维与用户思维诉说产品卖点的区别

用户思维是指“以用户为中心，站在用户角度考虑问题”，换位思考，打动用户，解决用户的需求与痛点。微信创始人张小龙说过，“一切以用户价值为归依”，这就是用户思维的体现。用户思维不只是应用在所服务的用户身上，只要是与人交流、与人协作的场景，都是用户思维的应用场景。在新媒体时代，用户反馈和评价将成为新媒体产品修正、改革和努力的方向。

## 对点案例

### 产品设计、市场营销、日常生活中的“用户思维”

用户思维，顾名思义，就是“站在用户的角度来思考问题”的思维，或者更广泛地说，就是站在对方的角度，换位思考。在产品设计和营销领域，具备用户思维至关重要。

产品经理随时将大脑从“专业模式”“专家模式”切换到“用户模式”或者“傻瓜模式”，就是用户思维的体现。

下面，我们通过一些案例，来分别看看产品思维在产品设计领域、市场营销领域以及日常生活当中的体现。单单按照一个维度进行分层是不够的，我们需要更多分类维度，做更细致的划分。

1. 产品设计领域的体现

案例：空气净化器的用户思维缺失

某品牌有一款空气净化器，购买时会随机器附带四层滤网。但这四层滤网并没有分开包装，而是提前安装在机器中。这样，用户拿到设备后，很自然地直接插上电源打开开关，就认为开始工作了。殊不知由于那四层滤网的塑料封套没有拆除，因此根本起不到空气净化效果。机器在工作时也不会自动检测到这个问题，很多用户是在使用几个月后准备更换滤网时才发现的。尽管设计者也做了告知工作，他们在电源插头上粘贴了一个小小的黄色标签，并在产品使用说明书上提示用户要先拆除滤网塑料封套，但问题是，那个小小的黄色标签用户很容易忽略，也很少有人是在仔细阅读说明书后再使用产品的。这就是用户思维缺失导致用户体验出问题的典型案例。

2. 市场营销领域的体现

案例：硬广投放中的用户思维

小米计划在某一年的全球移动互联网大会（GMIC）上为小米手机投放广告，他们先后设计了好几个版本，最后投放的是图 1－4 所示的这则广告。

图 1－4　全球移动互联网大会上的小米手机广告

从设计的角度来看，小米的广告可以说非常简陋，而并排放置的另外三个广告明显是“精心设计”的，可是，它们基本上什么都看不清，算是无效广告！尽管这四个广告物料的尺寸都很大，但由于是悬挂在现场入口通道的顶部，距离与会者很远，因此字太小的话，什么都看不见。加之大家都是匆匆走过，根本不会驻足研究。因此，没有用户思维，广告信息不够简练、设计不够醒目的话，广告投放的钱就白扔了。

3. 日常生活当中的体现

案例：没有用户思维的包装

在一场马拉松比赛中，发生了“运动员误食香皂”事件。运动员怎么会误食香皂呢？原来是这样的，组织者在发给运动员的“完赛包”中，非常体贴地提供了一块水果味香皂，意在让他们比赛完洗漱时使用。这块香皂的外包装正面通体印着诱人的葡萄，使它看起来很像是块甜点。上面只有一行英文小字写着“fruity soap/grape”，提示这是葡萄味香皂。然而，在现场，那些又饥又渴的选手们怎么会注意到这个细节，他们顺手撕开包装就啃了起来。一吃，才发现不对。

从上面的案例中可以看出，具备用户思维非常重要。用户思维不仅体现在产品设计和营销策划中，而且贯穿于日常生活的方方面面。设计者思维与用户思维的对比见表1-2。

**表1-2 设计者思维与用户思维的对比**

| 类别 | 案例 | 设计者思维 | 用户思维 |
| --- | --- | --- | --- |
| 产品设计 | 净化器滤网 | 看黄色提示标签，阅读说明书 | 插上电直接使用 |
| 市场营销 | 硬广投放 | 信息充分、设计精美，电脑上看着不错 | 只能看见大的字符、图案 |
| 日常生活 | 香皂 | 比赛后方便洗漱，包装上标识明确 | 又饥又渴，包装上有食品图案，撕开就吃 |

首先，我们要认识到，掌握用户思维的确很难，这是由以下几方面的原因造成的：

(1) 知识的“诅咒”：人一旦获得了某种知识或经验，就很难体会没有它的感觉。

(2) 人性的影响：人们普遍是没有耐性的，所以会凭直觉、下意识做判断。

(3) 测试的缺失：测试不充分或者缺失，导致问题的发生。

其次，尽管很难，但我们还是有办法，慢慢修炼我们的用户思维能力：

(1) 时刻保持警醒：心里始终装着用户，并始终承认我们与用户想的有差别；在产品设计、运营推广等各个环节，要去反思是否真正体现了用户思维、心里是否时刻装着用户。

(2) 到生活当中去：在生活当中，站在用户的角度仔细观察、认真思考，不断磨炼用户思维。

(3) 到产品当中去：要经常使用自己的产品，并走出办公室到各种场景中去检验。

(4) 到用户当中去：多做用户调研和回访，了解用户的真实想法。

只有这样，才能深刻地理解用户思维，并逐步掌握用户思维。只有这样，你才能做到不脱离用户，在产品设计和营销上取得成功。

资料来源：朱百宁．大家常说的用户思维，你真的理解透了吗？．(2017-07-26)［2023-02-15］. https：//www.huxiu.com/article/206819.html?f=member_collections.

**分析提示**

用户是产品的最终使用者，他们最关心的是使用价值，只有真正地深入用户、理解用户、明白用户的需求，才能获得用户的认同感和信任感，从而获得生存的优势。要以用户为核心，将用户思维贯穿于产品的开发、设计、包装、营销、售后服务等各个阶段。

## 二、大数据思维

大数据思维的核心是理解数据的价值，通过数据处理创造商业价值。

数据，已经渗透到当今每一个行业和业务职能领域，成为重要的生产因素。人们对于海量数据的挖掘和运用，预示着新一波生产率增长和消费者盈余浪潮的到来。在现代社会，电子设备及传感器无处不在，它们无时无刻不在收集用户的数据，只要你使用电脑、手机、智能音箱等，你的行为就会被后台记录下来，经过数字化成为数据。这些数据在我们所倡导的智慧城市、智慧办公、智慧医疗中发挥着重要作用。大数据不仅仅是一种海量的数据构成，更是一种思维方式，用大数据来提高效率、分析趋势、服务发展已经成为各行各业的常态。

大数据思维是指通过各种方法收集用户的数据，了解用户需求，然后改进个人决策，不断迭代。数据分析不能为了分析而分析，而要将落脚点放到业务、产品和用户上。有人把数据比喻为蕴藏着能量的煤矿。煤炭按照性质可分为焦煤、无烟煤、肥煤、贫煤等类型，而露天煤矿、深山煤矿的挖掘成本又不一样。与此类似，大数据重点并不在于“大”，而在于“有用”。价值含量、挖掘成本比数量更为重要。什么是大数据思维？维克托·迈尔-舍恩伯格认为：第一，需要全部数据样本而不是抽样；第二，关注效率而不是精确度；第三，关注相关性而不是因果关系。

## 三、跨界思维

人类文明经历了几百年的迅速发展之后，各行各业的知识越来越细分化和专业化。而且各个领域在专业程度提升的基础上相互之间的距离越来越远，发生的问题也越来越复杂，解决问题很难单独依靠某一个领域的专业知识，而是需要借鉴完全不同领域的研究成果和思维模式。跨界思维的出现是为了解决问题，即为解决各种专业领域的问题提供了新的思维模式——跳出既有解决方法的桎梏，借鉴其他领域解决问题的思维模式，回归问题本质，找到规则和趋势之下的原理，从而找到另辟新径的问题解决策略。

跨界思维本质上是一种开放、创新、发散的思维方式。例如，网易云音乐和亚朵酒店跨界合作的主题酒店“睡音乐”（如图 1 - 5 所示）在 2020 年 4 月 1 日开业，它融入了该音乐平台的两大核心元素——听歌与乐评，让人们入住酒店不仅可以达到休息的目的，还可以通过听音乐和读乐评故事享受一场独特的视听盛宴，体验到一种有品质的休息。

图 1-5　网易云音乐和亚朵酒店跨界合作的主题酒店“睡音乐”

## 四、迭代思维

在互联网经济崛起的当下，“快速迭代”已经成为互联网思维的重要组成部分。“迭代”从一个普通的数学概念发展为软件开发的一种模式，又进一步发展成为贯彻于产品设计与商业模式创新的一种经营思路。小米和腾讯在行业大会中都多次提到一句话——“小步试错，快速迭代”，具体来说就是“不追求完美，允许有所不足，尽早将产品推到用户面前，接收反馈，不断试错，持续完善产品”。任何产品最开始的版本，都会有不足之处，只有不断地改进和完善，产品才不会被淘汰。任何一家互联网公司，都必须快速创新，因为互联网时代是一个“快鱼吃慢鱼”的时代，而不是“大鱼吃小鱼”的时代。对现在的企业来说，迭代思维就是循环执行、反复执行，是颠覆式的创新，也是用快速变革来迎接不确定的挑战，经过几次迭代，也许就会出现全新的“物种”。

迭代思维的规则可概括为：建立初代模型、快速推向市场、循环反馈更新。例如，苹果对手机的迭代分为硬件和软件两部分：硬件从 2007 年的初代 iPhone 一直到 2023 年的 iPhone 15，不断迭代更新（如图 1-6 所示），从手机屏幕尺寸到摄像头像素，再到 CPU 和内存，凡是和手机相关的硬件几乎都进行了迭代。软件从 iOS1 到 iOS17，从拟物化到扁平化，从滑动解锁到人脸识别，再到“灵动岛”。硬件和软件的双重迭代，使得苹果手机一直处在行业领头羊的位置。有人曾问苹果首席执行官（CEO）库克苹果频繁迭代的意义是什么，库克说：“先占有市场，保持领先，然后不断否定并超越自己。”

图 1-6　iPhone 机型迭代

## 五、极致思维

极致思维，就是把产品、服务和用户体验做到极致，超越用户预期，从“渠道为王”转变为“产品为王”。这种淬炼心性、养成自己、以行诲人的精神与理念也可以称为“匠人精神”。首先，极致思维需要择优而精，而非面面俱到。要打造出产品的亮点，以此形成自己品牌的基点。其次，极致思维需要价值优先，而非一厢情愿。在解决用户的真实痛点方面做到极致，而非自己一厢情愿来决定产品的走向。最后，极致思维需要坚持创新，而非故步自封。

国产动画电影《哪吒之魔童降世》在豆瓣获得了 8.4 分的高分，评分人数高达 170 多万人，这无疑是一个里程碑式的进步。而导演觉得能完成这样一部作品最重要的就在于“热爱”和“坚持”，并对作品做到了 100%的极致付出。全片历时五年制作完成，5 000 多个镜头，1 318 个特写镜头，参与制作人员超过 1 600 人，就连配音演员，都是秉持着极致精神参与影片的创作。



## 六、简约思维

在移动互联网生态下，信息冗杂，用户获取信息的成本极低，转移的成本更低，因此必须快速抓住消费者的注意力。简约思维的基本含义是在产品的规划和品牌设计中，力求专注和简单，明确、强调和放大产品亮点，凸显产品的核心价值。简约思维主要包含两个方面：一是专注的态度，只有足够专注才能将一件事情做到极致；二是简洁的产品设计，产品外观要做到“少即是美”，产品的操作流程要尽量简化。

概括来说，简约思维就是要做到看起来简洁、用起来简化、说起来简单。简约思维背后的核心是技术和模式的迭代。例如，乔布斯打算进入手机领域的理由是：已有的手机都太复杂、太难操作了，人们需要一款简约到极致的手机。因此，他给设计团队下达了当时看似无法完成的任务：iPhone 手机面板上只需要一个控制键。现在，在简约思维的引领之下，这个唯一的控制键也在不断迭代中被取消了，如图 1－7 所示。

**图 1－7　iPhone 手机**

## 七、平台思维

平台的本质功能是对接各方的需求和服务，平台思维就是开放、共享、共赢的思维，其关键在于打造多主体的共赢共利生态圈。因此，平台思维模式最有可能成就产业巨头，例如全球最大的 100 家企业里，有 60 家企业的主要收入来自平台商业模式，包括苹果、谷歌等。这些平台的特征是不只做内容输出，更多的是将功能性和信息流整合，能够满足不同用户的需求。

平台思维是指通过免费或降低粉丝的进入成本，来吸引大量粉丝，在线上线下形成规模流量，继而通过提供增值服务吸引一部分特定用户或收取第三方广告租金等获取收入，如百度、网易云音乐等。还有一种平台思维，打造的是名副其实的平台，如淘宝、滴滴、携程、贝壳找房等，用户（如卖家、司机、租客、房东）加入之后，平台通过收取中间的入驻费用或佣金来盈利，这类平台就需要具备很强大的监管能力。在整个过程中，平台主要承担了制定和维护规则的职责。平台是利他主义的，不是利己主义的，平台的目标是服务和成就他者。如阿里巴巴在成立初期的企业使命与口号就是：让天下没有难做的生意。这个口号的绝妙之处在于，它不仅吸引无数商家进驻了淘宝系，更为阿里的员工们打了一针“强心剂”。

### 八、社会化思维

社会化商业的核心是互联网，随着社会化商业时代的到来，企业面对的消费者越来越多地以互联网的形式存在，这将改变企业生产、销售、营销等整个形态，社交媒体成为企业与消费者之间沟通交流的平台，信息正以前所未有的速度传播。社会化思维，是指组织利用社会化工具、社会化媒体和社会化网络，重塑企业和用户的沟通关系以及组织管理和商业运作模式的思维方式。

运用社会化思维需要遵循四个原则：第一，基于平等的双向沟通。社会化媒体重视关系，要通过互动在用户群体中形成品牌调性。第二，基于关系的链式传播。要重视挖掘关系层的价值，将其转化成独特的企业价值。第三，基于信任的口碑营销。通过形成良好口碑、提升信任感来降低交易成本。第四，基于社群的品牌共建。通过品牌社区将目标用户联系起来，使其成为品牌的拥护者和信息传递者。2018 年国庆节期间，支付宝联合超过 200 家来自全球的商家，策划了“祝你成为中国锦鲤”的微博营销活动，各大品牌广告商迅速加入，纷纷在评论区留下各自提供的奖品内容，如图 1－8 所示。粉丝只需转发微博，就有机会成为集全球宠爱于一身的“中国锦鲤”。该条微博阅读量超过 2 亿，周转发量超过 310 万，账号涨粉 200 多万，互动总量超过 420 万，后续媒体报道持续超过一周，相关信息长时间霸占微博热搜榜。一时间众多微博号、公众号纷纷效仿。而该支付平台只在微博开屏上投了广告，预计成本不超过 50 万元。

图 1－8　“祝你成为中国锦鲤”活动

### 九、流量思维

在传统零售模式下，商家在开店时首先要选一个好的位置，因为好位置意味着更大的客流、更多的潜在用户。互联网时代的电商行业也秉持了这一核心商业逻辑，那就是流量思维。当前“信息过剩”与“注意力稀缺”对立存在，如何在无限的信息中获取有限的注意力，成为商业核心命题。注意力稀缺促使众多互联网创业者想尽办法去争夺注意力资源，而流量的多寡恰恰最能体现抢夺的结果。有了流量才能够以此为基础构建自己的商业模式，所以说互联网经济就是以吸引大众注意力为基础创造价值，转化为盈利。

流量思维即是指使用大面积、多渠道的拉网式方法拉来大量新客户的传播运营思维。流量意味着体量，体量意味着分量。“目光聚集之处，金钱必将追随”，流量即金钱，流量即入口。在提速降费的急剧进化中，以 ofo 共享单车倒下为代表，中国的互联网经济快速走过了流量时代，已经进入了强运营时期。5G 时代是流量充沛的时代，企业必须放弃传统的流量思维，放弃通过快速烧钱获取用户、击败竞争对手从而实现垄断收益的思维方式，现在运营流量的本质是运营用户，这是企业当前需要尽快构建的一种新的理念。

总而言之，用户思维是新媒体运营者对所面向的市场和消费者的理解；大数据思维是运营者对企业资产和竞争力的理解；跨界思维是运营者对企业所在领域的产业边界和产业链的理解；迭代思维是运营者对既有流程的创新性理解；极致思维是运营者对产品、服务以及用户体验的理解；简约思维是运营者对企业产品规划、设计的理解；平台思维是运营者对企业商业模式和组织形态的理解；社会化思维是运营者对关系链和供应链的理解；流量思维是运营者对企业经营模式的理解。

## 任务三　新媒体发展的时代趋势与新媒体岗位

### 情境重现

该服装厂商在研究同行的新媒体账号时发现，新媒体内容、玩法的更新迭代速度实在是太快了，不应该用现在的目光去审视、跟随潮流，而应该用更宏观、更有远见的视角来预测、总结、分析新媒体未来的发展趋势，这样才能够立于潮头，做出正确的运营决策。同时，该厂商决定招聘几名新媒体运营人员，把微信公众号、微博、抖音平台运营起来，但却不知道具体应该设置哪些岗位。

### 课堂讨论

请你上网搜索“蜜雪冰城主题曲”，并搜集相关资料，和同学们讨论为什么这首歌能让用户喜欢并自发传播，最终让蜜雪冰城品牌形象获得新生。

## 知识准备

技术的演化会加速社会文化的演化，未来已来，5G 技术之下新媒体的内容生产和传播也出现了一些新趋势。5G 高速度、低时延的特点给新媒体传播方式带来了翻天覆地的变化，视频形式的内容逐渐成为主流，但文字、图片等内容形式也不会退出舞台。学习 5G 时代下新媒体发展的时代趋势能够帮助我们把握时代脉搏，在求新、求变中迎接时代浪潮。完成本任务的学习，你将把握新媒体发展的时代趋势，并在这些趋势之下了解新媒体工作的内容、岗位类别以及技能要求。

### 一、新媒体发展的时代趋势

新媒体时代，信息传播速度大幅提升，信息生产与传播方式、舆论格局也发生了深刻变革，人们的生活也越来越离不开新媒体。有学者认为使用新媒体已经成为当代人除了衣、食、住、行之外的第五大日常需求。随着 5G 商业化时代正式开启，新媒体发展面临着以下四大时代趋势。

新媒体行业发展趋势

#### （一）注意力经济时代

如图 1－9 所示，在工业时期，信息是稀缺资源，而人们的注意力相比之下有剩余，因此注意力很“便宜”；而在互联网时期，面对庞杂的信息，人们的注意力不够用了。新媒体时代的新经济也是注意力经济。注意力经济是指最大限度地吸引用户或消费者的注意力，通过培养潜在的消费群体，以期获得最大的未来商业利益的经济模式。它的商业模式很简单：一个平台能吸引越多的关注，其广告空间便会越有效，从而可以向广告商收取更多的费用。爆炸化的信息使人们的注意力很难在一件事情上集中起来。在技术干预时代，人们的注意力广度提高了，深度却降低了，最显著的特征就是注意力的稳定性变弱了、持续的时间变短了。简而言之，人们的注意力变得“碎片化”了。

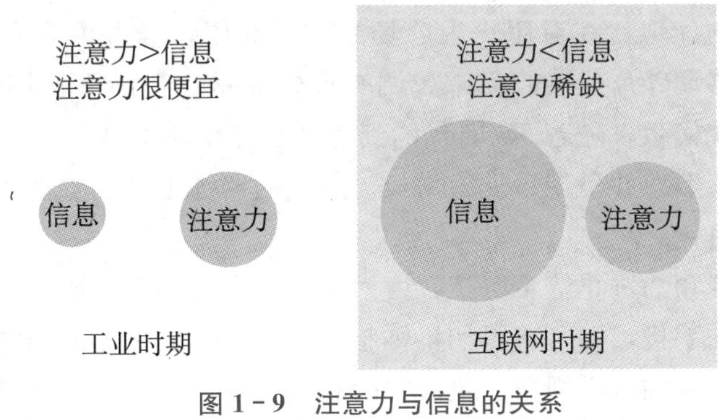


图 1－9　注意力与信息的关系

不同于看纸质书这种“静态沉浸式阅读”模式，在电脑端和手机端“动态交互式阅读”模式的影响下，出现了“3 秒原则”，即人们难以集中注意力长时间阅读内容，如果无法在 3 秒内抓住内容受众的注意力，他们就会逐渐失去耐心，甚至直接关闭内容页。因此，一些新媒体人最初的做法是选择使用更吸引人的标题，或者把文章分成若干个小节，在每一小节设置吸引人们进一步阅读的小标题和相关图片，通过延迟满足减小人们阅读时跳出的可能性，但是这种做法导致了“标题党”现象。

在信息泛滥的社交媒体时代，每分钟都有大量的图片和视频上传。而引发用户共鸣的营销热点会在瞬间迅速刷屏，新媒体人应该懂得调动信息消费者的注意力，通过提供新奇的内容、采用全新的信息传递方式、制造时间紧迫感、提供内容价值、降低注意力成本等方式来吸引消费者。

### （二）口碑营销时代

口碑传播，一种最古老的传播方式，也是一个传播的未来式。因为在未来，谁的消费者最会说故事，谁就拥有最强健的品牌。从企业营销实践层面来看，口碑营销是指企业运用各种手段，引发顾客对其产品、服务以及企业整体形象的讨论和交流，并激励顾客向其周边人群进行介绍和推荐的市场营销方式和过程。

在新媒体时代，通过互联网的社交平台，人们可以随时随地分享与讨论对产品的看法，消费者与消费者之间互动沟通的效果已经远远大于厂商对消费者的传播，口碑的形成已从过去的被动式演变成如今的主动式。

《参与感：小米口碑营销内部手册》中提出了口碑营销的铁三角：产品是发动机，社会化媒体是加速器，用户关系是关系链。不管如何营销，产品总是其中的核心。没有好的产品，很难实现成功的口碑营销。口碑的本质是用户思维，就是让用户有参与感。消费者选择商品的决策心理在近几十年间发生了巨大的转变。用户购买一件商品，从最早的功能式消费，到后来的品牌式消费，到近年流行起来的体验式消费，又发展为全新的参与式消费。构建参与感，就是把做产品、做服务、做品牌、做销售的过程开放，让用户参与进来，建立一个可触碰、可拥有、和用户共同成长的品牌。

### （三）竖屏时代

移动新媒体传播的本质是基于场景的服务，场景成为继内容、形式、社交之后媒体的另一种核心要素。随着手机等移动终端的普及，传统的横屏内容已不再具有终端内容交互体验及竞争上的优势，在对用户内容场景的争夺中，竖屏内容有着得天独厚的优势，能够满足用户移动碎片化接收需求。调查报告显示，智能手机用户有94%的时间将手机竖版持握而非横版，随着5G时代的到来和智能手机的普及，适配手机屏幕的竖屏格式成为视频的新形态并呈现爆发式增长。用户的偏好正推动着视频内容行业正式进入下半场——竖屏时代。

从长视频到短视频的进化势不可挡，由横屏到竖屏同样众望所归。对用户来说，竖屏视频只需上下滑动手指，即可获得切换体验。竖屏带来的是更流畅的人机交互、更自然的碎片阅读、更聚焦的观看视角、更沉浸的观看感受。

竖屏视频是由短视频衍生而来的形式，天生就具有时间短、内容少、节奏快的特点，能够满足用户轻量化的内容需求。横屏视频的视野开阔，能呈现的主体层级多，符合人体两眼视域的排布，让观众有能力同时获取很多信息，但也带来了视觉负担；与之相比，竖屏视频可容纳的画面非常有限，纵深感和层次感很弱，需要将画面的重点集中在一个对象上，多用近景、特写镜头，放大主体细节，以个人叙事为中心。此外，竖屏视频内容还需要对整个画面进行全新的编排，包括背景、字幕的量身设计，并且需要在视频平台界面进行评论区的舆论引导。

### （四）内容电商时代

近年来电商领域的最大变化之一，就是内容电商的崛起，品牌和商家在内容电商平台上找到了新的生意机会，消费者们多年养成的电商购物习惯开始发生变化，越来越多的消费者在看直播、看自媒体文章、看帖子的过程中购买商品，这种通过内容促成购买行为的模式就是内容电商。概括来说，内容电商即以消费者为中心，通过内容（图文、视频、音乐、游戏等）刺激用户消费需求，并绑定商品实现销售转化的电商模式。

中国的商业形态正经历着一次奇妙的演进：多年前，随着电商平台的兴起，消费者从线下转战到线上；多年后，随着抖音等内容平台商业化程度的加深，更多人又从交易型电商平台转战到内容电商平台；如今，从日用产品、美妆产品到汽车，都可以在内容电商平台完成交易。相较于传统交易型电商，内容电商的用户黏性和消费者体验更优，在互联网流量瓶颈和信息过剩的背景下更具有发展性，内容电商时代正以不可抵挡之势向我们走来。

内容电商在信息碎片化时代用优质内容触达人群，用内容重新定义广告，用内容沉淀消费行为，用内容塑造电商的新生态，从而获得消费者，同时给予消费建议并引导消费。总之，内容电商就是靠内容来卖产品。内容电商按内容生产主体主要可以分为用户生产内容（UGC）、专业生产内容（PGC）、职业生产内容（OGC）三种，它们之间的关系如图 1－10 所示。

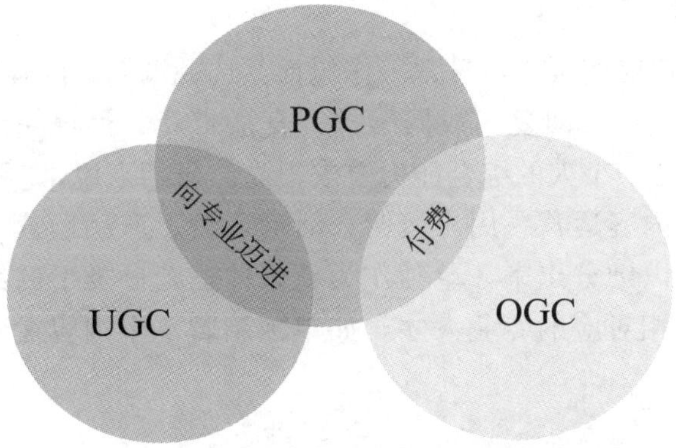


图 1－10　UGC、PGC、OGC 之间的关系

**知识链接**

1. UGC（User-generated Content）：用户生产内容

用户既是网络内容的浏览者，也是网络内容的创造者，可以将自己原创的内容通过互联网平台展示出来或者提供给其他用户。UGC 的优点是零门槛、互动性更强、内容丰富多样，但也有缺乏专业性、缺乏指导的缺点。UGC 的适应领域为社交属性较强的泛文化领域，如：百度贴吧、小红书等。

2. PGC（Professionally-generated Content）：专业生产内容

这类内容的生产者多具有专业学识或者工作资质，内容具有专业、深度、垂直化等特点，内容质量相较于UGC更有保证，优质的内容能够对用户产生强烈的吸引力，有助于实现用户导流，进而实现知识付费，也为后续的衍生产品和相关产业开发打下基础，成为谋求内容变现的重要选择。如：自媒体品牌“腾讯医典”。

3. OGC（Occupationally-generated Content）：职业生产内容

这是指有一定知识和专业背景的行业人士生产的内容，他们从职业身份出发参与生产并从中获得报酬。OGC对内容生产者设置了更高的门槛，不仅要求具备一定的知识或资历，还要求有职业身份，这最大限度地对生产者进行了过滤，有助于生产出更多更高质量的内容。但这也在一定程度上隔绝了网民的参与，使互动性受限，生产成本也更高。如：得到App。

UGC和PGC的区别是：内容生产者有无专业的学识、资质，是否在所共享内容的领域具有一定的知识背景和工作资历。PGC和OGC的区别是：内容生产者是否以报酬作为边界。PGC是出于爱好，OGC是以职业为前提，创作内容属于职务行为。

PGC和UGC机制的融合，可以同时实现平台吸引力和参与度的提升，既能发挥规模优势，又能获得更强的用户黏性，二者融合后形成的PUGC（Professional User-generated Content，专业用户生产内容）成为更多平台的选择，如喜马拉雅FM。OGC是职业人士来生产内容，其准入门槛较高，但内容质量有保证，往往居于核心位置，被用于生产头部内容，通过专业化、精品化的内容，打造品牌知名度。

## 二、新媒体工作的内容

新媒体工作内容覆盖面很广，日常工作包括：选题策划、内容输出、排版美化、音视频剪辑、活动策划、留言回复、数据维护、直播带货、渠道拓展、H5制作，等等。可以说，新媒体工作对一个人的综合能力要求很高。概括来说，新媒体工作的内容主要包括以下四个方面：内容运营、用户运营、活动运营、产品运营（如图1-11所示）。其实这四个方面也可以细分出来，单独作为新媒体运营分类下的细分岗位，有实力的企业还可以单独招聘相对应的专业人才，如单独招聘一个内容运营。

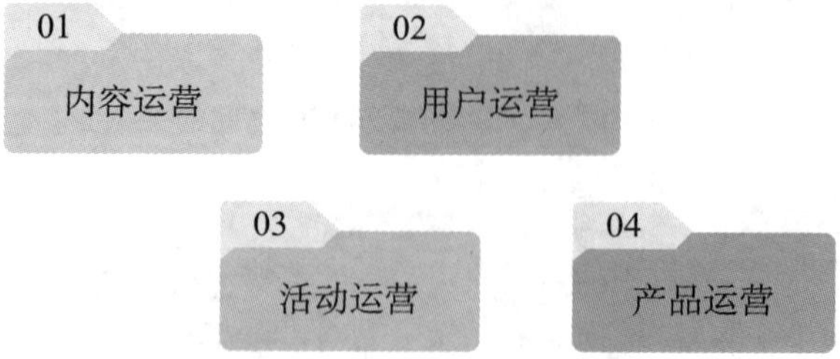


图1-11　新媒体工作的内容

### （一）内容运营

新媒体运营工作的本质是内容运营。现在是一个信息泛滥的时代，好的内容也容易淹没在互联网的信息海洋中。内容运营即是指通过原创、编辑、组织等手段对内容进行加工与包装，把内容的价值充分发掘出来，激发用户的兴趣，提升用户参与度，使用户愿意主动分享、传播的一系列运营过程。通过内容运营可以满足用户的内容消费需求，以及传递产品调性。

1. 满足用户的内容消费需求

在这个“内容为王”的年代，谁能做出满足用户内容消费需求的优质内容，谁就能长久地发展。内容消费的需求主要包括：获取新鲜资讯、获得娱乐消遣、提供消费决策、满足求知欲望。

对点案例

网易云音乐：“摸鱼计算器”

2021年11月16日，“××通报批评员工上班摸鱼”话题登上微博热搜榜。公司处罚员工“摸鱼”无可非议，原本没什么值得讨论的，但是该公司上热搜的原因是它的这份通报内容过于详细，不仅有员工的姓名、部门、楼层，甚至还有“非工作流量信息”。原本这件事的争议主角应是××，网易云音乐、腾讯视频、抖音等顶多算是配角，但网易云音乐趁势推出了H5页面——“摸鱼计算器”（如图1-12所示），用户在程序中选择自己的工作时间后，软件就会生成你在工作时间内的听歌数据，以此为标准判定你的“摸鱼”等级。

图1-12　网易云音乐“摸鱼计算器”测试界面

**分析提示**

这是一个精准把握用户心理、洞察用户需求的典型案例。首先，网易云音乐做到了精准把握用户心理，让“自我凝视”走向“群体鉴定”；其次，利用“谄媚效应”和“巴纳姆效应”，激发用户二次传播欲望，即通过H5展现的测试结果来肯定用户，满足其虚荣心，再以笼统的定义使自身的“准确性”得到认可，促使用户将测试结果分享到朋友圈等社交空间，帮助品牌迅速实现破圈传播，收获私域流量。

2. 传递产品调性

传递产品调性，即通过内容使用户对产品产生某种感知，形成特定印象。

## 对点案例

### 蕉内：央视广告——“为新国货画底线”

2021 年的五四青年节，国内新锐生活家居用品品牌——“蕉内”跳出了传统思维，在央视讲述了一则“为新国货画底线”的故事（如图 1 - 13 所示）。

图 1 - 13　蕉内五四青年节营销视频

两位创始人在镜头前用平静温和的对话形式，抛出一个又一个看似寻常的问题，用一个接一个耐人寻味的答案呈现出他们对于新国货品牌底线的追问和理解。

视频从一开始就不是靠宏大的叙事夺人耳目，而是从内衣上一个小小的标签开始，到不掉跟的袜子、能排汗的睡衣……从用户最真实的痛点出发，带出他们对产品的极致追求，延展到品牌的更高底线，层层递进，诚意十足，让屏幕前的观众也跟着一起思考：新国货为什么要画一条新的底线？新的底线要怎么画？这条线对于我们普通人来讲有什么意义？而答案就在片中的文案里——基本款，是我们生活中最基本也最日常的一部分，它决定了我们基本的审美，也左右着我们基本的自信。

品牌理念，其实就是品牌人格化的体现。它需要有自己的独特个性，又要让用户感同身受。蕉内在国货强势崛起的时代浪潮下，将品牌理念巧妙、和谐地融进了节点气氛之中，表达了自己始终坚持重新设计基本款的初心。在央视上发布自己的“新国货底线宣言”，搭载央视官方媒体优势资源，将品牌价值与愿景进行了有效传达。紧接其后的就是各圈层多维度渗透，知名博主账号集中对此新闻事件进行大规模解读扩散，使“为新国货画底线”的主张迅速破圈，激起全民热议。

资料来源：数英．别出心裁的五四营销：蕉内上央视做了场招聘．(2021 - 05 - 08) [2023 - 02 - 15]. https://www. digitaling. com/projects/161650. html.

**分析提示**

好的借势营销是寻找品牌与热点事件之间的独特关联点，同时考虑品牌形象匹配、目标人群匹配、营销节奏匹配等问题，让品牌理念巧妙、和谐地融入热点话题之中，传递品牌调性、价值观，借势热点事件让品牌价值最大化。

### （二）用户运营

用户运营的概念

用户运营是以人为中心，以提升用户体验、用户活跃度、用户数量为目标的工作。通过用户运营可以了解用户、留住用户。用户运营的核心是提升活跃用户的规模。

1. 了解用户

研究目标用户群体，对用户进行分类，关注用户的产品使用体验，深入挖掘用户需求，找出用户痛点，从而有针对性地输出能够打动用户的内容。

用户运营关键词

2. 留住用户

深入接触用户，了解用户需求和产品使用意愿，以用户行为数据为基础来优化内容和活动，延长用户生命周期。

**知识链接**

用户生命周期，简单来说就是一个用户从产生兴趣到交易完毕的时间段，可分为引入期、成长期、成熟期、休眠期、流失期，不同生命周期对应着不同阶段的用户，如图 1-14 所示。用户生命周期价值（Customer Lifetime Value，CLV；或称 Life Time Value，LTV）比生命周期更重要。让用户能在生命周期中产生商业价值，才是运营的使命。这里的商业价值，不单纯是电商广告、游戏等赚钱模式，信息和数据这些无形且很难量化的东西也是商业资产。

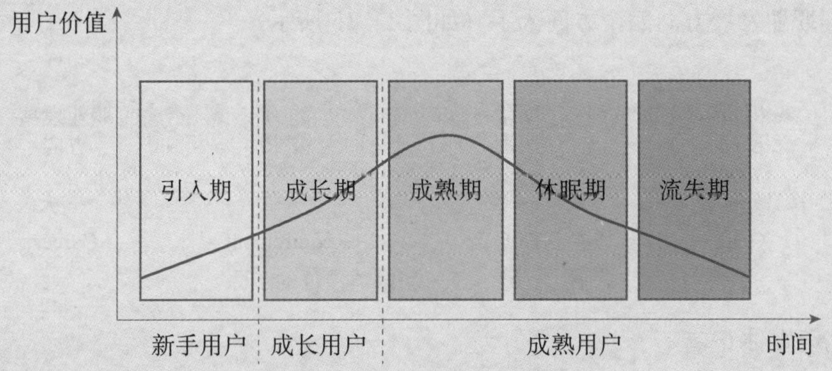


图 1-14　用户生命周期

运营的目标就是尽一切可能延长用户的生命周期，并且在生命周期中尽一切可能让用户产生商业价值。运营的公式可以总结为：企业盈利＝用户生命周期价值（CLV）－获客成本（CAC）－运营成本（COC）。

用户生命周期价值（CLV）是任何一个成长中的企业最重要的衡量指标之一。如通过衡量 CLV 与获客成本（CAC）的关系，企业可以预测收回赢得新用户所需的投资所需要的时间。

## （三）活动运营

活动运营就是通过开展线上或线下活动，达到曝光产品、推销产品、拉新用户、强化认知等多个目标的短期运营工作。

1. 曝光及推销产品

通过活动增加产品的曝光量、提升产品的知名度，最终提高产品的销量。

2. 拉新用户

通过活动营销手段、宣传手段，激励老用户拉来新用户注册，或者获得新用户的关注，达到增加用户数量的目的。

3. 强化认知

通过活动运营，彰显品牌调性，不断强化品牌在受众心里的认知。

### （四）产品运营

产品运营是指基于企业经营和产品战略，以最优的路径和最高效的执行，建立产品在市场上的竞争优势，并最终使产品在市场上取得成功的过程。产品运营从某种程度上可以说包含了前三种运营工作，也就是需要做好内容建设、用户维护、活动策划过程中的管理与沟通，收集相关数据，及时调整、改进运营策略。

## 三、新媒体岗位类别

根据不同的运营主体、运营目标，大致可以将新媒体岗位分为三类：新媒体记者、新媒体编辑、新媒体运营。了解一个新媒体岗位适不适合你，需要从岗位目标、岗位职责、能力要求、职业发展方向四个方面入手（如图 1－15 所示）。

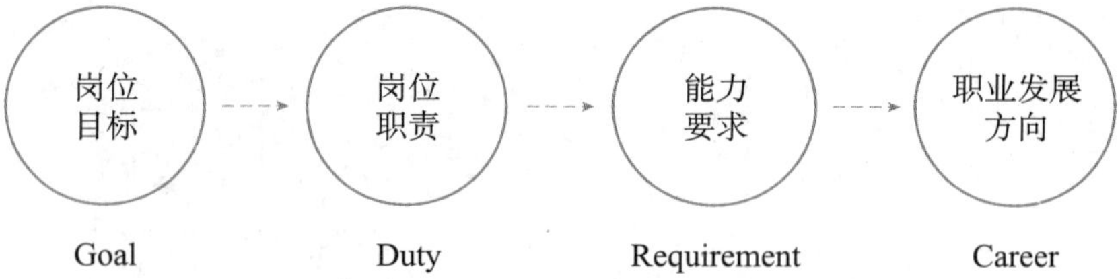


图 1－15　了解新媒体岗位的步骤

### （一）新媒体记者

1. 岗位目标

以产出优质的原创内容为目标。

2. 岗位职责

基于品牌定位，结合时事热点，独立完成原创文章的生产。

3. 能力要求

优秀的原创写作能力、沟通能力，以及对新闻热点的敏感度。

4. 职业发展方向

侧重内容采编，3～5 年的成长方向是新媒体行业的内容总监或者主编。

### （二）新媒体编辑

1. 岗位目标

提升新媒体渠道的影响力。

2. 岗位职责

基于品牌定位，结合热点，策划高传播度的内容选题。

3. 能力要求

新闻敏感度、内容把控力、对平台规则的了解和把握、审美能力。

4. 职业发展方向

侧重内容创作，3～5 年的成长方向是新媒体行业的内容总监或者主编。

### （三）新媒体运营

1. 岗位目标

通过新媒体渠道获取精准的潜在用户，提升转化率。

2. 岗位职责

内容生产、渠道运营、商务合作、活动策划等。

3. 能力要求

用户调研、数据分析、文案策划、沟通合作等。

4. 职业发展方向

3～5 年的成长方向主要是运营总监。

新媒体运营者能力素质模型

### （四）不同阶段新媒体岗位的职责与考核

不同阶段的新媒体岗位有不同的工作内容、职责要求与绩效考核侧重点，如图 1-16 所示。

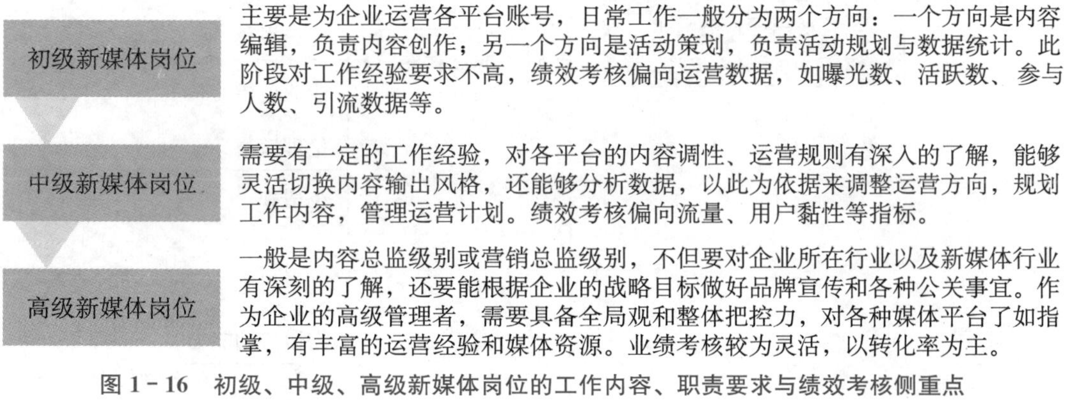


图 1-16　初级、中级、高级新媒体岗位的工作内容、职责要求与绩效考核侧重点

## 四、新媒体岗位技能要求

新媒体岗位需要具备的技能涵盖了专业技能、职业素养、个人能力三个方面，具体来说包括以下内容，如图 1-17 所示。

### （一）专业技能

主要包括：文案创作、音视频制作、图片编辑、美工设计、数据分析、活动策划、商务拓展、营销推广、法律意识。

（二）职业素养

主要包括：网感、获取信息的效率、运营思维、用户视角、职业道德、伦理道德、价值观。

（三）个人能力

主要包括：创意思维、沟通协调能力、执行力、适应力、人格魅力、学习能力。

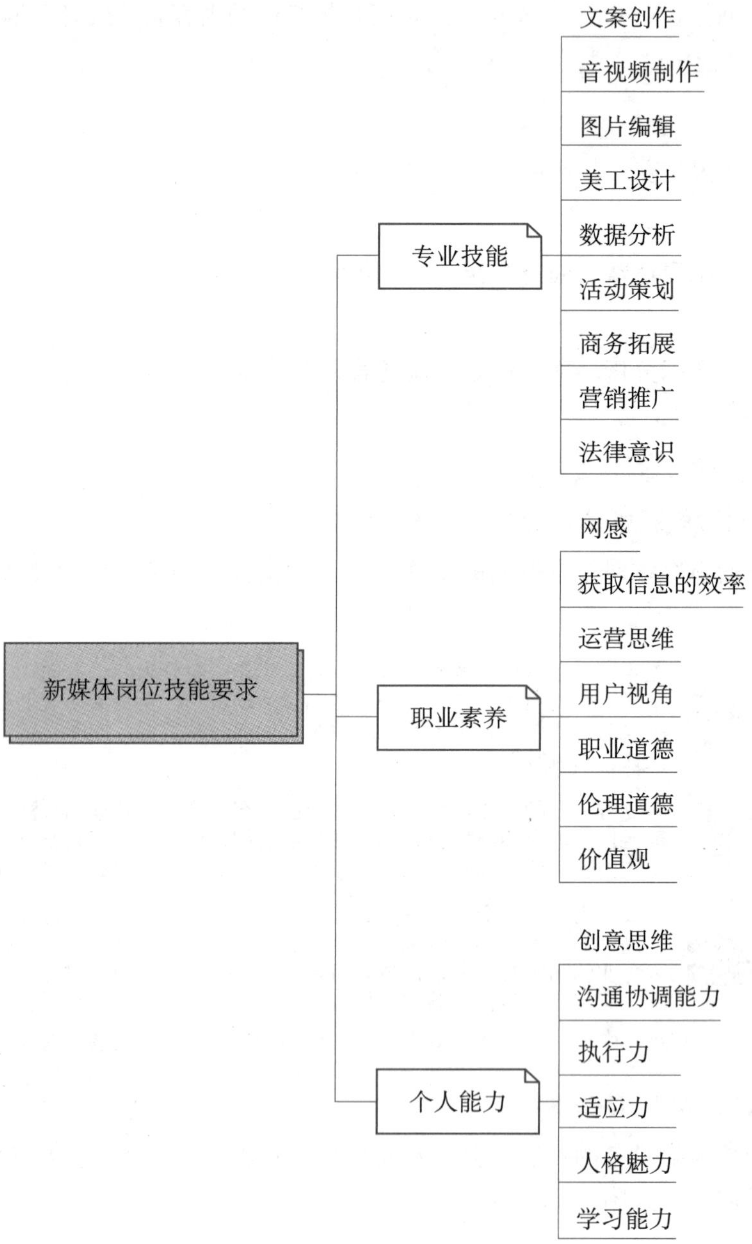


图 1－17　新媒体岗位技能要求

## 文化视角

### 政务新媒体中的“用户思维”

政务新媒体因其拥有独家、权威的信源，而不同于一般的新闻传播主体，在某种程度上承担着超出新闻媒体的职责：既要持续地、动态地发布政府日常事务信息，又要第一时间公开突发危机事件真相；既要及时针对热点事件中的谣言进行辟谣，也要主动策划与传播重大主题活动。政务新媒体的多种互动工具，成为政府与民众交流沟通的桥梁。在突发公共事件、发生舆情危机事件时，政务平台可以第一时间主动回应社会关切，可以直接与民众对话观测网络舆情。提升社会和谐度、担当社会润滑剂是政务新媒体的角色价值。政务工作归根结底是跟老百姓打交道的工作，借新媒体的东风，能够更好地听民声、汇民意、解民忧。

最近，“河南疾控”微信公众号小编与网友的互动留言迅速火出圈，引来围观。没有专业生涩的术语词汇，没有僵化生硬的宣传语言，而是以幽默机智的“网言网语”来进行正经严肃的科普，在“河南疾控”的推文留言区内，编辑与网友打成一片，有趣的互动比比皆是，令人忍俊不禁。比如：

“打完新冠疫苗后发胖算后遗症吗?”“我感觉您这不是胖，是对生活过敏造成的肿胀。”

“打完疫苗影响我找男朋友吗?”“影响，不打疫苗的你都看不上了。”

还有网友问小编：“打新冠疫苗能怀孕吗?”小编先是幽默回复：“就目前上报的不良反应数据而言，没有一例因为打新冠疫苗而怀孕的。”接着一本正经地科普道：“打疫苗不耽误备孕，也可以怀孕。打完一针才发现怀孕也不用担心，剩下的针可以等生完再打。”诙谐的回复让人会心一笑，在正经科普的同时又传播了权威的有效信息。除此之外，“河南疾控”在推进防疫健康知识宣传时，还经常采用漫画形式，既生动有趣，又浅显易懂。在种种“神助攻”之下，“河南疾控”最近阅读量“10 万+”频出。“河南疾控”以其“有趣的灵魂”，为政务官方号“出圈”提供了耳目一新且深入人心的打开方式。

随着新技术的发展，从政务微博到政务微信公众号，从政务客户端（App）到政务短视频号，政务新媒体搭建了从 PC 端到移动端的融合传播矩阵，成为互联网传播主体之一，担负着信息传递、政务服务、互动沟通和舆论引导等多重功能和职责。近年来，从中央到地方，“政务大 V”不断涌现，阅读量“10 万+”的文章层出不穷，越来越多的政务新媒体与政务机关不断碰撞出“火花”。但是，在实际运营中，部分政务新媒体仍然存在传播效果不佳的现象。有的缺少互动思维，开展宣传仅仅是把文件和材料原原本本搬到网上，模板化、僵硬化的宣传形式令人敬而远之；有的在与民众互动的过程中，仍然习惯于板起面孔，严肃有余而活力不足，和民众之间有很强的距离感，导致传播效果不尽如人意。

从国务院办公厅 2018 年发布的《关于推进政务新媒体健康有序发展的意见》中可以看出，政务新媒体的功能和职责清晰、明确，即“政务新媒体是移动互联网时代党和政府联系群众、服务群众、凝聚群众的重要渠道，是加快转变政府职能、建设服务型政府的重要手段，是引导网上舆论、构建清朗网络空间的重要阵地，是探索社会治理新模式、提高社会治理能力的重要途径”。因此，在政务新媒体建设中，要树立用户思维，深入了解受众的需求与偏好，在不影响严肃信息传递的前提下，充分运用互联网思维与手段，做到语言通俗、互动接地气，以群众喜闻乐见的、多样化的方式融入大众生活。如此，才能收到事半功倍之效。

当然，政务新媒体在探索“有趣的灵魂”的同时，也要注意尺度，避免相关信息被误读。尤其是在一些严肃的政务信息传播上，切不可舍本逐末，否则就有可能“翻车”。比如，有些政府微博、公众号为吸引粉丝，或盲目蹭热点，或过度“娱乐化”，导致偏离了向公众及时、准确传播政务信息的初衷。说到底，“有趣的灵魂”只是“助攻”，要真正发挥功效，必须建立在科学权威的信息内容、真诚用心的沟通服务之上。毕竟，拿捏得当而非哗众取宠，严守底线亦不忘人性温度，才是政务新媒体建设最重要的准则。



资料来源：邹沛．让政务新媒体更有温度．(2021－06－26)［2023－02－15］. https://baijiahao.baidu.com/s?id=1703574451526950672&wfr=spider&for=pc.

请思考：在政务新媒体运营中应如何体现“用户思维”？

## 项目检测

### 知识训练

#### 一、单项选择题

1. 狭义的媒体指的是传统的四大媒体，其中不包括（　　）。

A. 报纸　　B. 今日头条　　C. 杂志　　D. 电视

2. 新媒体是一个（　　）的概念。

A. 稳定的、新颖的　　B. 可变的、新颖的

C. 相对的、动态的　　D. 固定的、动态的

3. 新媒体的类型不包括（　　）。

A. 视频新媒体　　B. 数字新媒体　　C. 网络新媒体　　D. 移动新媒体

4. 使传播学者（　　）的“地球村”预想成为现实的“电力媒介”就是现今迅速发展的新媒体。

A. 艾维·李　　B. 哈罗德·拉斯韦尔

C. 卡尔·霍夫兰　　D. 马歇尔·麦克卢汉

5. 在因特网上，没人知道你是一只狗（On the Internet，nobody knows you are a dog），这句话生动地体现了新媒体的（　　）。

A. 虚拟性　　B. 个性化　　C. 共享性　　D. 即时性

6.（　　）是指通过各种方法收集用户的数据，了解用户需求，然后改进个人决策，不断迭代。

A. 跨界思维　　B. 简约思维　　C. 用户思维　　D. 大数据思维

7.（　　）是运营者对企业经营模式的理解。

A. 极致思维　　B. 迭代思维　　C. 流量思维　　D. 社会化思维

8.（　　）是一种最古老的传播方式，也是一个传播的未来式。因为在未来，谁的消费者最会说故事，谁就拥有最强健的品牌。

A. 口碑传播　　B. 用户传播　　C. 企业传播　　D. 媒体传播

9.（　　）即以消费者为中心，通过内容（图文、视频、音乐、游戏等）刺激用户消费需求，并绑定商品实现销售转化的电商模式。

A. 新媒体　　B. 软性营销　　C. 互联网电商　　D. 内容电商

10. 新媒体运营工作的本质是（　　）。

A. 活动运营　　B. 内容运营　　C. 用户运营　　D. 渠道运营

**二、思考题**

1. 请简要概括新媒体、传统媒体、自媒体、融媒体、全媒体之间的联系与区别。

2. 融媒体运营对于政府机构来说有何优势？

3. 新媒体具有“个性化”的特征，请举例说明。

4. 用户思维与传统营销思维的差异是什么？

**三、知识强化题**

1. 简答题：请为以下产品设计具有用户思维的广告语（Slogan）。

（1）跳绳：______________________________。

（2）水杯：______________________________。

（3）吸尘器：______________________________。

（4）通勤包：______________________________。

2. 填空题：请在下方（　　）处填入正确内容。

（1）大数据思维的核心是（　　），通过（　　）创造商业价值。

（2）（　　）本质上是一种开放、创新、发散的思维方式。

（3）从“渠道为王”到“产品为王”，这是（　　）思维。

（4）（　　）背后的核心是技术和模式的迭代。

（5）（　　）就是指开放、共享、共赢的思维，其关键在于打造多主体的共赢共利生态圈。

（6）如何在无限的信息中获取有限的（　　），成为商业核心命题。

（7）（　　）是运营者对企业产品规划、设计的理解。

（8）（　　）是运营者对企业商业模式和组织形态的理解。

**技能训练**

**实训一：请寻找企业发展案例，来佐证新媒体发展的四大时代趋势**

2～3 人为一组，每组从新媒体发展的四大时代趋势中任选其中一个趋势，搜寻企业发展实例来佐证，并简要向同学们汇报该企业是如何利用该时代趋势发展起来的。

**实训二：组建新媒体小组，并完成每周常规任务**

全班分为若干新媒体小组，3～5 人为一组，并选出本组组长，完成每周的新媒体小组常规任务。

常规任务——建设新媒体小组标题库。

1. 3～5 人为一个小组，每组选出一个组长。

2. 以小组为单位，每组建立一个标题库（模板如表 1-3 所示）。

3. 每人每周上交 3 个自己认为好的公众号文章标题给组长，组长收录到本组标题库里。

表 1-3　新媒体标题库模板

| 新媒体标题库 | | | | |
|---|---|---|---|---|
| 序号 | 标题 | 认为好的原因 | 关键词 | 文章发表日期 |
| 1 | 《开学真相！老师与家长的这段聊天记录曝光，网友炸锅了！》 | 能激起读者的好奇心（“真相”“聊天记录”“曝光”） | 开学、聊天记录、曝光 | 2019 年 9 月 1 日 |
| | | | | |
| | | | | |
| | | | | |
| | | | | |
| | | | | |
| | | | | |
| | | | | |
| | | | | |
| | | | | |
| | | | | |
| | | | | |
| | | | | |
| | | | | |
| | | | | |
| | | | | |

**实训三：设计新媒体方向求职简历**

作为一个初入行的新人，为自己设计一份新媒体运营方向的求职简历。

**实训四：角色转换——为某服装厂商设计新媒体运营招聘启事（海报形式）**

某服装厂商预计招聘若干名新媒体运营人员，帮助其运营微信公众号、微博、抖音三个平台，请你为该厂商设计一张招聘启事海报。

# 项目二
# 新媒体平台

【知识目标】

- 了解新媒体平台的类型及其含义；
- 了解常见的电子商务模式；
- 了解各主流新媒体平台注册流程与注意事项；
- 了解抖音的企业入驻流程及禁入行业类型；
- 理解新媒体矩阵的含义、类型及作用；
- 理解各主流新媒体平台的特征及营销优势；
- 了解公域流量、私域流量的特点。

【技能目标】

- 掌握新媒体账号起名的原则与技巧；
- 能够注册各新媒体平台账号；
- 掌握新媒体矩阵搭建的步骤；
- 掌握新媒体相关法律法规；
- 能够根据企业不同的发展阶段、运营目标，选择合适的微信公众号类型；
- 掌握三个主流短视频平台的产品理念特色和推荐机制。

【素养目标】

- 培养新媒体运营全局观与融媒体思维；
- 通过各平台的算法特色树立大数据思维；
- 具备把握中国特色社会主义大政方针、法律法规的意识。

## 思维导图

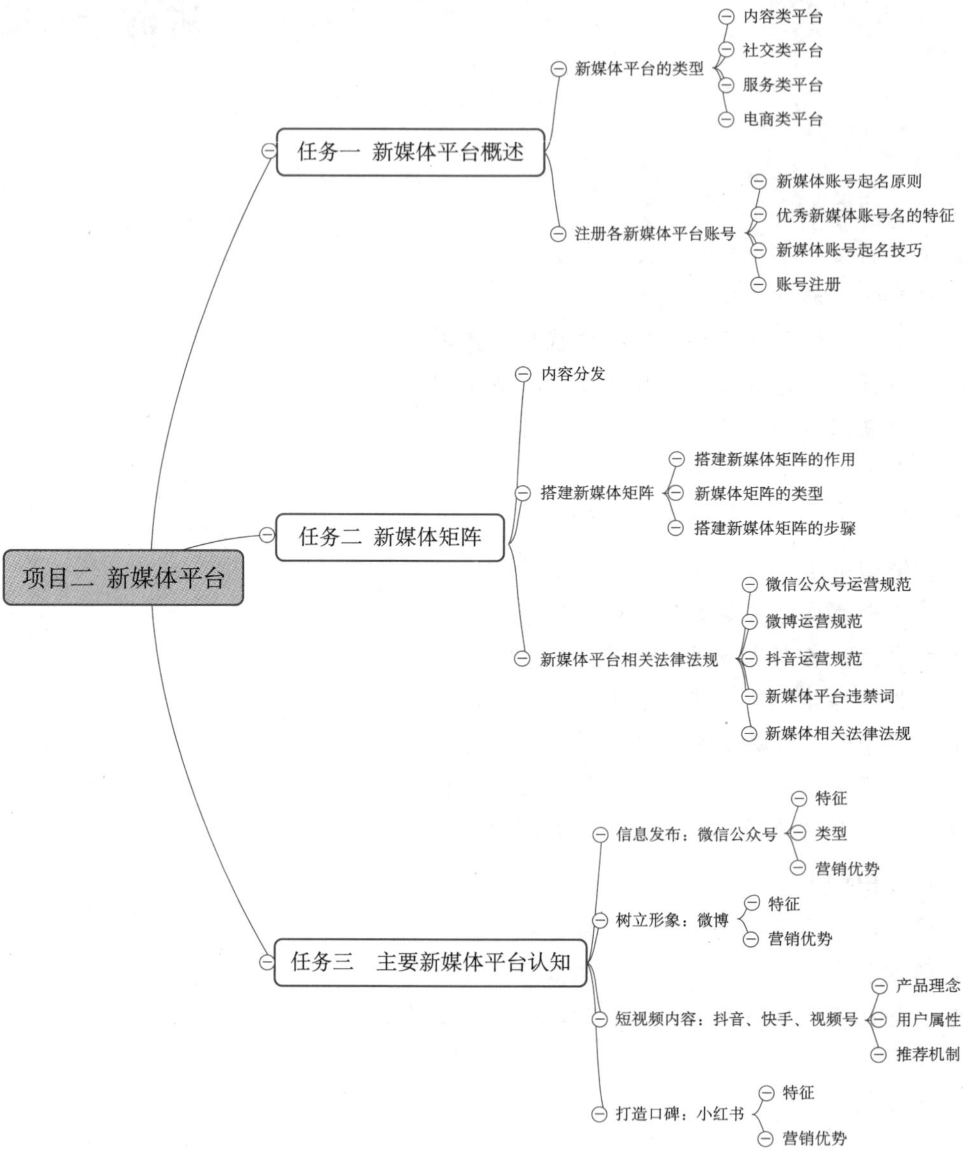


## 项目引例

### 人民日报社新媒体中心：多平台运作，打造“爆款”

媒体融合不仅是应对互联网挑战的有效途径，也是主流媒体巩固主流地位的必由之路。人民日报社新媒体中心成立于2015年10月8日，是人民日报社加快媒体融合的举措，标志着人民日报社在加快推动媒体融合发展方面迈出了新的步伐，“拥抱创新”“引领舆论”成为关键词。在推进媒体融合发展方面，人民日报社实现了用户的全方位覆盖、传播的全天候延伸和服务的多领域拓展。截至2019年1月，人民日报社已经形成涵盖报、网、端、微、屏等十多种载体的媒体方阵，综合覆盖受众7.86亿人。人民日报客户端下载量超过2.5亿次，微博粉丝数超过1.3亿，微信公众号用户突破2 400万，英文客户端也于党的十九大前正式上线。报社“两微两端”（微博、微信、中文客户端、英文客户端）的影响力和网民活跃度均居主流媒体前列。目前，能看到人民日报社在微信、微博、抖音、快手、知乎、今日头条、B站等平台都有内容布局。

人民日报社是如何通过新媒体运营成为“爆款”制造机的？通过分析其近年来新媒体“爆款”产品的酝酿、生产、传播过程以及产品所具有的共性特征可以看出，只要树立和增强五种意识——创新意识、内容意识、热点意识、互动意识、合作意识，打造传播广、点击量高、口碑好的新媒体内容，“爆款”便有了可能。

一、创新意识

为做好2019年全国两会报道，人民日报社新媒体中心提前两个月就开始了内部创意征集。在全国两会期间，新媒体中心持续在创新上发力，共推送重点融媒体产品近20个，其中不少刷屏网络、引爆舆论。例如，微视频《中国24小时》以1小时为刻度、以一天24小时的时间演进为逻辑主线，全景展示精彩纷呈、奋进向上的中国形象，全网累计播放量超过1.5亿人次；H5页面作品《点击！你将随机和一位陌生人视频通话》，以虚拟的电话互动形式，让用户随机“接通”不同地方、不同职业的人，观看对方的生活，聆听对方的诉说，体现出全国两会“汇聚你的梦想，关注你的关注”的精神，作品上线24小时点击量就超过360万人次；首度推出了6期交互页卡新媒体产品《习近平关心的那些“小事儿”》，总浏览互动量超过1 500万人次。

二、内容意识

要打造传播“爆款”，离不开内容意识。树立内容意识，需要注意两点：第一，坚持正确舆论导向，把握团结、稳定、鼓劲主旋律，以正面宣传为主；第二，把握传播规律，提升内容品质、丰富内容表达、拓展内容呈现，努力推出有思想、有温度、有品质的产品来打动用户。例如，人民日报客户端在把握十九大报告内容精髓的前提下进行了大胆尝试，在十九大开幕当天，经过梳理、编辑、设计、审核，以对十九大报告强大的理解力和信息整合能力，将3万余字的报告浓缩在一张图上进行呈现，从新论断、新特点、新目标、新要求的重要判断，到党的初心、使命、布局、方略，实现了要点脉络化、体系化、可视化。

三、热点意识

每一个刷屏的“爆款”产品，都在某种程度上反映了当下的社会情绪和舆论热点。例如，2016年7月，菲律宾诉中国南海仲裁案仲裁庭对“南海仲裁案”做出所谓“裁决”，一时间国内民众群情激愤。新媒体中心敏锐感知社会情绪，及时把握舆论热点，当即以“中国一点都不能少”为报道主题词，策划推出包括图片、H5页面、海报、文章、视频、九宫格图解等形式的报道专题，第一时间表达中国态度、中国立场，微博话题总阅读量超过66亿人次，单条微博阅读量超过7亿人次，转发量超过320万人次。

四、互动意识

互动意识对于产品的裂变式传播具有至关重要的作用。用户在深度互动参与的过程中既能获得情感满足和愉悦体验，又能产生强烈的分享意愿和传播动力，这样的产品一经推出，其传播的数量级就超乎想象。例如，2017 年是中国人民解放军建军 90 周年，新媒体中心适时推出 H5 页面产品《快看呐！这是我的军装照》。在这款产品中，用户自行上传照片，利用产品背后的人脸识别技术，即可生成属于用户自己的不同年代的军装照。在中国人民解放军建军 90 周年之际，这款产品让人们过了一把当军人的瘾。数据显示，产品上线仅 10 天，用户使用即突破 10 亿人次，浏览量最高峰是 8 月 1 日建军节当天，浏览次数达到 3.94 亿人次，真正成为一款现象级新媒体产品。

五、合作意识

在媒体融合深入推进的当下，要想打造传播广、点击量高、口碑好的内容“爆款”，只凭一家媒体单打独斗已经越来越困难。随着媒体策划对技术实力、平台流量的要求越来越高，“开门搞策划”成为大势所趋。首先，这种对外合作体现在云计算、大数据等基础设施的升级和拓展方面，人民日报社联合腾讯云共同打造了“中国媒体融合云”平台；其次，这种对外合作也落实在了人民日报社各类融媒体技术产品的开发和运营中，2020 年 12 月，人民日报社与百度联合推出了一站式智能创作平台——人民日报“创作大脑”。除此之外，人民日报社还借助科大讯飞在人工智能语音识别领域的优势，合作推出人工智能虚拟主播“果果”；汲取快手的短视频内容平台运营经验，推出短视频 App“人民日报+”；基于箩筐技术公司的全局非切片矢量地图技术以及 LBS 交互技术，合作推出本地化新闻分发产品“新闻地图”……

人民日报社将优化新媒体发展规划，完善新媒体发展布局，在全力支持办好人民网的同时，切实加快各类新媒体发展，努力形成以人民日报客户端为核心的移动传播新格局。

资料来源：广播产业研究所.《人民日报》新媒体打造“爆款”的五点启示.（2019-06-03）[2023-02-15]. https：//ibi. cuc. edu. cn/2019/0603/c4118a125245/page. htm.

**分析提示**

移动互联时代，媒体融合步伐越来越快、越来越深入。在这个大背景下，持续输出“爆款”产品的能力成为媒体竞争的关键所在。在内容分发环节，人民日报社一方面积极推动客户端+新媒体账号的矩阵式布局，构筑主流媒体的宣传阵地；另一方面顺应智能时代的算法分发模式，为人民日报客户端打造“主流算法”，在保证海量内容与用户个性化需求精准匹配的同时，实现主流媒体优质“爆款”内容的传播。

## 任务一 新媒体平台概述

### 情境重现

某美妆品牌的新媒体运营部门想要开展新品口红的推广工作，但是在筛选平台时遇到了困难。哪些平台是现在的企业一定要运营的？每个平台都要运营吗？新媒体平台又分为哪些类别呢？在部门人员开了好几次大会，好不容易定下来几个平台作为重点运营的对象后，问题又产生了——企业的账号起什么名字呢？注册时有哪些注意事项？

## 课堂讨论

请上网搜索表2-1所示的品牌是否运营了常见的几大新媒体平台（运营了打“√”，没运营打“×”），并分别说说各品牌哪个新媒体平台的运营效果最好，可能的原因是什么。

**表2-1　各品牌新媒体平台运营状况**

| 品牌 | 微信公众号 | 微博 | 抖音 | 小红书 | 知乎 |
|---|---|---|---|---|---|
| 钉钉 | | | | | |
| 海尔 | | | | | |
| 海底捞 | | | | | |
| 华为 | | | | | |
| 鸿星尔克 | | | | | |
| 央视新闻 | | | | | |

## 知识准备

企业要想通过互联网发布与品牌相关的信息，就必须以各种新媒体平台为内容载体。各新媒体平台为了获取更多用户、提升自身流量，在初期大多会免费为个人或者企业开通入驻服务。企业或者个人在入驻后可以根据自身需求生产内容，然后通过多平台一键分发，产生多渠道传播的效果，从而触达更多用户，实现节约营销成本、提升信息到达率、提高品牌与用户间的沟通效率等目标。现代企业在品牌建设与宣传上，应考虑搭建一套“新媒体标准化配置”，根据企业实际营销需求选择适合的新媒体平台。完成本任务的学习，你将了解新媒体平台的类型，学会注册新媒体平台账号，并能够搭建新媒体矩阵。

### 一、新媒体平台的类型

新媒体平台的类型很多，我们从新媒体运营角度出发，根据新媒体平台的不同运营目的将其分成四大类，分别是：内容类平台、社交类平台、服务类平台、电商类平台。

新媒体平台的类型与特点

值得注意的是，随着“互联网+”浪潮的到来，各种类型的平台都有与电商融合的趋势，并已经形成“电商+”的平台复合模式，如“内容+电商”“社交+电商”“服务+电商”等模式，进一步优化了产品和信息触达用户的链路，加深了用户对品牌的认知，加快了用户的付费决策，有助于各平台账号实现快速积累粉丝以及变现的目标。

### （一）内容类平台

内容类平台主要是指长期以优质的内容供给来吸引精准流量的一种新媒体平台。如图 2－1 所示，内容类平台主要包括以下五类：以微信公众号、简书为代表的自媒体平台；以网易云音乐、喜马拉雅 FM 为代表的音频平台；以斗鱼、优酷、爱奇艺、抖音、快手为代表的视频平台；以快速问医生、知乎、百度知道为代表的问答平台；以虎扑、今日头条、腾讯新闻为代表的资讯平台。

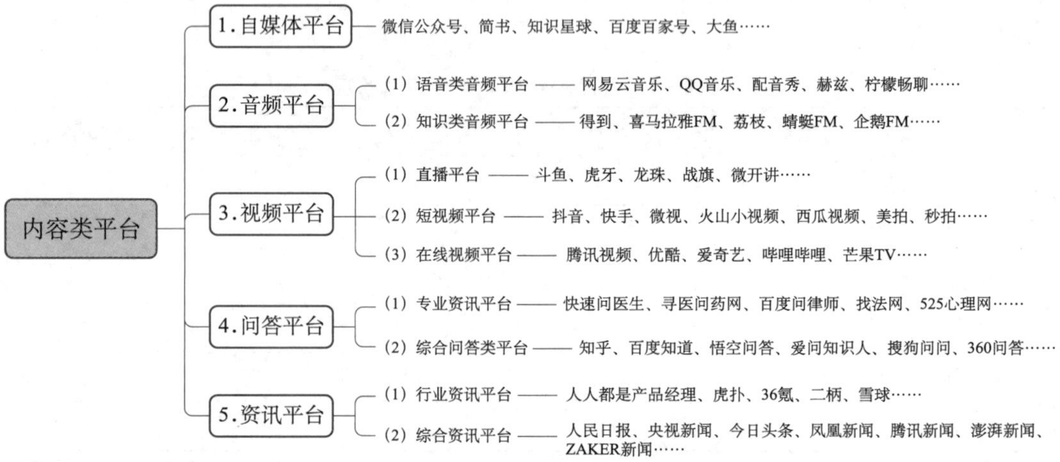


图 2－1　内容类平台

### （二）社交类平台

社交类平台是指互联网上基于用户关系的内容生产与交换平台，也是人们彼此之间用来分享意见、见解、经验和观点的一类新媒体平台。如图 2－2 所示，按照社交目的不同可将社交类平台分为：通信型平台、交友型平台、兴趣型平台、综合型平台。

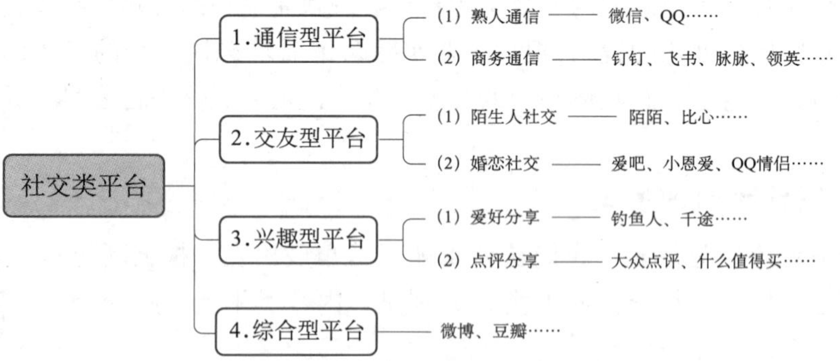


图 2－2　社交类平台

### （三）服务类平台

服务类平台是指基于互联网建立用户方和服务方的链接，提供服务或具体功能，使双方高效沟通，满足用户实际需求的一类新媒体平台。如图 2－3 所示，服务类平台根据服务方向不同可分为：生活服务型平台、公共服务型平台和工具服务型平台。

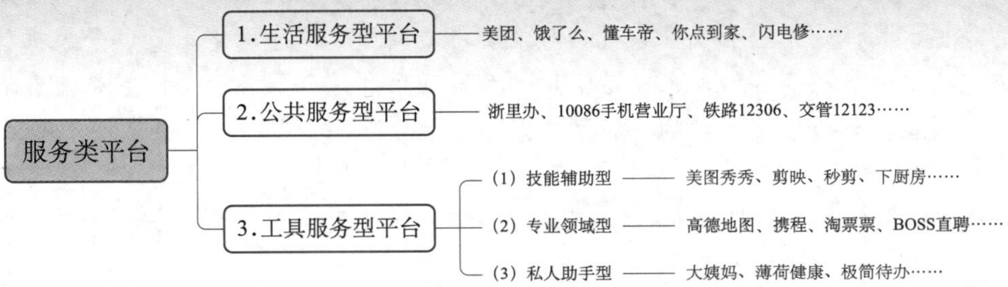


图 2-3　服务类平台

### (四) 电商类平台

电商类平台是指以营利为目的，为企业或个人提供网上交易洽谈服务的平台。如图 2-4 所示，按照平台交易的货品类别可将电商类平台分为两类：以当当、叮咚买菜、红布林、蘑菇街为代表的垂直型电商平台和以淘宝、京东、拼多多为代表的综合型电商平台。

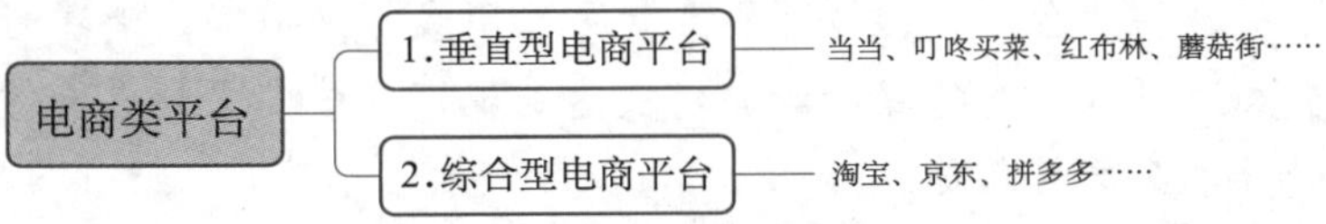


图 2-4　电商类平台

目前，电商类平台已逐渐与内容类、社交类、服务类平台发生融合，“电商+”模式已经成为各类新媒体平台的发展方向。因此，电商类平台又可以细分为以下几类：

(1) 内容+电商：以用笔记形式来分享生活方式的“小红书”为代表的内容型电商平台；

(2) 社交+电商：以分享潮鞋和潮生活态度的“得物”为代表的社交型电商平台；

(3) 服务+电商：以提供“装修设计案例、家居好物分析”的“好好住”为代表的服务型电商平台。

**知识链接**

电子商务模式，是指在网络环境和大数据环境中以一定技术为基础的商务运作方式和盈利模式。研究和分析电子商务模式的分类体系，有助于挖掘新的电子商务模式，为电子商务模式创新提供途径，也有助于企业制定特定的电子商务策略和实施步骤。常见的电子商务模式包括：C2C、B2C、B2B、O2O、F2C、C2B（如图 2-5 所示）。

1. C2C 模式

C2C（Consumer to Consumer/Customer to Customer），即消费者到消费者，是个人与个人之间的消费活动，如一个消费者有一台电脑，通过网络进行交易，把它出售给另外一个消费者。

2. B2C 模式

B2C（Business to Consumer/Customer），是企业针对个人开展的电子商务活

动的总称，具体是指企业或商家机构与消费者之间通过信息网络以及电子数据信息的方式实现的各种商务活动、交易活动、金融活动和综合服务活动，它是消费者利用互联网直接参与经济活动的一种形式。

3. B2B 模式

B2B（Business to Business），是指企业与企业之间通过互联网进行产品、服务及信息交换的电子商务活动。

B2B 电子商务模式是互联网市场领域的一种，是企业对企业之间的营销关系。它将企业内部网通过 B2B 网站与客户紧密结合起来，通过网络的快速反应，为客户提供更好的服务，从而促进企业的业务发展。B2B 电子商务模式是当前电子商务模式中份额最大、最具操作性、最易成功的模式。



4. O2O

O2O（Online to Offline），是指将线下的商务机会与互联网结合在一起，让互联网成为线下交易的前台。这样线下服务就可以用线上来揽客，消费者可以在线上筛选服务，成交时可以在线结算，能够很快达到规模。该模式最重要的特点是：推广效果可查，每笔交易可跟踪。

5. F2C

F2C（Factory to Consumer/Customer），即从厂商到消费者的电子商务模式，是指品牌公司把设计好的产品交由工厂代工后通过终端送达消费者，确保产品合理，同时产品质量和服务都有保证。这种模式可以为消费者提供高性价比的产品。

6. C2B

C2B（Consumer/Customer to Business），即消费者到企业的电子商务模式，是互联网经济时代的一种新的商业模式。这一模式改变了原有生产者（企业和机构）和消费者的关系，是一种消费者贡献价值（Create Value）、企业和机构消费价值（Consume Value）的商业模式。C2B 模式以消费者为中心。

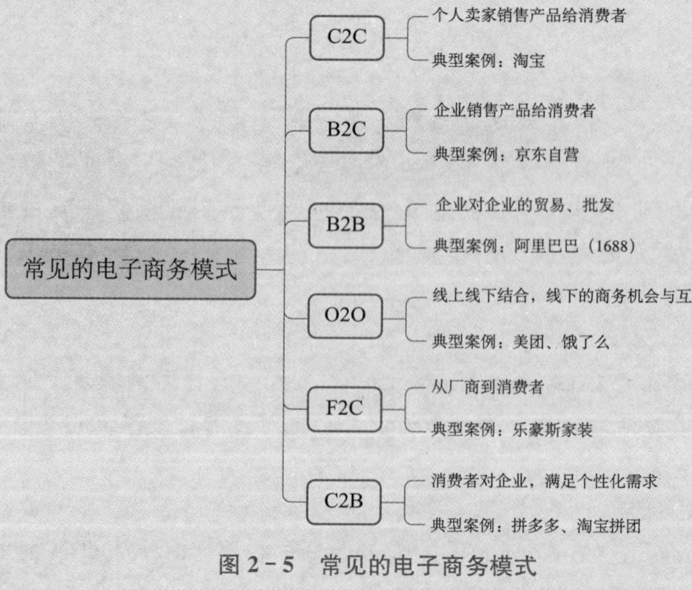


图 2-5 常见的电子商务模式

新媒体运营人员在为企业选择新媒体运营平台时，应注意结合企业发展阶段与实际需求来考虑。此外，单一类型的新媒体平台已经不能满足企业的日常运营需求，新媒体运营人员应注意从“横向”及“纵向”角度，为企业搭建“新媒体标准化配置”。

## 二、注册各新媒体平台账号

在注册账号前，需要先给自己的账号创建一个全平台通用的名字。一般来说，账号起名可以从体现账号的“人设”或是给用户提供的价值等方面入手，还要有辨识度、认知度。

### （一）新媒体账号起名原则

1. 主体原则

主体原则即根据新媒体账号主体来建立新媒体账号名称。主体可分为政府等相关组织、企业与个人。政府组织等主体和企业主体，可直接采用其名称中的字眼作为新媒体账号名称的组成部分；个人主体，则可用运营者姓名中的字眼作为新媒体账号名称的组成部分。

2. 价值观原则

价值观原则即根据运营者想利用新媒体账号输出的价值观来确定新媒体账号名称。例如，以引导用户为主要价值观，可用“导言”“明语”“观察”等词汇；以陪伴用户为主要价值观，则可用“一同”“左右”等词汇。

3. 流行句式原则

流行句式原则即以新媒体账号核心内容或运营者申请新媒体号的初衷为基础，加以流行句式组合成账号名称。例如“小×爱吐槽”“×××的快乐星球”等。

### （二）优秀新媒体账号名的特征

1. 降低认知成本

名称简洁易懂，不使用生僻字，传递账号内容的明确定位。如：“十点读书”“人人都是产品经理”“地球知识局”等。

2. 破除传播“音障”

好读，好理解，有提示性，名称一般不太长，让人能够过目不忘。如：“夜听”“三节课”“企鹅吃喝指南”等。

3. 占领用户心智

在用户心里将自己的名称与某一领域绑定，让人提起这个领域就能够想起你的账号，这是一个不断建立账号品牌的过程。例如，提起“医美”大家就会想到“新氧”，提到产品评测就会想起“老爸评测”。

### （三）新媒体账号起名技巧

新媒体账号起名技巧如图 2-6 所示。

1. 描述应用场景

可以通过事件场景、空间场景和行为场景的组合来创建账号名，这样能够直接告诉

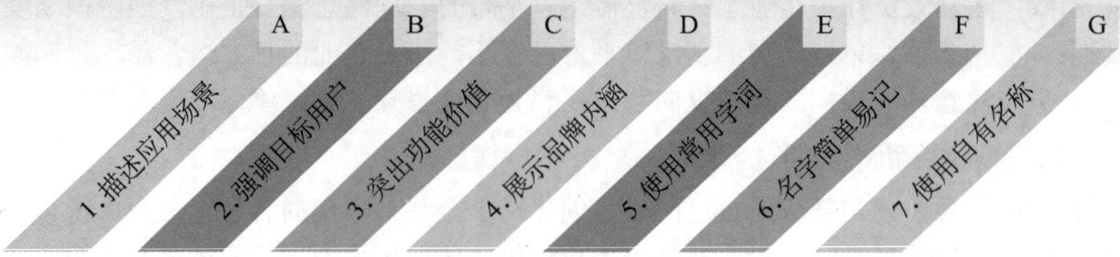


图 2－6　新媒体账号起名技巧

用户何时、何地、因何事可以打开你的账号。如：“十点读书”“互联网人的早读课”“深夜食堂”等。

2. 强调目标用户

利用账号内容的定位和目标用户定位起名，直接告诉用户你这个账号是面向哪些人的，内容主要是哪个方面的。如：“广告文案圈”“新媒体课堂”“广告狂人”“人力资源分享汇”等。

3. 突出功能价值

突出内容产品的功能及价值，在名称中直接告诉用户你能提供什么样的功能和服务，能为其解决什么问题。如：“广告常识”“刺猬实习校招”“聚焦职教”“企鹅吃喝指南”“杭州潮生活”等。

4. 展示品牌内涵

直接通过名称展示品牌的核心价值观、风格、态度、个性等方面，突出品牌的调性。如：“我走路带风”“后浪”“一周进步”“拾遗”“物道”等。

5. 使用常用字词

尽量使用大家耳熟能详的词语和大众都能认识的字，可以适当添加行业关键字词。需要注意的是，不要自己造词。

6. 名字简单易记

名字太长会极大地降低传播效率，在名称尽量简短的同时，还要兼顾表达和风格定位上的完整性。

7. 使用自有名称

对于一些拥有较高知名度的个人、品牌来说，可以直接使用自己的名字作为账号名，以最大限度地吸引流量；此外，还可以用自己的名字/昵称＋想做的领域来创建名字，如：“小×的新媒体课堂”“××说车”“××理财日报”等。

**对点案例**

新消费品牌如何起名?

不知从何时起，那些依托发掘潜在用户需求并利用新传播通路的消费品牌正在快速占据我们的生活，元气森林、三只松鼠、瑞幸……每一个消费领域都遍布它们的身影。而如果给它们归类，我们通常称呼这群商业市场的新生力量为“新消费品牌”。

随着“Z世代”登上历史舞台，为了迎合年轻群体的偏好，新消费品牌名日益成为一种自我表达的载体或者相当于“社交货币”的工具，已经完全超越“传播”的意义而变成一种“社交”。

新消费品牌往往有以下四个起名规律：

规律一：把品牌定位或者是品牌战略关键词写进名字里面。例如，“小罐茶”在名称中就突出了茶品规格是“小罐”的。

规律二：带有某种积极情绪的释放。例如，“喜茶”自带“喜悦”情绪的感染力；而“自嗨锅”则传递出了“嗨”的感受。

规律三：传递用户的价值需求，除了实用性外用户还需要精神慰藉。例如，“王饱饱”突出了价值功能——吃了燕麦片能感到饱；酸奶品牌“简爱”则是从品牌名称、包装中传递出其成分和价值理念的“简”。

规律四：创造有个性的人设，将品牌名称人格化。例如，“三只松鼠”是动物化的名字，既好记忆，又丰富了品牌的温度与情感。

名字就是带着品牌的全部人格、价值观与用户相遇，会张扬个性，会传递价值，会袒露心扉，会投射情绪，会表达情感，会搭讪煽情，会与用户精神共鸣。一个好的名字，能起到与用户社交的作用。

资料来源：探寻人生密码．品牌名字如何迎合现代年轻人．(2021-12-13)[2023-02-15]. https://view.inews.qq.com/a/20211213A06AKD00?startextras=0_1235bd53abdb2&from=amptj.

**分析提示**

品牌的直接功能就是降低选择成本和信任成本。传统品牌的信任感往往来源于“外”，也就是通过口号式的广告、教育、设计信任状等方式抢占消费者的心智。但新消费品牌的信任感往往来源于向“内”的探索，品牌就像一个活生生的人一样，有自己真实独立的价值观、性格态度、精神追求，年轻人因为被其人格特质感染而喜欢上品牌，我们称之为人格IP；或者是品牌走进用户的内心，把用户的内心情感或性格特质演绎出来，品牌或产品变成用户内心的一种投射，以此形成品牌和用户内在自我的同频共振。

### （四）账号注册

想好账号的名称之后，就要在各个平台注册账号了。下面介绍微信公众号、微博、抖音的账号注册流程与常见问题。

1. 微信公众号的注册

(1) 微信公众号的注册流程（如图2-7所示）。

步骤一：打开微信公众平台官网（https://mp.weixin.qq.com），在页面右上角单击“立即注册”，如图2-8所示。

步骤二：选择公众号账号类型，有订阅号、服务号、企业微信和小程序，其各自的功能如表2-2所示。

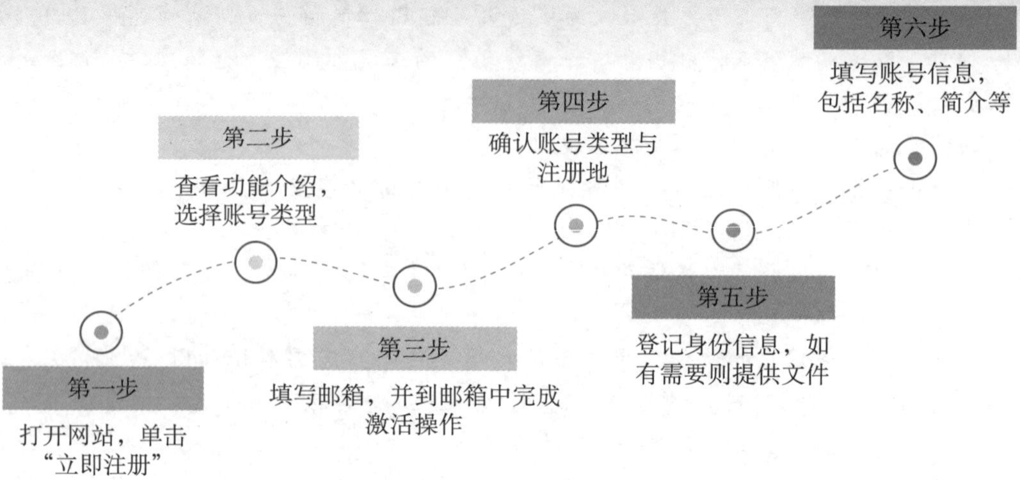


图 2－7　微信公众号的注册流程

图 2－8　微信公众平台官网

微信公众号的创建

**表 2－2　订阅号、服务号、企业微信、小程序的功能**

| 账号类型 | 功能介绍 |
| --- | --- |
| 订阅号 | 偏重于为用户传达资讯（类似报纸、杂志），认证前后都是每天只可以群发 1 条消息。适用于个人和组织 |
| 服务号 | 偏重于服务交互（类似银行、114 提供服务查询），认证前后都是每个月可群发 4 条消息。不适用于个人 |
| 企业微信 | 企业微信是一个面向企业级市场的产品，是一个独立的 App。它是一个实用的基础办公沟通工具，拥有最基础和最实用的功能服务，是专门提供给企业使用的即时通信（IM）产品。适用于企业、政府、事业单位或其他组织 |
| 小程序 | 是一种新的开放能力，开发者可以快速地开发一个小程序。小程序可以在微信内被便捷地获取和传播，同时具有出色的使用体验 |
| 温馨提示：<br>1. 如果想简单地发送消息，达到宣传效果，建议选择订阅号；<br>2. 如果想用公众号获取更多的功能，例如开通微信支付，建议选择服务号；<br>3. 如果想用来管理内部企业员工、团队，对内使用，建议申请企业微信。 | |

订阅号用于“刷脸”，日更内容；服务号用于服务用户，发布重要消息；企业微信用于管理；小程序用于功能交互、变现。有条件的、发展较成熟的企业可以 4 个都选择；初创企业可以选择订阅号和服务号；个人可以选择订阅号。注意：认证服务号需要收取 300 元账号认证服务费。订阅号、服务号认证前后的功能对比如表 2－3 所示。

**表 2－3　订阅号、服务号认证前后的功能对比**

| 功能权限 | 普通订阅号 | 微信认证订阅号 | 普通服务号 | 微信认证服务号 |
|---|---|---|---|---|
| 消息直接显示在好友对话列表中 | | | √ | √ |
| 消息显示在“订阅号”文件夹中 | √ | √ | | |
| 每天可以群发 1 条消息 | √ | √ | | |
| 每个月可以群发 4 条消息 | | | √ | √ |
| 无限制群发 | | | | |
| 保密消息禁止转发 | | | | |
| 关注时验证身份 | | | | |
| 基本的消息接收/运营接口 | √ | √ | √ | √ |
| 聊天界面底部，自定义菜单 | √ | √ | √ | √ |
| 定制应用 | | | | |
| 高级接口能力 | | 部分支持 | | √ |
| 微信支付-商户功能 | | 部分支持 | | √ |

微信公众号的类型和特征，将会在本项目任务三中着重讲解。

步骤三：填写邮箱，登录自己的邮箱，查看激活邮件，并单击激活链接。

若未收到此邮件，可尝试以下两种方法：

第一，请将微信团队邮箱添加到白名单后重新发送邮件，操作方法为：登录邮箱→设置→反垃圾/黑名单→添加白名单（weixinteam@tencent. com）。

第二，如果已经设置，建议更换浏览器/网络环境重新发送，或者是使用其他邮箱激活。

步骤四：确认公众号账号类型，并选择注册地。

步骤五：登记信息，选择个人类型之后，填写身份证信息，接着使用绑定该身份信息的微信扫描二维码再次验证。如果选其他类型则需要提供相应文件。

步骤六：填写账号信息，包括公众号名称、简介等，并完成注册。需要注意的是，每个主体一个自然年可以更改 2 次账号名称；简介一个月内可以申请更改 5 次。

（2）微信公众号注册的常见问题（如表 2－4 所示）。

**表 2－4　微信公众号注册的常见问题**

| 问题 | 回答 |
|---|---|
| 1. 个人注册微信公众号时，邮箱、手机号码和身份证可以分别注册多少个公众号？ | 同一个邮箱只能申请 1 个公众号；同一个手机号码可绑定 5 个公众号；同一身份证注册个人类型公众号数量上限为 1 个 |

续表

| 问题 | 回答 |
| --- | --- |
| 2. 个人微信公众号名称设置有何注意事项？ | 不支持设置空格、不可以包含特殊符号且不得侵犯商标权利、不能与已注册成功的账号名称重复。公众平台账号名称可设置 4～30 个字符（1 个汉字＝2 个字符），只允许含有中文、英文、数字。若名称不可使用页面会有相关提示，请留意页面提示 |
| 3. 微信公众号名称和头像可以随意修改吗？ | 一个自然年可修改两次公众号名称，24 小时后名称才会修改成功；公众号的微信号（又称为公众号 ID）要想清楚了再做修改，一年仅可修改一次；公众号头像一个月只能修改 5 次 |
| 4. 创建公众号后，为什么输入公众号名称搜索不到？ | （1）新申请的微信公众平台账号未被审核通过，或还在审核中 |
| | （2）24 小时内修改过微信公众平台头像或者名称等信息 |
| | （3）公众号关闭了被搜索权限 |
| | （4）公众号名称出现问题（了解“公众号命名规则”：保护注册商标原则、认证命名唯一原则、敏感词规则） |
| 5. 公众号如何设置多个运营者？ | 在微信公众号后台可设置多个运营人员，最多可绑定 3 个长期运营者、20 个短期运营者 |

2. 微博的注册

（1）微博的注册流程。

1）电脑端注册。

如果已有新浪账号（如×××@sina.com、×××@sina.cn），直接登录微博就可以使用，无须单独开通。

如果没有新浪账号，则按照以下步骤进行微博账号的注册：

步骤一：访问新浪微博注册页面（https：//weibo.com/signup/signup.php）进行注册，如图 2-9、图 2-10 所示（可选择个人注册或官方注册，官方认证类型包括：政府、企业、媒体、网站、应用、机构、公益、校园组织）。

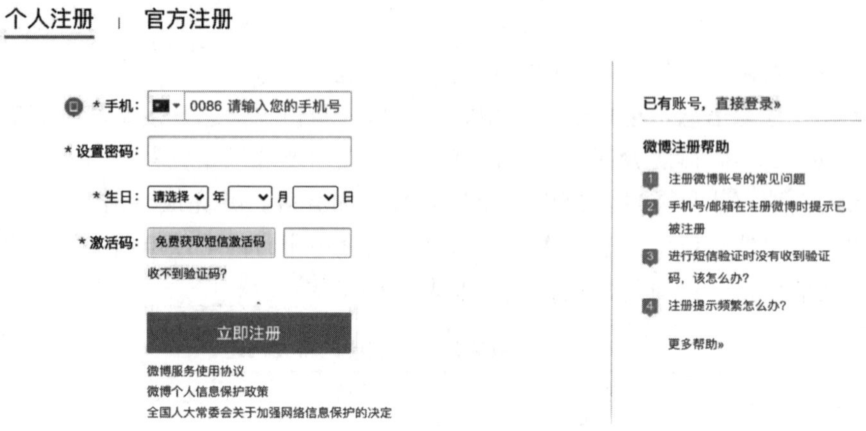


图 2-9　微博注册：个人注册

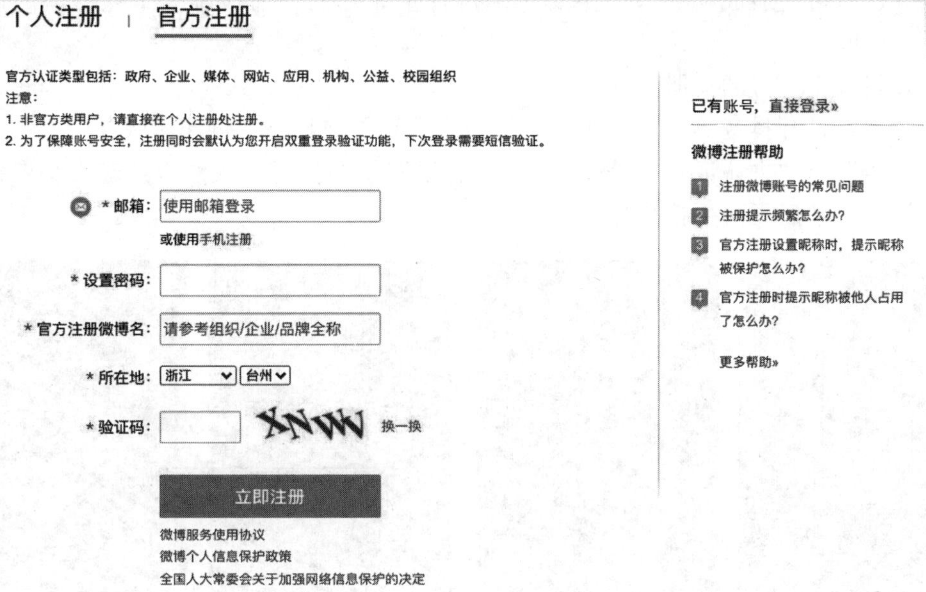


图 2-10　微博注册：官方注册

步骤二：填写注册信息、登录邮箱，日后使用该邮箱名称就可以登录微博。

步骤三：单击“立即注册”，到填写的邮箱中进行注册确认。注册完成后，系统会给该邮箱发送一封微博注册确认信，收到确认信后，单击确认账号链接地址即可完成注册。

2）手机端注册。

在注册页面输入手机号并获取验证码后，根据页面提示操作即可。

（2）微博注册的常见问题。

微博注册的常见问题如表 2-5 所示。

表 2-5　微博注册的常见问题

| 问题 | 回答 |
| --- | --- |
| 1. 手机号被占用怎么办？ | 如果提示手机号已被注册，请回想是否此前注册过微博，如忘记密码可选择找回密码；若此号码是近期才购买的手机号，可单击“客服中心”进行反馈 |
| 2. 输入邮箱地址，无法注册怎么办？ | 一个邮箱只能注册一个微博账号，在注册微博时如果提示邮箱已被占用，请回忆是否曾注册过，或者更换其他邮箱或以手机号方式注册微博 |

3. 抖音的注册

抖音的账号主要分为个人账号和有“蓝 V”标识的企业账号。

个人账号进行内容变现可以开通商品橱窗功能，无须囤货，可以选择平台上已有的货品进行带货；个人和企业也可以通过个人账号缴纳保证金，开通小店功能，售卖店铺货品；还可以加入抖音星图平台，完成相应任务获得佣金。企业账号申请成功后，则可以开启本地团购等功能来营利。抖音的个人账号注册十分简便，只需输入手机号并完成验证码验证即可注册成功。下面主要介绍抖音企业号的注册流程和个人号注册的常见问题。

（1）抖音企业号的注册流程。

步骤一：打开抖音 App，单击“我”→右上角导航栏→“创作者服务中心”→“免费开企业号”→“去认证”（见图 2-11）。这里登录的抖音个人账号，即为将要认证的账号，提交申请后无法更换账号。

**图 2-11　抖音企业号注册步骤一**

步骤二：选择行业分类（见图 2-12，以餐饮行业为例）。需要确保你所在的行业不是“禁入行业”，这样才可以通过审核。可以单击页面中的“详细说明”，查看哪些是企业号认证的“禁入行业”（扫二维码查看）。

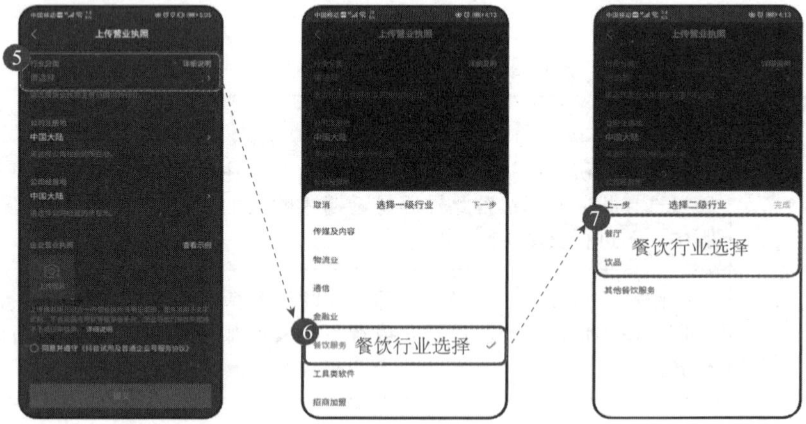


**图 2-12　抖音企业号注册步骤二**

抖音禁入行业

步骤三：选择你的“公司注册地”及“公司经营地”，上传企业营业执照图片，并单击“提交”（见图 2-13）。通过审核后，你就拥有了一个普通企业号。需要注意的是，企业营业执照照片审核严格，可先单击“查看示例”及“详细说明”，了解上传要求，然后根据要求准备相应材料（如图片不合规导致审核失败，不予退还审核费）。如果上传的是营业执照复印件，则需要手写“与原件一致”5 个字，并在该字样上加盖企业公章（若个体工商户无公章，还需经营者在营业执照上签字并加盖手印代替公章）。

图 2-13　抖音企业号注册步骤三

如果想要获取更多权益，如开通团购、认领门店，还需继续以下步骤进行升级。

步骤四：单击“立即验证”，根据自己的商家类型（企业/个体户）提前准备好相应的材料，并填写企业信息（见图 2-14）。

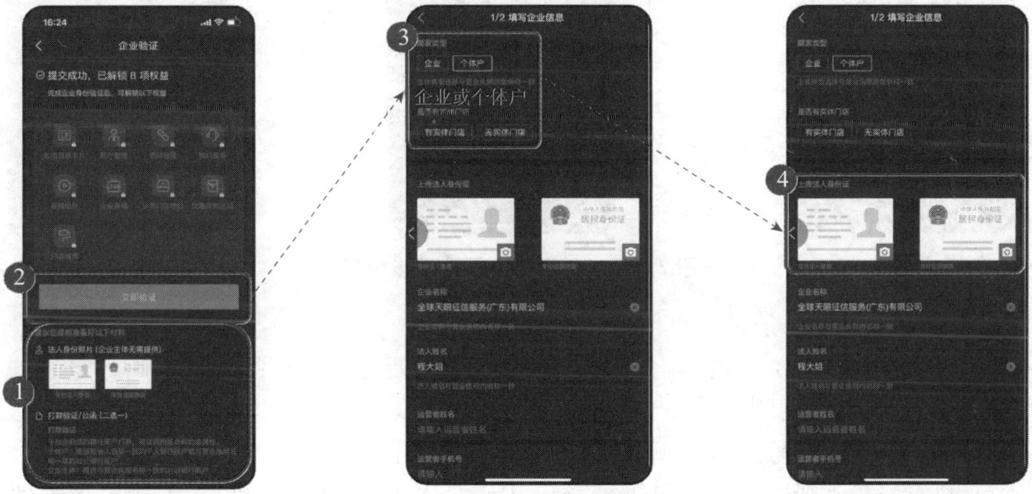


图 2-14　抖音企业号注册步骤四

应提前准备的材料如下：

1）个体工商户需要法人身份证照片正反面，企业主体不需要。

2）企业号运营者姓名、手机号、邮箱。

3）个体工商户使用的对公或者个人银行卡账户，企业主体使用的对公银行账户。

步骤五：进行身份验证，个体工商户选择“人脸识别”或“打款验证”，企业主体选择“对公打款”或“公函”验证（见图 2-15）。

**图 2－15　抖音企业号注册步骤五**

（2）抖音个人号注册的常见问题。

1）抖音账号是一个手机号码一个抖音 ID，这里要注意使用的手机号码一定是自己的，最好还是自己常用的。

2）注册好抖音账号之后，不要频繁切换手机号码。

3）抖音账号注册完之后记得进行身份认证，认证后的账号可以正常进行评论留言或者使用其他功能。

4）抖音号刚开通的时候最好绑定手机通讯录，这样可以快速获得好友的关注，从而获得第一批粉丝，也可以让自己的好友们帮忙点赞视频。

5）抖音号 30 天才可以改一次名字，这里建议优先使用拼音＞英文＞数字的方式，最好是选择比较容易让人记住的名字。

6）千万不要在各种渠道上购买抖音号，这些号码不仅有被封号的危险，甚至过一段时间有可能失去账号控制权。

注册账号不仅仅是一系列的操作过程，更是运营者对品牌的一番自我审视，品牌的定位、企业的历程、企业文化等都蕴含其中。一个商品要赢得用户，需要建立品牌；而个人在职业发展上或者创业道路上要被他人接受和认可，也需要建立品牌。其中，价值和独特性是最为重要的，为了彰显独特性，很多品牌都在打造 IP 形象及对应的“人设”，甚至为它们赋予相应的性格，通过讲述品牌故事迅速得到消费者认可。

# 任务二　新媒体矩阵

## 情境重现

某美妆品牌的新媒体运营人员面对众多的新媒体平台感到疑惑——该如何落实公司的宣传目标呢？在以前，她可能会选择写完一篇稿子或拍完一个视频之后，直接复制粘贴，同样的内容在每个平台上都发一遍。但是随着各平台逐渐发展成熟，她发现，每个平台上聚集的人群，他们的特征、喜好有着巨大的差别，每个新媒体平台上的用户都拥有不同的“标签”……此时，应该如何在不同平台上运营好公司/品牌/个人的账号呢？在做新媒体运营时又需要关注哪些法律法规呢？

## 课堂讨论

某美妆品牌主攻一、二线城市 20～30 岁的白领女性市场，你认为以下内容分别更适合投放到哪个平台？请将它们对应连线。

| | |
|---|---|
| 1. 达人种草短视频 | A. 知乎 |
| 2. 话题互动 | B. 微信公众号 |
| 3. 图文“种草” | C. 微博 |
| 4. 软文“种草” | D. 抖音 |
| 5. 问答“种草” | E. 小红书 |

## 知识准备

在如今的信息碎片化时代，人们越来越习惯于通过新媒体平台了解、阅读各式各类的信息，而且这些信息与以往相比数量更加巨大，而内容又趋向分散。企业如果想通过单一的新媒体平台实现自身品牌传播非常困难，并且效果不佳。所以，运营人员若想更加合理地利用新媒体平台，发挥平台价值，实现信息传播价值的最大化，就需要建立一个良好的“新媒体矩阵”来达到更理想的内容传播效果。完成本任务的学习，你将掌握内容分发的含义与核心点、新媒体矩阵的类型、搭建新媒体矩阵的方法与步骤，以及新媒体平台的相关法律法规。

### 一、内容分发

在了解了新媒体平台的基本类型，注册好各新媒体平台的账号之后，就要进行新媒体的“内容分发”了。内容分发就是将内容推给目标群体去消费，这个“消费”不一定是掏钱付费购买，也可以是阅读、转发、收藏、关注等行为。简单地说，就是让生产的优质内容被看到，优化用户行为数据（阅读量、转发量、关注量、转化率等）。内容分发的方式主要有：社交分发、搜索分发、推荐分发。

内容分发有三个核心节点需要把握，如图 2－16 所示。

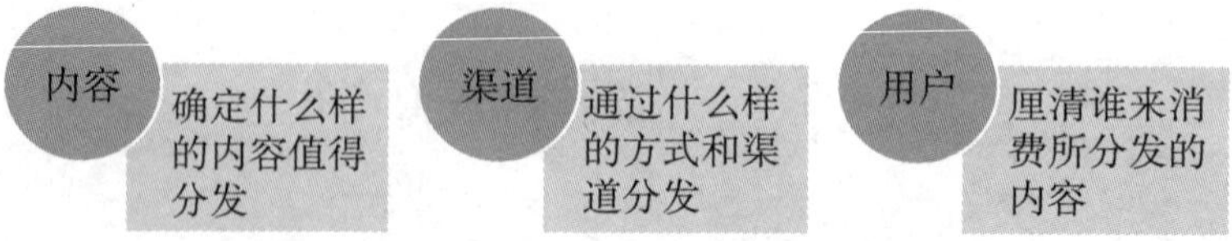


**图 2－16　内容分发的三个核心节点**

由此可见，创意内容、黄金资源、优质分发渠道精准触达用户——这样才能做好内容分发。这就需要搭建新媒体矩阵，来进行内容分发。

## 二、搭建新媒体矩阵

“矩阵”原本是一个数学概念，指一个长方形阵列排列的复数和实数集合。它被引入新媒体行业之后产生了一个营销新名词——“新媒体矩阵”，指能够触达目标群体的多种新媒体渠道组合。具体来说，就是在不同的新媒体平台上，根据企业不同的运营目标与需求，建立起一个全面系统的新媒体布局，实现多平台同步运营。

### （一）搭建新媒体矩阵的作用

搭建新媒体矩阵具有内容多元化、分散风险、协同放大宣传效果、深化垂直领域内容影响力等作用。

1. 内容多元化

每个新媒体平台都有独特的内容风格，比如微信公众号以图文内容为主，微博以 140 字内的博文加照片为主，抖音以 15 秒到 1 分钟的短视频内容为主。企业在多个平台上建立账号，可以使内容形式多元化，吸引不同受众群体。例如，共青团中央入驻到年轻人聚集的 B 站，通过发布原创视频吸引了大量年轻用户关注。

2. 分散风险

企业集中力量只在某一个新媒体平台做运营，若不幸出现“黑天鹅事件”，被平台封禁，就无法再进行正常的内容更新和维护，导致前功尽弃。例如，某些自媒体大号遭到某平台永久封禁，但在封禁前，早已做了其他新媒体平台运营，搭建了矩阵，及时把粉丝引导到其他平台，降低了封号的影响。

3. 协同放大宣传效果

建立矩阵后，在做品牌营销时就可以结合不同新媒体平台的内容调性，覆盖更广大的受众面，协同放大宣传效果。比如某品牌在进行事件营销时，分别在微博、微信、抖音、今日头条等平台发布相同的营销内容，增强用户对品牌的感知。用户可能先在微博上看到了品牌宣传，后来在微信公众号、抖音、今日头条或其他平台上又看到了该品牌的宣传，不知不觉中已经对品牌产生认同感，为后续购买该品牌产品奠定基础。

4. 深化垂直领域内容影响力

企业或品牌在多个新媒体平台投放内容后就获得了更多曝光的可能性，如果持续在某一特定领域输出内容，就能够强化受众对品牌的认知，形成品牌影响力。例如，自媒体品牌“果壳”贯彻“让科学流行起来”的理念，通过新媒体平台向公众传播积极、正面、科学的知识，传递科学价值观，以优质内容奠定了在科普领域的头部影响力。

## （二）新媒体矩阵的类型

1. 根据布局方式不同分类

新媒体矩阵根据布局方式的不同可分为横向矩阵（外部矩阵）和纵向矩阵（内部矩阵），如图 2－17 所示。

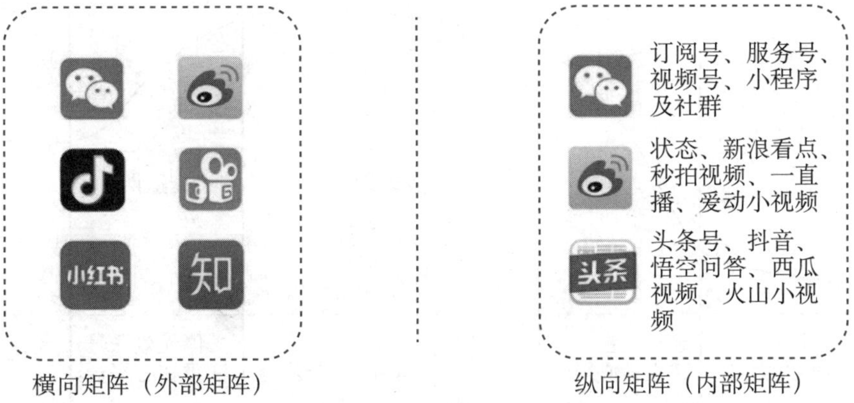


图 2－17　横向矩阵和纵向矩阵

（1）横向矩阵（外部矩阵）。

横向矩阵也可以称为外部矩阵，指企业在全媒体平台的布局，也可以理解为在不同体系的新媒体平台上的布局。如腾讯的微信、新浪的微博、字节跳动的抖音、知乎、小红书等。

（2）纵向矩阵（内部矩阵）。

纵向矩阵也可以称为内部矩阵，主要指企业在同一体系的新媒体平台上的生态布局，是在某一新媒体品牌体系中各个产品线的纵深布局。例如，在微信这一体系的新媒体平台上可以布局订阅号、服务号、视频号、小程序及社群。

2. 根据服务主体不同分类

新媒体矩阵还可以根据服务主体的不同分为协同新媒体矩阵、覆盖新媒体矩阵和联动新媒体矩阵。

（1）协同新媒体矩阵。

在同一新媒体平台上，以多个账号的方式形成矩阵，用于不同用途，同时为某一主体服务，以适应这一主体对新媒体特性的多种使用方式。

（2）覆盖新媒体矩阵。

针对诸多新媒体平台不同的用户群体，根据用户的需求发布相同或者不同的内容形成矩阵，提高用户覆盖率，筛选目标用户。这类矩阵大多数情况下被用于导流，即将流量导入方便转化的媒体平台，以实现利益最大化。

（3）联动新媒体矩阵。

两个或多个不同主体的新媒体平台，在某段时间内合作完成各自主体的指标，从而形成矩阵。其相互之间必然存在着关联性，可以相互制动，扩大公众影响力，实现共赢。

### （三）搭建新媒体矩阵的步骤

搭建新媒体矩阵

企业发展阶段不同，新媒体运营目标也不同，新媒体运营人员需要根据企业每个阶段的运营目标来确定搭建新媒体矩阵的时机。在搭建新媒体矩阵前，应该了解企业新媒体运营的四个阶段：启动期、增长期、成熟期、衰退期（如图 2－18 所示）。

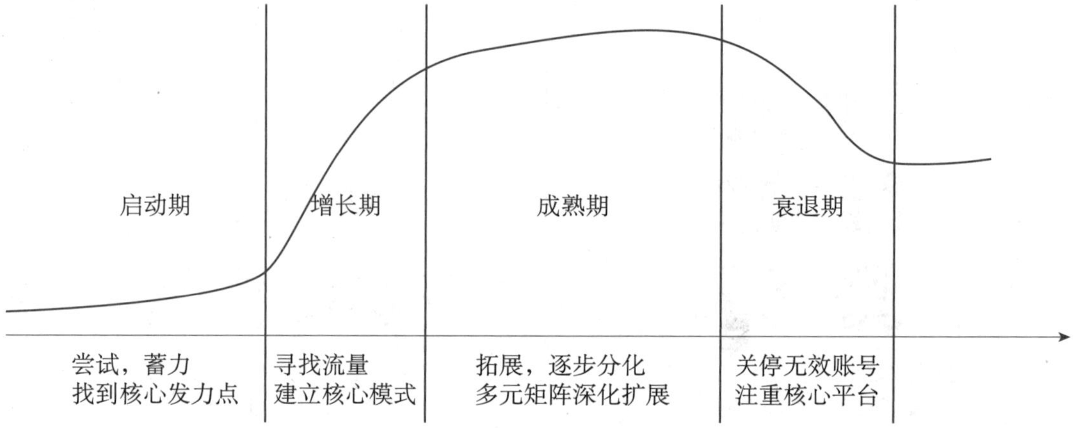


**图 2－18　新媒体运营四阶段**

一般来说，新媒体运营的启动期指的是企业刚刚组建好新媒体运营团队时的试错和探索阶段，此时的新媒体运营目标未与企业目标完全结合，运营人员在某个或某些平台上做尝试，逐步蓄力，以找到核心发力点为目标。

进入增长期后，新媒体运营人员开始固定在某些表现较好的平台运营，逐步向成熟期过渡。此阶段以寻找流量、建立核心运营模式为主要目标。

到了成熟期后，就进入了平台盈利期。新媒体运营人员会根据具体需求进一步探索，将运营计划逐步分化，运用新媒体矩阵提升企业品牌影响力。

最后到衰退期时，用户关注度下降，企业可以根据实际情况关停无效账号，把运营力量集中在核心平台上；同时要根据实际目标来动态调整，既可以以寻找新的增长点为目标，也可以进一步深化现有矩阵，加强纵深挖掘。

从新媒体运营周期的四个阶段来看，通常情况下，除非企业的预算和运营团队较为成熟，否则在启动期一般不建议搭建新媒体矩阵。一方面，市场验证时间较短，前期积累还不够充分；另一方面，容易分散精力，还不如集中优势资源先把核心新媒体平台做好做精。在进入增长期后，就可以着手搭建新媒体矩阵了，一般来说，先做纵向矩阵（内部矩阵），再做横向矩阵（外部矩阵）。

搭建新媒体矩阵的步骤如图 2－19 所示。

第一，了解自己：需要了解企业自身的处境及运营需求，结合新媒体的发展阶段，确定开通哪些平台的账号。

第二，了解用户：有些企业的新媒体运营面向的是不同类型的人群，需要细分出用户群体，弄清楚这些用户群体的需求点，进行精细化运营。

第三，分析平台：确定新媒体运营的目标及运营对象后，再选择相应的平台进行矩阵布局。平台的选择又分为初选、复筛、确认三个步骤，以保证运营效果。

第四，建设人格：在选定平台、确定矩阵的结构后，需要针对运营的平台账号进行人格化建设。企业在不同平台展示的人格需要遵循“1＋N”模式。这里的“1”指的是企业的“基因”，“N”指的是在不同平台建立的角色要有所不同，要按照各平台的风格属性进行调整。例如，美丽说的“基因”是时尚，那么所有的人格化建设都要围绕“时尚”这个调性进行。

第五，搭建班子：建立新媒体矩阵的运营团队，可以参考两种人员配置方式，即按业务模块配置和按平台配置。

第六，确立目标：新媒体运营需要强大的目标支撑，这样才能既使企业避免短视的缺陷，又确保每次的运营决策不偏离航道。

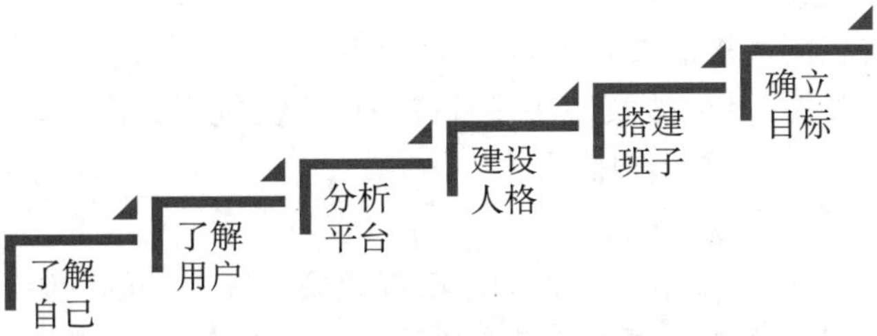


图 2-19　搭建新媒体矩阵的步骤

## 三、新媒体平台相关法律法规

“网络信息的搬运工”“写文章发图片就是新媒体运营”的时代已经永远过去了，新媒体人在刚入行及完善初阶能力时，很容易遇到因不熟悉新媒体平台规则而犯错的问题，这些问题会带来轻则删稿、重则赔偿及封号的后果，都会给企业带来无法估量的效益损耗。因此，在开展新媒体运营前，熟悉各平台的运营规范、新媒体相关的法律法规是至关重要的。

### （一）微信公众号运营规范

微信公众账号行为规范

1. 微信公众号违规行为

微信公众号违规行为及处罚方式请扫码查看《微信公众账号行为规范》。特别需要注意的是，以下行为会导致封号：

（1）强制用户分享文章。

（2）分享文章后对用户有奖励。

（3）胁迫、煽动用户分享文章，如“转发本文好人一生平安”。

（4）强制、诱导用户关注公众号。

（5）有红包类页面，包括红包、优惠券、代金券等。

2. 微信公众号内容发布规范

在微信公众号上发布内容需要遵守《微信公众平台服务协议》及相关法律法规的规

定。用户发布的内容如违反相关规定，一经发现将根据违规程度对公众账号采取相应的处理措施，包括但不限于：

（1）侵权、侵犯隐私权及原创争议类内容，包括主体侵权、内容侵权、原创性存在争议（洗稿争议）等。

（2）低俗内容，淫秽、色情内容。

（3）暴恐血腥内容。

（4）赌博类内容。

（5）危害平台安全内容。

（6）涉黑内容。

（7）非法物品内容。

（8）过度营销内容。

（9）不实信息内容。

（10）骚扰类内容。

（11）煽动、夸大或误导类内容。

（12）违反国家法律法规的禁止内容。

（13）其他涉及违法违规或违反相关规则的内容。

（14）收集用户隐私。

（15）恶意编辑。

（16）违反市场监管法律法规或规范性文件的内容。

（17）宣扬封建迷信类内容。

（18）转载内容。如转载来源因侵权或违规而被清除，所转载内容将被屏蔽。详情请扫码查阅《微信公众平台转载功能使用条款》。

微信公众平台
转载功能
使用条款

3. 检测推文敏感词

敏感词大致可以分为以下三大类型：

（1）政治性敏感词。

涉及政治的违规情况非常多，通常提及政府、国家领导人姓名以及国家领导职务有错误、国家机构名称有误等情况都会触发敏感内容提示。

（2）黄暴低俗敏感词。

骂人的脏话等都是违规词汇。

（3）恶意推广敏感词。

“账号”“卡号”“打款”“汇款”“付款”“付钱”“支付宝”“银行卡”“多少钱”等词汇属于广告推广词汇，尽量不要放在文中。

当字数少时，可以逐字排查，看看文章里是否有敏感词。当字数较多时，可以安装插件如“壹伴”来辅助检测。安装完插件后，进入公众号的首页就可以看到违规文章检测的功能。它可以对历史文章进行敏感词检测，无须多次操作，即可精准定位到暴恐违禁、政治敏感、低俗辱骂等关键词；也可以对未群发的推文进行检测，打开文章编辑页面，就可以看到“壹伴”的违规检测功能。

### （二）微博运营规范

新浪微博相对于微信来说是一个更加开放的媒体平台，用户通常是基于兴趣而建立关系，并依靠热点内容进行高效传播和即时营销。

1. 个人注册账号

用户可自行编辑注册信息中的账号名称、昵称、头像、简介等（以下简称“账号信息”），但应遵守相关法律法规，不得含有违法和不良信息。用户注册微博账号，制作、发布、传播信息内容的，应当使用真实身份信息及个人资料，不得以虚假或冒用的居民身份信息、企业相关信息进行注册；若用户的个人资料有任何变动，应及时更新。未经相关权利人授权，用户不得以他人或其他组织机构名义注册微博账号，亦不得使用引人误解的信息注册微博账号，包括但不限于让人误认为该账号与其他个人或机构组织存在关联关系的名称、头像或简介等。

2. 新闻媒体和政务机关注册账号

新闻媒体和政务机关开设微博账号的，除《微博服务使用协议》以外，还应遵守相关法律法规、组织规则及监管规定。

（1）媒体账号。

媒体账号是指具有法定新闻资质的新闻单位在微博上开设的机构认证账号。媒体账号在使用微博服务时应当接受新闻主管部门和网信部门的统一管理。

（2）政务账号。

政务账号是指各级党政机关、民主党派、人民团体开设的机构认证账号。政务账号在使用微博服务时应当接受网信部门的统一管理，并根据自身的职责、章程和上级单位的管理要求进行管理。

3. 微博账号运营注意事项

（1）优化微博账号名及详情设置。

通过昵称、简介、地址后缀、关键词等信息的设置，可以进行精确的形象定位（如图 2-20 所示），能够让用户第一时间产生相关印象；可以添加网页或网站相关链接，位于微博主页左侧边栏，一般可以附上企业官网；可以设置微博焦点图或视频，在微博主页展示，图片可以轮播；可以设置联系地址和联系人，方便用户在线下了解。如某餐饮企业微博设置，既有品牌介绍，也有行业定位，可以让平台、用户都准确地定位、搜索到，如图 2-21 所示。

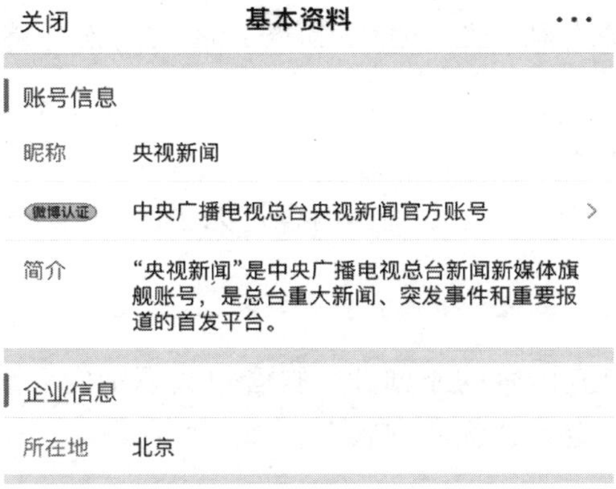


图 2-20　央视新闻微博基本资料

图 2-21　某餐饮企业的微博设置

（2）粉丝服务平台管理。

可以自定义底部导览，如设置菜单、预约、排队、点单、外卖、优惠券、会员卡、代付款、游戏、积分、买单、生日特权、投诉建议等功能。另外，还可以设置订阅发送，通过私信功能定期推送品牌相关信息，如品牌介绍、活动、优惠卡券等。

（3）内容定期输送。

可以定期发送品牌信息与动态、产品信息、公司实景分享、话题与活动、社会热点、本地生活、趣味消息等，这也是大部分企业微博日常运营的内容。

### （三）抖音运营规范

抖音是一个供广大用户记录和分享美好生活的互联网平台。作为由用户共建、共治、共享的网络社区，抖音致力于弘扬社会主义核心价值观，传播正能量，宣扬中华民族传统文化和美德，宣传积极向上的时代风尚和生活方式。这一目标的实现，有赖于平台和用户共同努力，维护有利于平台健康和谐发展的网络环境，营造风清气正的社区生态。

#### 1. 短视频内容运营规范

在不符合社区规范的情况下，短视频内容是无法发布的。短视频内容规范如表 2-6 所示。

（1）内容原创性。

用户在发布前应先自查内容的原创性，抖音也会识别内容重复率，也就是说照抄照搬的内容肯定不可能被认定为“优质内容”。

表 2-6　短视频内容规范

| 问题 | 具体描述（包括但不限于） |
|---|---|
| 遮挡 | 水印、马赛克、视频四角的遮挡 |
| 搬运 | 整段搬运、剪辑成本较低、侵权内容 |
| 引流 | 推广产品、App 等引流行为 |
| 脏话字幕 | 中英文脏话出现在字幕上 |
| 骗互动 | 视频引导关注点赞、标题引导评论点赞等 |
| 色情 | 真空、裸露、性暗示、挑逗动作、影射话术等（包括虚拟角色） |
| 引战 | 例如在视频中对比两个游戏，引起评论骂战等 |
| 不良导向 | 恶意击杀队友、外挂等 |
| 政治敏感 | 涉及社会性话题、国内外时政 |
| 游戏画面过于真实 | 过于逼真的枪械、武器 |
| 品牌商标露出 | 品牌、平台的口播、Logo、字幕、图标 |
| 营销行为 | 商品营销话术、二维码、粉丝抽奖等 |
| 血腥暴力、恐怖 | 红血画面、极度恐怖灵异题材、引人不适的场景（断肢、飙血、大便等） |
| 游戏违规 | 国家法律法规明令禁止的游戏，参考各大直播平台禁播游戏 |
| * 通过搜索功能，寻找其他敏感词汇、话题等，搜不出来的一般都是有问题的 | |

（2）敏感信息排除。

有一些内容属于敏感内容，是无法在抖音平台上出现的，如图 2-22 所示。系统会审核标题、内容、信息是否有敏感字，或者是否是低俗、敏感、不雅的内容，如果你的视频里没办法避免出现类似“钱”“最”“第一”等词汇，可以用拼音或首字母代替，或者只留声音不放字幕。为排除敏感信息，可以使用“轻抖”微信小程序、句易网（http：//www.jul.cn）等违禁词查询工具提前进行内容排查。

**具体社区内容规范**

- 不能涉及国家领导人、公检法军、国家机关、国徽、国旗等形象或词语
- 不能涉及社会负面事件、热点事件、敏感事件、红歌军歌、革命烈士等
- 不能涉及邪教、宗教、封建迷信、反动组织等相关元素
- 不能涉及违法违规、低俗色情、血腥恐怖、危险行为博眼球等相关元素
- 不能出现违反公序良俗、社会价值观相关元素，如低俗、出轨、家暴、炫富、歧视、引战、抽烟、脏话、整蛊、恶搞、虐待等
- 尊重版权，推广内容不得侵犯第三方著作权、商标权、名誉权、隐私权、肖像权等（包括但不限于文字、图片、视频、音乐、创意等）
- 不能出现危害未成年人或残疾人身心健康的内容
- 不能出现抖音平台认为不适合出现的其他推广内容
- 不可出现联系方式、微信号、二维码、链接等诱导用户跳转的信息
- 限制站内抽奖活动。口播或标题、视频中不可以出现以点赞、转发或评论等方式进行的抽奖赢奖品、送红包、送实物奖品等类似活动

图 2-22　抖音社区内容规范

（3）违规动作与内容。

有些动作和内容是不能出现在抖音上的，比如在视频中喝酒、穿着暴露、宣传保健品、伪中医等，这都是抖音明令禁止的。

（4）画质问题。

如果视频的画质差，是不会被抖音认定为“优质内容”的，因此也不会被平台推荐。

2. 抖音直播内容规范

为了加强对巨量引擎客户在巨量引擎关联直播平台使用直播间引流功能的内容管理，平台会对直播标题、语言、行为等进行规范。为了避免出现涉嫌违法违规的直播行为导致封停和断播等风险，主播在开展直播活动时需要遵守规范。

（1）直播标题规范。

1）标题包括但不限于购物袋标题、第三方平台商品标题、直播间标题。

2）标题应该以描述商品本身属性为目的，标题中各商品属性内容应客观属实，且与实际商品和商品详情页相关联。

3）标题中禁止使用夸大或误导性的极限词，以及违规词。

4）标题不得重复关键词或出现与商品名称、品类无关的关键词。

5）禁止使用“点击领红包”“点击参加抽奖”“点击看美女”“ta 正在关注你”“530万人看过”等引导点击的内容。

6）禁止使用“倒闭”“滞销”“亏本”“清仓”“挥泪大甩卖”等夸大促销信息的词汇。

7）分享的商品信息应与直播过程中展示的商品一致（包括品牌、款式等）。

8）其他法律法规、平台规定禁止出现的内容。

（2）主播语言规范。

1）避免地方口音过重的直播风格，一定要保证你说的内容是大家都能够听明白的、能够理解的。

2）口播避免使用极限词汇，不然很容易收到“虚假宣传”“购物袋商品下架”之类的直播警告。

（3）直播行为规范。

为加强直播内容的管理，抖音平台特制定《直播行为规范》（请扫描二维码查看），对主播在直播中的行为进行规范，为平台用户提供一个绿色、健康、文明、积极向上的直播及互动环境。

抖音直播行为规范

**（四）新媒体平台违禁词**

根据我国广告法以及相关法律法规的规定，新媒体平台禁用的词汇主要有以下几类：

（1）标题通用类禁用广告词，比如“竟”“胆敢”等词汇。

（2）行业通用类禁用广告词，比如教育类禁用“资深教师”等词汇，房产类禁用“唯一”等词汇。

（3）社会生活类禁用广告词，比如“疗效最佳”“根治”“亲自”“巨星”“天王”等词汇。

在实际应用词语时，哪些词语是被禁用的，应结合行业特征去辨别，可以使用违禁词查询工具，如前面提到的“轻抖”微信小程序、句易网等，进行全文一键查询。

### （五）新媒体相关法律法规

新媒体面临的法律环境是复杂且多变的，我国目前涉及互联网的法律法规就有数十部，其中有宪法与法律、司法解释、行政法规、部门规章和部门通知，还有地方法规和行业规范。而面对新媒体领域不断涌现的新平台、新形态，已有政策法规还将继续调整、修改，新的法规还会不断颁布。作为新媒体从业人员，除了坚持正确的价值观外，还要不断学习相关的法律法规，树立相应的法律意识，这也是避免触碰管理和法规红线，保障平台正常运行的基本要求。

《互联网信息服务管理办法》：是为了规范互联网信息服务活动，促进互联网信息服务健康有序发展制定的办法。重点关注第 15、16 条。

《互联网新闻信息服务管理规定》：是为了规范互联网新闻信息服务，满足公众对互联网新闻信息的需求，维护国家安全和公共利益，保护互联网新闻信息服务单位的合法权益，促进互联网新闻信息服务健康、有序发展制定的规定，重点关注第 5 条。

《信息网络传播权保护条例》：是网络版权保护诉讼主要的引用依据。重点掌握第 5、6 条，主要是对免于版权责任的几种情况的界定。第 14～17 条的内容也需要准确理解，这几条对于网友自主上传内容涉及的侵权行为及其处置程序作了清晰的界定。

《中华人民共和国民法典》：对民事权益保护作出了一般性规定，包括对个人隐私等人格权的保护措施，其中还对网络侵权行为作了界定，因此需要详细地了解和掌握。

《中华人民共和国广告法》：是为了规范广告活动，保护消费者的合法权益，促进广告业的健康发展，维护社会经济秩序制定的法律。

# 任务三 主要新媒体平台认知

## 情境重现

某美妆品牌的新媒体运营人员在观察不同平台的内容时发现，其实每个平台都有自己的“性格”和适合发布的内容。例如，当她打开抖音，她想在其中获得新鲜、猎奇、好玩、精致的内容，或者“记录美好生活”；当她打开微博，她想看看最近发生了什么热点新闻，大家都在关注什么事情，“随时随地发现新鲜事”；而当她进入 B 站，她需要的不是短暂的愉悦，而是更深度、更沉浸地了解某个主题、某件事、某个人，“结交千万个值得干杯的朋友”……那么，每个新媒体平台各有什么特征呢？作为运营人员，又该如何从营销角度出发，找到该平台的运营优势呢？

## 课堂讨论

你平时在哪个新媒体平台上花的时间最多？你曾经被哪个新媒体平台中的内容说服，并下单购买商品？

## 知识准备

为了帮助企业选择合适的新媒体平台，新媒体运营人员必须了解各主流新媒体平台的特征，并在企业确定运营目标后开通各新媒体平台账号，做好搭建新媒体矩阵的准备。完成本任务的学习，你将掌握几个常见的新媒体平台的特征，并能够从营销角度出发分析其优势。

值得注意的是，在媒体去中心化的今天，消费者（受众）的注意力呈现出“粉尘化”趋势，媒体的边界日渐模糊，企业在选择好“去哪里”后，还应该进一步考虑自己的消费者（受众）在这个新媒体平台上“做什么”，以便做好新媒体精细化运营。

### 一、信息发布：微信公众号

当今社会充斥着大量信息，从中过滤、筛选出满足自身诉求的可用信息对每个人来说都是一项重大的工程，而基于共同利益、相似兴趣与价值观吸引用户关注的微信公众号，可以视作一个信息的过滤网。微信公众平台于 2012 年 8 月 18 日正式上线，个人和企业可以通过该平台以图文、音视频等形式实现和特定群体的全方位沟通与互动，它以其特有的宣传推广魅力、精准的信息到达、低廉的营销成本，深受广大企业的青睐，已然成为企业新媒体运营的“基础设施”。

#### （一）微信公众号的特征

微信公众号具有“小而美”的特征，内容垂直化、细分化、分层化十分明显，在该平台上只有符合这些特征的高质量内容才能吸引用户转变为粉丝，并主动为其推广，早期许多自媒体公众号都因此在该平台上收获了大量粉丝。但是，以盈利与宣传为主要目标的企业公众号很容易走入一个误区——将微信公众号完全等同于网络营销工具，而忽略了公众号的内容特性和服务性质。因此，“内容为王”和“用户至上”依旧是微信公众号的运营者应该牢记的黄金律条。

#### （二）微信公众号的类型

微信公众号平台四种账号类型

在微信公众号的申请页面有四种类型的公众号可供企业选择，分别是：具有信息发布与传播能力的订阅号、具有用户管理与提供业务服务能力的服务号、“对内让工作协同更高效，对外连接微信用户”的企业微信（原“企业号”），以及比较特殊的“具有出色的体验，可以被便捷地获取与传播”的小程序。

1. 订阅号、服务号与企业微信

（1）“阅读体验”至上的订阅号：主要功能偏向于向用户传达资讯，为用户提供新闻信息和娱乐趣事，每天可群发 1 条信息。适用群体是个人、媒体、企业、政府和其他组织。

(2) 以“完美服务”为中心的服务号：主要功能偏向于绑定信息、服务交互，每月可群发 4 次消息。适用群体是媒体、企业、政府和其他组织。

(3) 提供“企业场景化应用服务”的企业微信：主要功能偏向于实现企业内部生产管理、协作运营的移动化，或者上下游供应链之间的沟通，每分钟可群发 200 次。主要是企业或组织内部使用，这里要注意的是，企业微信需要通过验证才能添加，并不是像其他号一样可以通过主动关注添加。

订阅号、服务号、企业微信的区别详见表 2-7。

**表 2-7　订阅号、服务号、企业微信的区别**

| 账号类型 | 订阅号 | 服务号 | 企业微信 |
|---|---|---|---|
| 业务介绍 | 面向媒体和个人提供一种信息传播方式 | 面向企业、政府和其他组织，用来对用户进行服务 | 面向企业、政府、事业单位和非政府组织，实现生产管理、协作运营的移动化 |
| 适用人群 | 适用于个人、媒体、企业、政府和其他组织 | 适用于媒体、企业、政府和其他组织 | 主要是企业或组织内部使用 |
| 消息显示方式 | 折叠在订阅号目录中 | 出现在好友会话列表首层 | 出现在好友会话列表首层 |
| 消息次数限制 | 每天群发 1 条 | 每月主动发送消息不超过 4 条 | 每分钟可群发 200 次 |
| 验证关注者身份 | 任何微信用户扫码即可关注 | 任何微信用户扫码即可关注 | 通讯录成员可关注 |
| 高级接口权限 | 不支持 | 支持 | 支持 |
| 定制应用 | 不支持，新增订阅号需要重新关注 | 不支持，新增服务号需要重新关注 | 可根据需要定制应用，多个应用聚合成一个企业号 |

2. 打造“良好使用体验”的小程序

小程序与订阅号、服务号、企业微信是并行的体系，具有更加便捷和丰富的功能、更出色的使用体验、更大的开发空间等优势。

实际上，小程序是一种不需要下载安装即可使用的“应用”。它不仅能够与公众号的其他三种类型（订阅号、服务号、企业微信）实现相互跳转，还可以借助微信联合登录，打通开发者已有的 App 后台的用户数据，但是并不支持小程序和 App 的直接跳转。小程序能够满足使用者简单的基础功能需求，适合生活服务类线下商铺以及非刚需低频应用的转换，体现“用完即走”的理念。小程序的适用群体是：个人、企业、政府、媒体和其他组织。使用者需要在微信公众平台注册小程序，完成注册后可以同步进行信息完善和开发，其注册开发流程如图 2-23 所示。

## （三）微信公众号的营销优势

对于企业来说，微信公众号具有以下营销优势：信息到达率高、用户互动性强、服务成本低。

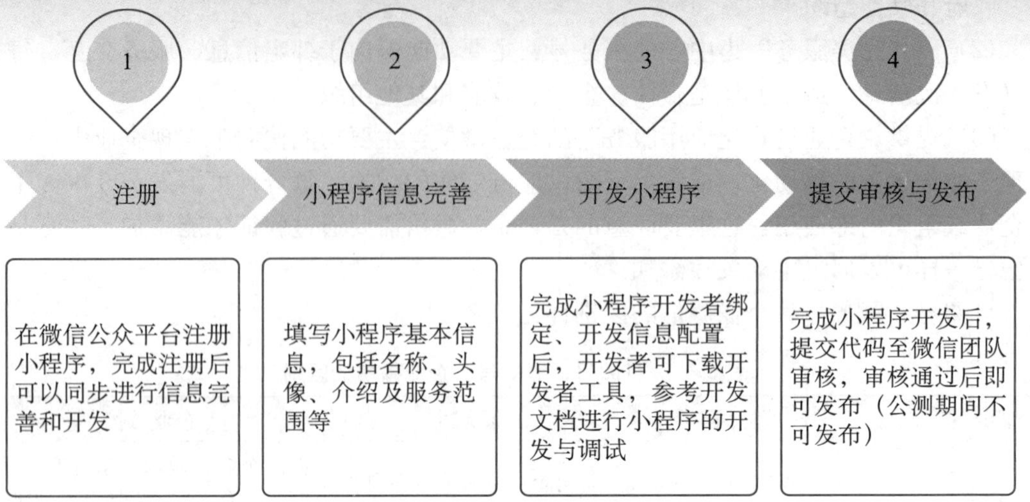


图 2－23　小程序的注册开发流程

1. 信息到达率高

（1）广告信息发布的门槛低、成本低。任何企业都可以免费注册微信公众号发布信息，广告内容在合法合规的基础上，创作自由度较高。

（2）广告信息发布能够突破时间、空间限制。企业可以在任意时间、地点发布信息，用户也可以在任意时间、地点查看企业发布的广告信息。

（3）广告信息具有隐蔽性，信息到达具有精准性。为了吸引用户点击，广告信息往往以“软文”形式隐蔽在公众号文章中，而用户一般都是主动关注公众号的，因此广告信息能够精准到达相应受众群体。

2. 用户互动性强

（1）微信平台的高参与性。微信月活跃用户数超 10 亿，依托着大体量、高黏性的微信用户，营销内容被看到的概率更大，也可以更大程度地回报企业所付出的成本。由于微信平台的强社交关系，企业公众号的文章一旦被用户转发，被其好友浏览和二次转发的机会也会增加。

（2）灵活的营销方式。公众号营销过程多元化，不仅支持图文、音视频的内容形式，以及混合式编辑方式，文章的留言区还可即时回复用户消息，拉近彼此的距离。

3. 服务成本低

（1）线上服务更方便。通过微信公众号，不仅可在线帮助客户解决问题，还可随时随地更新企业最新动态、产品信息、发展规划、营销策略，同时也可即时解决售前、售后问题，提高用户购物决策速度。

（2）节约人力成本。对于初创企业来说，微信公众号运营通常只需要一个人，既负责营销内容的策划，也负责公众号文章的撰写、排版等工作，一定程度上避免了人员冗杂带来的责任不清、效率低下等问题。

除了以上四种类型，微信的第五种账号类型——“视频号”也已悄然崛起。视频号弥补了用户削减的公众号图文内容消费时长，同时升级了内容传递的展现形式。首先，视频号的口号“记录真实生活”告诉大众使用视频号的场景，即记录日常的真实生活；其次，推出基于微信内部社交生态的视频号，很好地补充了微信视频消费的使用场景，在微信视频的“社交型内容”之外补充了“消费型内容”，这两种属性的内容本身和流动性都大有不同。视频号具有两种内容形式——短视频与直播。视频号已成为一个流量集散中心（如图 2 - 24 所示），微信公众号运营者可以将企业视频号内容嵌入公众号推文中，将公众号流量引入。

**图 2 - 24　视频号流量广场**

资料来源：新榜 . 2021 年视频号发展年中报告 .

## 二、树立形象：微博

微博是一种通过关注机制分享简短实时信息的广播式的社交媒体、网络平台，它基于用户关系进行信息分享、传播以及获取，具有社交属性、资讯属性和娱乐属性。相对于“强关系”的微信来说，微博更多的是“重内容、弱关系”，社交关系广而不深，强调信息的快速传播和功能的全面发展。在微博平台，每个粉丝都是潜在的营销目标，企业利用自己的微博向网民传递企业、产品信息，树立良好的企业形象和产品形象。微博依靠天然的强社交属性、流量聚合优势以及优质的内容沉淀，能使企业在话题传播广泛度、消费者参与讨论度、内容信息呈现深度、种草拔草转化效率等方面延展深耕，进而实现营销效果最大化。对于企业来说，微博一直是数字营销、社会化营销和创新营销的必争之地，微博平台具有丰富的营销资源、庞大的用户基础和创新的营销技术，为品牌进行微博营销提供了充分的空间。

### （一）微博营销的特征

微博营销注重价值的传递、内容的互动、系统的布局、准确的定位，微博的火热发展使得企业在该平台上的营销效果尤为显著。近年来，微博广告营收持续增长，品牌客户数达历史新高，信息流广告市场规模发展速度保持高位，广大企业对微博商业产品的认可度可见一斑。AdMaster 数字营销效果评估数据库的数据显示，与成熟的视频贴片广告相比，微博营销在扩大品牌认知、提升品牌好感、增强消费者购买意愿方面都有更明显的效果，能有效地提升品牌价值。微博营销具有宣传便捷、影响广泛、传播快速、方式丰富的特点。

1. 宣传便捷

微博用户可以直接发布信息对产品或服务进行宣传，无须经过烦琐的审批，节约了时间和成本，大大提高了宣传的便捷性。

2. 影响广泛

微博通过粉丝关注及利用名人效应等形式进行传播，可以说是一种病毒式的传播，其影响力非常广泛。

3. 传播快速

传播快速是微博显著的特点之一，这依靠的是它的转发功能，对那些关注度较高的微博来说，在短时间内转发量就可以达到几十万甚至上百万。

4. 方式丰富

为了让大众更直观地了解产品信息，用户可借助先进的多媒体技术手段，以文字、图片、视频等形式呈现产品或服务信息。

### （二）微博营销的优势

微博营销具有营销内容简洁、覆盖范围广、互动效果好、营销特色突出等优势。

1. 营销内容简洁

在快餐式的阅读环境下，微博简短的内容使营销和传播都能变得更快。通常一条微博字数限制在 140 字以内，以简短的内容直接输出重点事件及活动，突出营销内容的核心。图 2－25 所示是某饮料品牌的妇女节营销微博，既以简洁的文字宣传了产品，又通过简单易理解的福利抽奖活动吸引用户参与，进一步扩大了品牌及产品的知名度。

图 2－25　某饮料品牌的妇女节营销微博

2. 覆盖范围广

微博属于开放型平台，任何一条活动信息都可以在微博上进行全方位的传播，传播门槛低。企业发布信息后，如果被推上热搜，那么这些信息被微博用户看到的机会将大大增加，人人都可以对其进行点赞、评论、转发等操作，信息覆盖人群广，传播力度强、速度快。

3. 互动效果好

微博的互动优势是显而易见的，由于关注企业微博或者产品的粉丝都是该产品或相关产品的消费者或潜在消费者，因此，企业在微博开展营销能及时与他们进行沟通，及时获得反馈，并且可以针对各类型用户进行精准营销策划。如图 2－26 所示，某汽车品牌在微博内容中以填空方式激发用户表达欲、参与感，引导用户在评论区留下自己的见解，以此增强与用户间的互动。

图 2－26　某汽车品牌互动微博

4. 营销特色突出

微博营销特色突出，方式多样。例如口碑营销，在“互联网＋”时代，顾客消费后的评价已经成为其再消费和其他顾客参考的重要依据，对于好的评价，粉丝的每次转载，无疑都是在帮企业进行一次好的口碑营销；还有借势营销，微博上每天都会更新各种各样的热点，企业如果能抓住其中的热点来做营销，就可以快速获得曝光，吸引流量。例如，图 2－27 所示是某咖啡品牌的“地球日”营销，即用户自带杯子到该品牌门店，前 40 位用户可在当日 11:00—12:00 免费获得中杯新鲜滴滤咖啡，利用微博的话题营销特色，既宣传了品牌的环保理念，号召用户参与，树立了品牌形象，又可以让门店客流“活”起来。

图 2－27　某咖啡品牌“地球日”营销活动微博

企业在日常运营中，要注意确定好自己的目标粉丝，做好企业微博的功能定位，并结合多种营销方式以达到营销效益的最大化。

## 三、短视频内容：抖音、快手、视频号

短视频是一种互联网传播方式，是在新媒体平台上传播的时长在 5 分钟以内的视频短片，它适合在各种新媒体平台上播放，适合用户在移动状态或碎片时间的休闲状态下观看，具有相对较高的推送频次、相对较短的时间长度，因而具有“短、小、轻、薄、新、快、碎”的特征（如表 2-8 所示）。短视频满足了人们看文字、看视频以及了解资讯、深化兴趣的需求，兼具娱乐性和文化性，是一种综合载体而并非单独的一种媒介形式。

**表 2-8　短视频的特征**

| 短视频特征 | 具体内容 |
| --- | --- |
| 短 | 内容时长较短，一般在 15 秒到 5 分钟之间 |
| 小 | 内容话题切入点小，有聚焦点，能够传递情感、价值观，引起用户共鸣 |
| 轻 | 内容主题轻快明了 |
| 薄 | 内容整体通俗易懂，所处层面较为浅薄，适合大众，不难理解 |
| 新 | 内容风格是新鲜、新颖、新奇、有新意的 |
| 快 | 内容创作反应快、传播速度快，强调时效性 |
| 碎 | 内容体系碎片化，适合碎片化阅读场景 |

短视频是新时代的文本，是目前移动互联网的重要一环，抖音、快手和视频号的内容、用户、社交关系与流量机制各有特色，均有较大的商业潜能。2020 年微信视频号的“异军突起”对本已稳固的“抖快双雄”格局造成了冲击，这种“三强鼎立”的格局会持续存在。抖音、快手和视频号在产品理念、用户属性、推荐机制这三个方面都有不同的特点。

### （一）产品理念

从三个平台的定位上，我们可以看出三者之间的核心差异在于产品理念、内容创作价值导向的不同。抖音对于短视频内容的要求比较高，倡导分享精心编辑的精致内容；视频号要求创作与传播的内容要基于真实生活；快手对内容的包容性更高一点，倡导每个人的每一种生活方式都值得被记录。

1. 抖音——记录美好生活

抖音的早期核心用户是来自一、二线城市的“90 后”“95 后”年轻人，但是现在抖音放宽了用户圈层和内容领域，瞄准了更大的市场，不同年龄、地域的人都可以在抖音上记录和分享美好生活。抖音希望每个普通人在遇到生命中那些美好瞬间的时候，都可以抓住它、分享它，让大家的“美好”都能流动起来，让人们的生活变得越来越阳光、越来越幸福。

2. 快手——拥抱每一种生活

从前说起快手，大家的第一印象就是“老铁文化”，而如今的快手是一个愿意接纳无数种真实生活样本的全新品牌。

3. 视频号——记录真实生活

内嵌在微信中的视频号，其定位是一个“人人都可以平等创作和分享的平台”，是

对标微信公众号的长内容而存在的。视频号是一个理解别人、理解世界的窗口，机构和个人都可以加入视频号，随时随地发挥创造，和更多人分享生活和世界。视频号更加注重原创，更倾向于生活沉淀，需要内容的创作有个性、有价值、够真实。

### （二）用户属性

抖音用户属性：年轻、时尚，追求个性化，用户大多分布在一、二线城市，展示的是美好精致的生活，少一点生活中的烟火气。

快手用户属性：热衷“老铁文化”“草根文化”，用户大多分布在三、四线城市，展示的更多是现实生活中关掉滤镜的“原生态”的一面，不会刻意追求精致感、高级感。

视频号用户属性：基于微信的社交关系的原因，更强调“身份感”，他们点赞和互动更多是因为内容比较符合自己的“身份”。与快手、抖音相比较，视频号基于熟人社交圈层传播的特性，意味着其有更加精准的圈层影响力。

从某种程度上来说，用户属性也可以看作短视频平台的品牌整体调性。品牌调性主要体现在内容、评论社区以及平台的引导上，久而久之，转化为用户对品牌的认知，也就是传统营销学中的“定位”。简单来说，就是提到你的产品时，用户心中想到的是什么。从品牌调性上看，抖音是“达人秀”和“万花筒”，分享美好生活和有灵魂的人和事，用户在抖音能够跳出所在圈层的束缚，看见更大的世界，尤其是抖音国际化的推广，成功使它成为全球性的娱乐社交工具，可以说抖音在内容的运营方面做得较为成功；快手是“老铁社区”和“民间生态”，更加突出“人”的地位，把视频内容创作者的优势与普通人的定位结合得恰如其分；微信视频号是“邻里社区”和“身份圈”，这里有强大的社会属性及家庭关系、职场关系、同学关系，其立足点是社交，其调性是社交属性，更多的是私域流量池，将来会更加突出商业、舆论与媒体属性。

### （三）推荐机制

短视频的用户主要分成两类：一类是内容创作者（创作视频的人），另一类是内容消费者（观看视频的人）。了解短视频平台的不同算法，能够使企业在平台内容推荐规则下创作内容，并让更多的用户看见自己的内容，从而获得理想的营销效果。在了解各平台的推荐机制前，我们需要先了解“中心化”和“去中心化”这两个名词。中心化分发机制是指依靠机器对内容进行判断，将内容创作者的视频推荐给可能对该内容感兴趣的人群；去中心化分发机制是指用户依靠自己对视频封面和标题的判断，决定是否打开视频进行观看，如果用户在观看过程中对视频感到满意，从而进行互动操作，则有助于系统将该视频放置在首页的推荐列表，有机会让更多的用户浏览到该视频。

#### 1. 抖音推荐机制

抖音的算法是中心化的，坚持“用户导向”，会根据用户的喜好推送视频内容，让平台流量更加公平。这套算法对平台的所有用户都有效，无论是内容生产者还是内容消费者。抖音的算法给予内容质量更高的权重，其逻辑是把流量源源不断地输送至受欢迎的内容。从短视频创作者制作好一条视频，到这条视频被推送到视频观看者眼前，大致经历了以下三个步骤：给内容贴标签，给人物贴标签，按照标签进行智能个性化推送。当然，真正的算法原型远远不止这些程序，图 2 - 28 只是把前端的原型画了出来，而作为运营者了解这些就已经足够了。

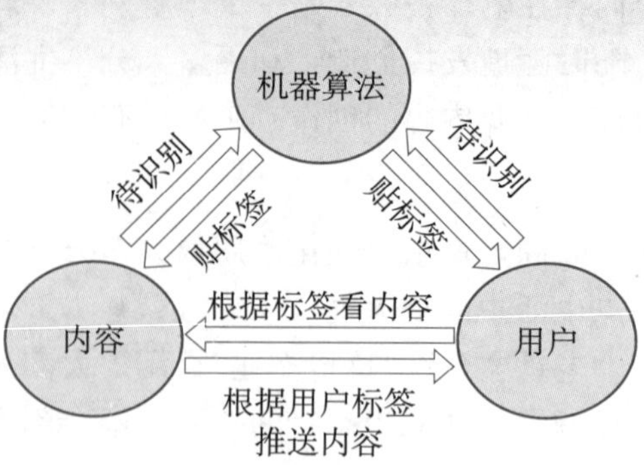


图 2-28　抖音算法原型

资料来源：短视频热门研究院.

2. 快手推荐机制

快手的算法是去中心化的，是一种普惠算法，坚持“创作者导向”，内容基于社交和兴趣分发，因此快手的逻辑是把流量相对平等地分发到用户身上，给予社交关系更高权重，基于用户偏好和视频的匹配度，将较新的内容推荐给用户，粉丝互动性更高。快手将头部内容流量限制在30%左右，将70%流量分配给中长尾内容，就是想强化创作者导向和社区属性。

3. 视频号推荐机制

视频号基于社交的算法推荐，相比内容更加关注人，它结合了公域和私域流量，流量庞大、来源丰富，兼顾了社交属性和内容分发效率。视频号本身的流量分发依靠社交关系链来进行关联式推荐，从而筛选出同一圈层人群的热点内容，更有利于初期账号运营时获得社交关注度。因此，你看到的每条视频号内容，几乎都伴随着微信好友的点赞或评论。当然，视频号也有一些内容是按标签推荐的，比如当身边没有社交推荐的内容时，微信官方会推荐一些热门内容或是微信官方的科普视频，保证每个用户都有内容可看。

了解了三个短视频平台的特点之后，企业可以选择适合自己的平台进行布局。

**知识链接**

◎ **公域流量**：就是各大平台的公共流量，所在的平台可以主动分配流量，公域流量是不可控制的，但是商家可以通过投放广告来获得精准的流量。

比如：电商平台（淘宝、京东、拼多多等）；新闻资讯平台（腾讯新闻、搜狐网、今日头条等）；社区平台（百度贴吧、微博、知乎等）；视频平台（腾讯视频、爱奇艺、抖音等）；搜索平台（百度搜索、谷歌搜索、搜狗搜索等）。

◎ **公域流量的特点**：

(1) 比较容易获取。

(2) 黏性差，也称一次性流量。

(3) 稳定性差，不可控制。

◎ **私域流量：**就是自己或者商家的粉丝，不需要付费，可以反复利用，并且很稳定。比如：微信好友、微博粉丝、QQ好友、抖音粉丝、淘宝店铺粉丝、美团和饿了么商家的客户等。

◎ **私域流量的特点：**

(1) 获取粉丝的难度大。

(2) 粉丝黏性高。

## 四、打造口碑：小红书

小红书是一个生活方式平台和消费决策入口，“分享”是小红书的核心价值。小红书的社区内容分享囊括时尚、美妆、音乐、动漫、美食、健身、摄影、旅行、科技数码、母婴等多个领域。来自小红书的数据显示，目前小红书有超2亿月活用户，其中72%为“90后”，70%以上分布在一、二线城市，拥有4 300多万的分享者。作为众多年轻用户心中的“消费决策”平台，小红书的商业价值不容小觑，尤其是在国民消费升级、“她经济”和健康生活等大环境的驱动下，众多品牌需要通过小红书这样的社交媒体去拓展市场、精准触达用户。千瓜数据显示，从2022年小红书用户画像最新数据来看，年轻化、消费能力强依旧是平台用户的重要特征。

2020年初，小红书陆续上线针对企业用户的基础设施：放宽商家准入门槛，将品牌号升级为企业号，并全面升级了包括数据洞察、定制H5、运营工具、粉丝互动、连接线下等在内的多项免费服务，全面介入和加持新品牌崛起。来自小红书方面的资料显示，截至2020年12月，小红书上国货品牌数量超4.5万个，用户对国货品牌的搜索次数超过7亿次，总讨论量达28亿次，讨论量同比增长超100%。

### 对点案例

**小红书与“新品牌们”的故事**

通过真实口碑分享，小红书正在改变“种草”的广度和深度。

“完美日记”这个美妆品牌成为“国货之光”的背后，就离不开小红书的成就。完美日记曾经复盘与小红书的结缘：团队发现有用户在小红书上自发分享了试色和种草内容，由此在小红书上开展了“金字塔”形的投放策略。随着小红书的内容门类持续扩大，类似完美日记式的新品牌崛起故事也不断在小红书诞生。

上市一度冲刺千亿元市值、众多投资人“看不懂”的潮玩品牌“泡泡玛特”，在2020年“双11”前，其小红书笔记同比增长14.83%，互动量总量同比增长46.28%；当年“双11”天猫总销售额破1.4亿元，拿下玩具品类的第一……

资料来源：AI财经社作者．小红书估值破百亿背后，一场对社区的价值重估．(2021-03-27)[2023-02-15]. https://mp.weixin.qq.com/s/-a4jvbKHddh9OT1m1rk0Uw.

**分析提示**

对于新消费品牌来说，小红书已成为绕不开的营销阵地。在小红书上，不同粉丝量级的账号都可以参与到营销环节中来，能够实现对用户的深度触达。品牌通过小红书博主分享的真实体验在社区内获得用户的认可和支持，去影响更多用户的消费行为，这种消费体验带来的用户对品牌的黏性更强。用户通过分享自身体验，在某种程度上帮助品牌进行宣传，让越来越多的人被吸引过来，反向影响品牌和其他用户，品牌的知名度和产品口碑随之得以提升。

从间接销售到直达用户，从单向沟通到双向互动，新品牌的“新”不只体现在出现的时间较短，更体现在传播营销渠道的变革上。这样的趋势和变革是机遇，具有强“种草”属性的小红书自然就演变成了新品牌与用户之间互动的桥梁。

小红书的整个商业化逻辑，就是产生需求后，创造“种草”内容，“种草”内容可以集成在品牌定制专区里，可以去做发现页的信息流，定制话题页，所有这些内容，都可以导流到购买流程里，引导用户进入旗舰店。如图 2 - 29 所示，某植物营养品牌的小红书营销路径就遵循以上逻辑：发现页出现广告笔记—点进笔记并被种草—直接点击商品链接—进入旗舰店—购买，完成转化。

图 2 - 29　某植物营养品牌的小红书营销

## （一）小红书的特征

在小红书上，用户可以通过短视频、图文等形式记录生活点滴，分享生活方式，并基于兴趣形成互动，是一个典型的可以实现双向互动的社区属性平台。而在发展过程中，小红书形成了“种草”到“拔草”的社区氛围。买东西之前先去小红书搜笔记，参考其他用户的评价成为一种新的消费行为习惯和趋势。而哪里有消费决策，哪里就会成为品牌的动力源泉。在小红书做营销的逻辑也很简单，就是让用户在这里发现他喜欢的内容，用户参与互动的时候，通过图文或视频标记生活，进而集合成口碑的传播，引起相关话题讨论。“种草”后用户就可以通过链接直接购买产品，如图 2 - 30 所示。

小红书的鲜明特点就是真实性、精致感、多元化和以年轻女性用户为主。

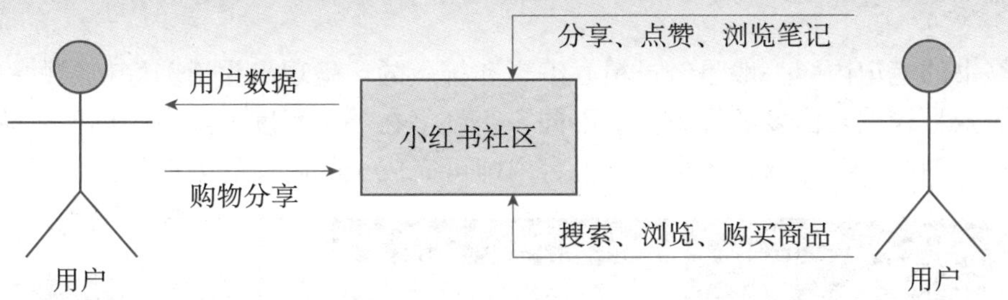


图 2-30　小红书的营销逻辑

1. 真实性

小红书平台上有真实用户的口碑沉淀内容与互动数据，用户可以通过“笔记”形式分享对产品的印象以及生活中的所见所闻。此外，无论是普通用户还是关键意见领袖（KOL）、名人，拍摄的图片质量都比较高，内容也比较接地气，而且很会通过讲故事的方式创造（产品使用）场景，使用户产生画面感。

**知识链接**

KOL 与 KOC 的区别，如表 2-9 所示。

◎ KOL：KOL 英文全称为 Key Opinion Leader，中文解释为“关键意见领袖”。关键意见领袖是营销学上的概念，通常被定义为拥有更多、更准确的产品信息，且为相关群体所接受或信任，并对该群体的购买行为有较大影响力的人。

◎ KOC：KOC 英文全称为 Key Opinion Consumer，即关键意见消费者，是指那些购买过某类产品或者服务的消费者，他们根据自己在生活中的真实使用体验，发表自己的观点和看法，并且向亲朋好友或者是社交平台上少数忠实的粉丝分享。相对 KOL 来说，KOC 的影响力要弱很多，但是这些 KOC 对提升用户口碑、提高复购率也有重要的意义。

表 2-9　KOL 与 KOC 的区别

| 属性 | KOL | KOC |
|---|---|---|
| 中文解释 | 关键意见领袖 | 关键意见消费者 |
| 英文全称 | Key Opinion Leader | Key Opinion Consumer |
| 营销范围 | 公域流量 | 私域流量 |
| 角色定位 | 专家、名人等 | 朋友、普通消费者、介绍者等 |
| 流量大小 | 大 | 小 |
| 转化比率 | 较低 | 较高 |
| 互动效果 | 弱 | 强 |
| 和消费者的距离 | 远 | 近 |
| 报价 | 高 | 低 |
| 计费方式 | CPM（按曝光付费）为主 | CPS（按实际销售付费）为主 |
| 本质 | 以“场景/内容”为中心 | 以“人”为中心 |

2. 精致感

小红书的笔记内容一般是经过精心编辑和排版的，呈现出生活美好精致的一面。此外，与公众号较大自由度的排版功能不同，小红书在一定程度上给内容创作者降低了创作难度，如图 2－31 所示，在小红书平台内即可完成全部内容的创作与排版。

图 2－31　小红书笔记创作过程

3. 多元化

小红书的多元化体现在，无论是小众品牌还是大品牌，都可以在这里切入多样化的场景，找到各自的目标用户，然后进行放大。如某奢侈品牌 2020 年 3 月 26 日在小红书平台的直播首秀，1 小时吸引超过 1.5 万人观看；某国潮品牌也在小红书年轻群体的创意笔记中获得了二次新生，不少用户在小红书上分享该品牌鞋子的不同鞋带搭配方法，实现产品“种草”。

4. 以年轻女性用户为主

小红书的用户画像如图 2－32 所示。小红书拥有超 2 亿月度活跃年轻用户，这些用户主要为生活在一、二线城市的年轻女性，并且消费水平中等偏上，她们对于生活水平有着较高的追求，也具备相应的消费能力，而且她们乐于将自己生活的方方面面分享给和自己具有一样特点的人。小红书满足了她们对于较高生活品质的追求并且提供了分享平台供她们分享和交流。

## （二）小红书的营销优势

小红书主要有以下三个营销优势。

1. 用户体量大、黏性强、质量高，以及转化率高

小红书月活用户超 2 亿，每日曝光超 30 亿，用户以生活在一、二线城市的年轻女性为主，整体消费能力强大，消费思想比较超前，购买欲望也非常强。每天都有数百万用户在小红书上搜索自己想要了解的话题和笔记，他们是带着目的而来的精准用户，因

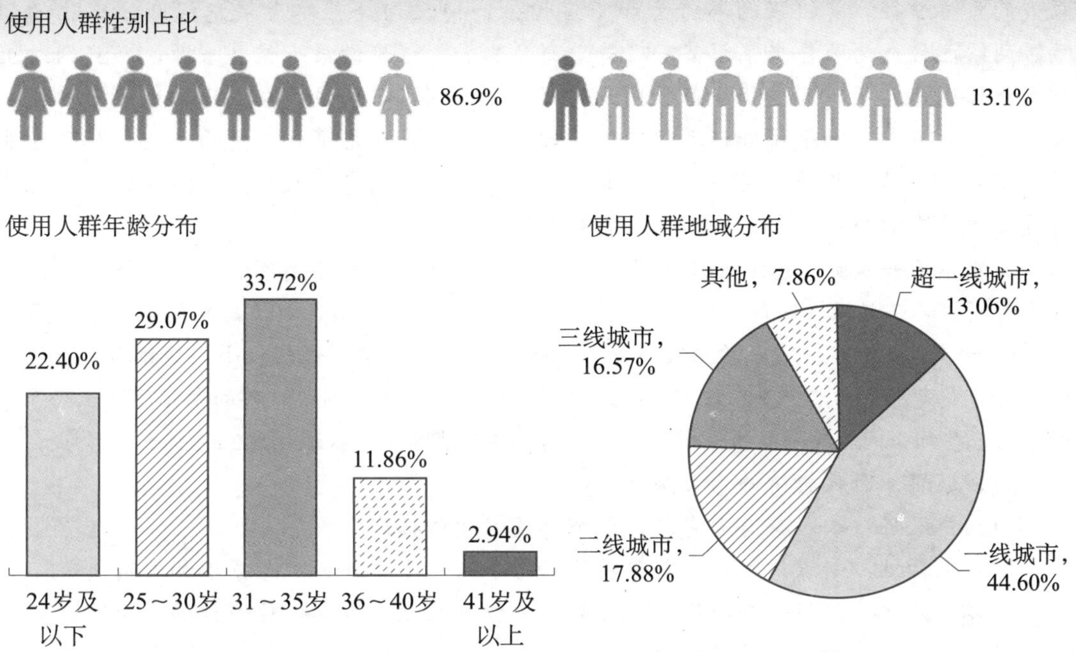


图 2-32　小红书的用户画像

资料来源：艾瑞数据.

此，企业发布的营销信息也有相当高的转化率。

2. 建立品牌形象速度快、影响深

营销内容推广主要是通过用户分享笔记、博主测评等方式进行的，更容易打动普通消费者，并在他们心中建立对品牌的认知，尤其有助于新品牌提升知名度、打开市场。

3. 流量成本低，优质内容可获得长期流量

有人曾用一个零基础的账号来验证小红书的曝光量和流量成本，结果在半个月的时间里获得了高达 23.5 万的曝光量，如果内容足够优秀，内容的曝光量会随着时间的推移不断增加，笔记也可以不断被搜索和曝光。

在本任务中，我们对企业常用的几个新媒体平台的特点与优势进行了深入了解。微信公众号是企业新媒体平台建设的“基础设施”，主要用于发布信息，与消费者沟通；微博可以为企业树立形象，尤其是在拉近与用户的距离、产生日常互动，以及公关活动中有较好的作用；主要的短视频平台包括抖音、快手和微信视频号，三者在产品理念、用户属性、推荐机制等方面都有不同的特点，企业需要结合自身定位和产品定位来做出运营选择，在有余力的情况下也可以都运营；小红书适合企业打造口碑，它以消费者为主体，以“笔记分享”的形式，使一个更加真实的企业或品牌形象呈现在大众面前，能增强消费者对于企业的感性认知，有利于企业形象快速传播并深入人心。

## 科技创新

新媒体时代到来，企业应如何面对网络负面舆情?

随着新媒体的快速发展，互联网已成为公众表达诉求、抒发己见、监督权力、建言

献策的重要途径，其极强的渗透力和不可控性，使任何企业都无法忽视网络舆论的影响。网络已经成为消费者了解某一品牌或商品影响、评价的第一信息来源，而且网络上信息传播迅速，短时间内就能产生巨大的影响力，网络日益成为企业日常公关活动的主阵地。网络可以帮助企业进行品牌宣传，但也可以对企业形象产生负面影响，如果企业不重视网络的传播作用，对网上关于本企业的一些负面消息不及时做出解释说明，就有可能酿成严重的公关危机，损害企业的对外形象。

新媒体的兴起使信息传播进入了一个大变革时代，纸媒＋博客、微信、短视频 App 等各类新媒体工具正在随时、随地、随身地影响着人们的生活，舆情场也随之改变，各大新媒体平台已成为舆情爆发的主要阵地。网络信息传播迅速，任何细小问题都有可能在短时间内变成舆论热点，企业在日常管理经营过程中要时刻关注网络口碑的变化，防止企业经营中的一些细小问题或负面报道扩展为大新闻，及时消除负面报道，建立企业正面形象。

一、新媒体时代舆情的六大特征

（1）广泛性：人人都有麦克风，个个都是新闻传播者。

（2）互动性：新媒体移动化趋势满足了每个人对于事件的参与意识和表达愿望。

（3）碎片化：任何一个网民都有可能成为信息的生产者、舆论事件的报道者，舆论发展呈网状扩散，加剧了信息的碎片性。

（4）急速化：热点传播速度加快，能实现短时间内的爆发式传播。

（5）情绪化：新媒体时代网民有了自由发表意见的平台，但由于个人受教育程度、立场、个人性格等因素，舆论场上存在偏激和非理性、群体盲从等现象，情绪化现象严重。

（6）泛娱乐化：舆情事件尤其是一些严肃新闻被娱乐化，演艺人员的新闻更受关注，信息接收量存在浅层表现。

二、新媒体舆情管理存在四大痛点

（1）缺乏预警性：各大社交平台已经成为舆情事件首发地，做好新媒体舆情预警，根据舆情民意的趋势研判化解舆情危机是现阶段摆在舆情管理者面前的首要任务之一。

（2）缺乏系统机制：新媒体环境下存在信息传递失真、传递不完全、解读偏差等问题，降低了传播效能，不能取得预期的舆论引导效果。

（3）严重的滞后性：新媒体具有全时、全域、全民、全速的传播特征。一旦有事件引发舆情危机，需要第一时间引起高度重视，做好严格统一的信息发布，并迅速表明态度，及时整改，尽可能与媒介做好深入沟通。

（4）缺乏影响力：在新媒体时代，突发新闻事件一经发酵可能会迅速引起公众对舆情主体（企业或者企业相关部门）的质疑，如果不能在短期内有效解决舆情危机，就会使大众情绪进一步发酵。

三、新媒体网络舆情系统监测方法

（1）全方位 24 小时监测：通过采用专业的网络舆情监测工具如“识达舆情监测服务”，可实现全网全方位 24 小时监测，或以某一热点事件、话题、社会新闻报道等为核心进行相关的信息监测，快速发现舆情信息。

（2）自定义精准监测网络舆情。利用识达舆情监测服务可实现自定义精准监测，用户可自行设置所需监测的目标，识达舆情监测服务支持关键词组合、区域词、某一事件、专题、话题等多种方式的设定。系统会自动根据设定的目标进行相关信息收集，过滤无效信息，帮助客户进行快速研判。

（3）多平台动态全天追踪。通过识达舆情监测服务，可对多个平台的动态信息进行实时追踪，如网民活跃度高的社交媒体平台、自媒体平台、互动社区等，也可将全网纳入监测范围。

新媒体视域下，舆论生态、媒体格局、传播方式、社会结构发生深刻变化，网络舆情与传统舆情相比，不确定性因素更多，形势更复杂、多变、难控，增加了网络舆情治理难度，对网络舆情治理提出了更高要求。网络舆情治理是一项庞大的系统工程，要综合施策、多元治理、刚柔并济、因时制宜，运用先进技术，做到快速响应，科学决策，下好先手棋，打好主动仗，正确引导舆论。对网络舆情治理主体而言，网络舆情治理只有进行时，没有完成时，所以要在实践中不断总结经验，创新方式方法，促进网络舆情治理朝着更科学、更规范、更有效的方向迈进，让网络空间更清朗、社会更稳定、国家更安全。

资料来源：禾野先生．新媒体舆情存在哪些特征？有哪些痛点？如何解决？．（2022－04－15）[2023－02－15]．https：//zhuanlan. zhihu. com/p/498924149.

请思考：企业控制新媒体舆情需要哪几个步骤？

## 项目检测

### 知识训练

### 一、单项选择题

1.（　　）是指长期以优质的内容供给来吸引精准流量的一种新媒体平台。

A. 内容类平台　　B. 社交类平台　　C. 服务类平台　　D. 电商类平台

2.“高德地图”属于服务类平台中的（　　）平台。

A. 技能辅助型　　B. 点评分享型　　C. 专业领域型　　D. 私人助手型

3. 以分享潮鞋和潮生活态度的“得物”为代表的平台是（　　）平台。

A. 内容型电商　　B. 服务型电商　　C. 分享型电商　　D. 社交型电商

4. 以下哪个原则不属于建立新媒体账号名的原则？（　　）

A. 主体原则　　B. 价值观原则　　C. 新奇原则　　D. 流行句式原则

5. 突出内容产品的功能及价值，在名称中直接告诉用户你能提供什么样的功能和服务，能为其解决什么问题，这是新媒体账号起名技巧中的（　　）技巧。

A. 描述应用场景　B. 突出功能价值　C. 展示品牌内涵　D. 强调目标用户

6.（　　）就是将内容推给目标群体去消费，这个“消费”不一定是掏钱付费购买，也可以是阅读、转发、收藏、关注等行为。

A. 算法机制　　B. 内容运营　　C. 内容分发　　D. 矩阵营销

7. 新媒体矩阵的作用不包括以下哪个？（　　）

A. 显示公司实力　　B. 内容多元化

C. 分散风险　　D. 深化垂直领域内容影响力

8. 在微信这一体系的新媒体平台上可以布局订阅号、服务号、视频号、小程序及社群，这属于新媒体矩阵类型中的（　　）矩阵。

A. 协同新媒体　　B. 覆盖新媒体　　C. 联动新媒体　　D. 纵向

9. 从某种程度上来说，（　　）也可以看作短视频平台的品牌整体调性。

A. 品牌口号　　B. 用户属性　　C. 内容属性　　D. 推荐机制

10. 无论是小众品牌还是大品牌，都可以在小红书平台上切入多样化的场景，找到各自的目标用户，然后进行放大。这是小红书的（　　）优势。

A. 公平性　　B. 真实性　　C. 多元化　　D. 精致感

**二、思考题**

1. 请观察你喜欢的账号，看看分别使用了何种起名技巧。

2. “新消费品牌”通常使用哪些起名技巧？

3. 抖音个人账号的主要内容变现方式有哪几种？分别有什么优势？

4. 与微信相比，微博的营销优势体现在哪些方面？

5. 抖音、快手、微信视频号的特色分别是什么？你能不能从它们各自的口号（Slogan）出发，分析其特色？

6. “中心化”与“去中心化”的区别是什么？

**三、知识强化题**

1. 填空题：根据新媒体平台的分类及含义判断以下 App 属于何种类型的新媒体平台，请填入你认为正确的平台类型。

| | 笔记通 | 馋嘴团购 | 青年说 | 求职帮 |
|---|---|---|---|---|
| App 功能简介 | 大学生记笔记软件 | 大学生零食团购软件 | 大学生知识分享论坛 | 应届大学生工作实习信息发布与查找 |
| 所属平台类型 | | | | |

2. 填空题：请总结以下平台的特征及运营优势。

| | 微信公众号 | 微博 | 抖音 |
|---|---|---|---|
| 特征 | | | |
| 运营优势 | | | |

技能训练

**实训一：账号起名练习**

请根据新媒体账号注册的方法，完成微信公众号、微博、抖音、小红书等平台的账号申请，并根据新媒体账号起名的技巧和原则，为你的新媒体账号起个名字，与同学们一起分享。

**实训二：微信公众号运营人员设置**

请按照平台要求为你的微信公众号设置多个运营人员。

**实训三：KOC 软文写作练习**

请根据小红书平台的调性，以“KOC”的身份，为你使用过并觉得好用的一款产品写一篇软文。

# 项目三

# 新媒体文案写作

【知识目标】

- 了解广告文案、新媒体文案的概念；
- 了解新媒体文案的类别、特点；
- 了解新媒体文案写作的概念、特征；
- 理解新媒体文案开头、正文、结尾、金句的作用；
- 理解新媒体文案创作各阶段的工作重点；
- 了解短视频、直播、软文的特征与营销优势。

【技能目标】

- 能够举例说明新媒体文案的不同类别；
- 掌握新媒体文案的传播逻辑；
- 掌握新媒体文案的框架结构；
- 能够根据新媒体文案写作的步骤创作新媒体文案；
- 能够提炼产品卖点；
- 能够撰写短视频与直播脚本、创作软文。

【素养目标】

- 培养新媒体文案创新意识与写作能力；
- 培养对新媒体文案精益求精的匠心精神；
- 培养服务家国的意识，以及奉献精神。

## 思维导图

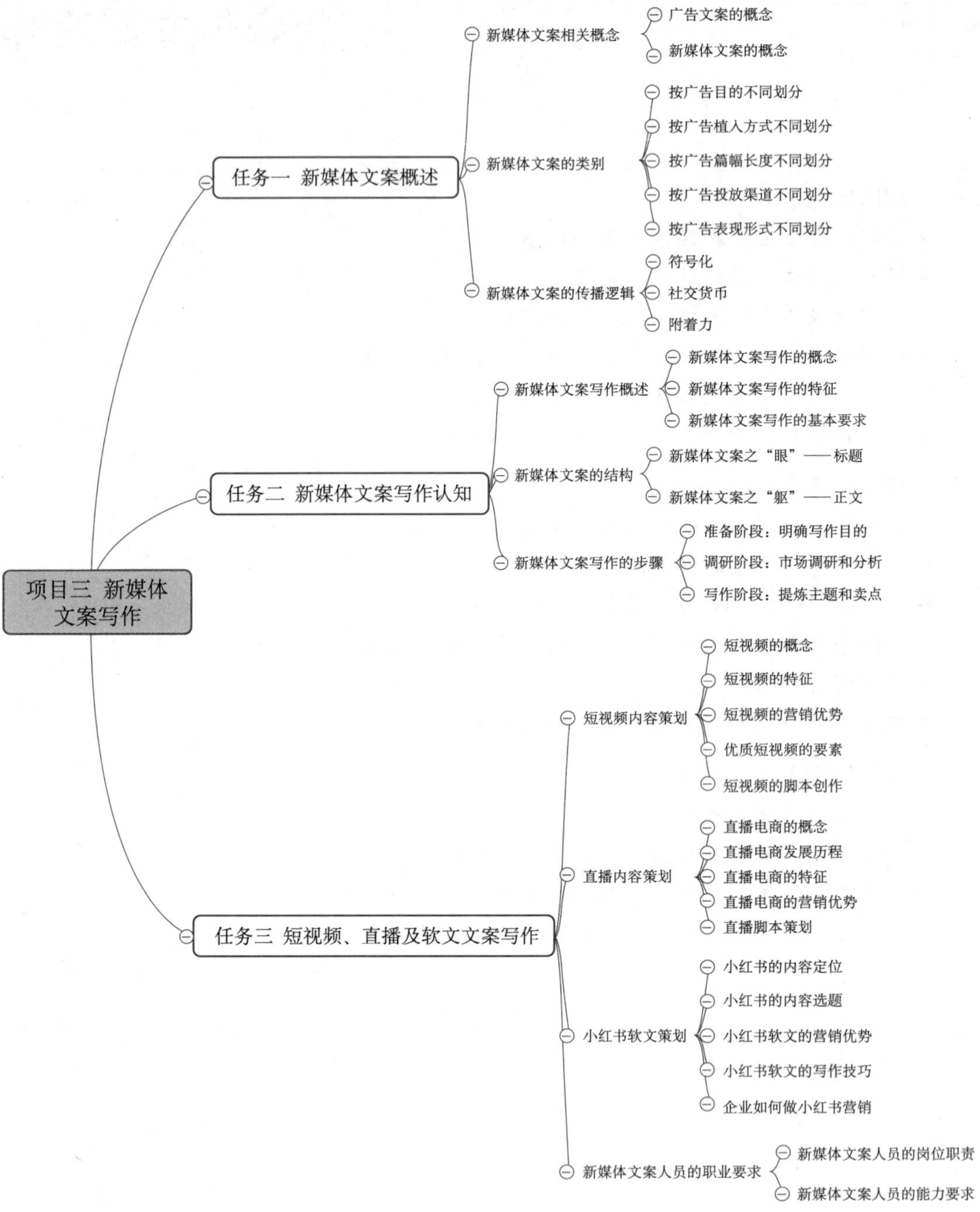


## 项目引例

### 百雀羚：品牌应该如何通过内容与消费者沟通？

这几年，当我们谈起国货的时候，常见的词语是“爆款”“清空”“野性消费”。从鸿星尔克、蜂花，再到白象，还有冬奥会上爆火的安踏、李宁，以及美妆界的花西子、完美日记，电器界的美的、格力等国货品牌，国货觉醒，成为一种潮流趋势。在移动互联网时代，这样的爆红事件似乎一夜之间就可以发生。这其中，少不了消费者真金白银“买买买”的支持，也有来自国货品牌自身的华丽转型升级，从质量到内容都在弯道超车，当然还有渠道商在背后的助力，让中国新国货、老字号重新焕发光彩。

百雀羚这个上海国民品牌，曾经风靡一时，但也经历过低谷挫败，进入移动互联时代后，在热门社交平台，百雀羚用“Z世代”的交流方式，杀了个回马枪，成为近些年被津津乐道的国货焕新的典范。2017年5月7日，百雀羚与“局部气候”合作，在其官微和局部气候调查组公众号上发布了长图推文《一九三一》，为其推出的母亲节“月光宝盒”系列产品做推广。这幅长达427厘米的《一九三一》长图推文，在微信朋友圈刷屏出圈，阅读量很快超过3 000万。这是百雀羚在各大新生代和国际美妆品牌的冲击下，为了吸引年轻用户的注意，进行品牌年轻化打造的成功尝试，通过精彩的内容营销重新传达出了富有底蕴的品牌理念。

《一九三一》是百雀羚的经典广告，体现了百雀羚作为一个老品牌的内涵及与时俱进的意识。作为国内老牌品牌，百雀羚最大的优势就是品牌故事和知名度，《一九三一》这个广告充分挖掘和展示其文化底蕴，不仅传达了品牌的内涵，也展示了品牌的创新能力和品牌复兴的决心。《一九三一》是微信中的长图文广告，图文结合、一镜到底，将故事内容流畅直观地展示出来，方便手机阅读；在内容上，《一九三一》展现了女性风采，精美的复古画面很容易唤起大众的怀旧情怀；在视觉上，运用了百雀羚的经典色彩搭配，清晰地传达了“与时间作对”的品牌理念，品牌的植入非常自然。

这则文案创意满满，内容丰富深刻，很快便在网络上走红，让百雀羚火了一把，不仅在中老年市场刮起了一阵怀旧风，也让年轻女性深入了解了其品牌故事和内涵。

百雀羚《一九三一》内容营销的目的是重塑品牌形象，扩大品牌传播度和认知度。如今企业要想通过内容与消费者沟通，从此案例中可以学习到一些技巧：

（1）内容营销要挖掘品牌故事，传达出核心价值与内涵，发挥出品牌已有的优势。

（2）在内容创意上围绕品牌内涵的表达，根据目标市场设置具有吸引力的内容和情节。

（3）发挥平台优势，选择传播量大、契合大众阅读习惯的传播形式和渠道。

在信息大爆炸的时代，单纯依托渠道投放、硬广展现已成过去，击中消费者内心情感需求的内容营销才是最重要的。

资料来源：青云众聊品牌．青云众品牌战略咨询：三个经典的内容营销案例．（2021-07-16）[2023-02-15]. https://baijiahao.baidu.com/s?id=1705436485094033558&wfr=spider&for=pc.

**分析提示**

内容营销不仅仅适用于新消费品牌，对于传统品牌而言，还能够驱动增长机会。品牌要做好内容营销，需要先对受众圈层人群进行定位并且洞察消费者需求，然后根据不同圈层的消费者需求精准匹配品牌产品，同时内容营销注重公域流量以及私域流量的精细化、深度化运营。品牌可以通过内容营销策略挖掘内在增长力，驱动增长机会。

# 任务一　新媒体文案概述

## 情境重现

某个专做白领女士鞋履的品牌，想开拓市场，增强品牌影响力。该品牌的新媒体专员观察到，在一些传统名牌的品牌形象建立与传播过程中，总有那么一句话或者那么一个品牌 Logo 是深入人心的。而现在的新媒体时代，品牌传播往往不拘泥于单一的文字或图像形式，而是倾向于图文、视频结合的富媒体形式，“文案”已成为一个含义更加宏大、形式更加丰富的存在。那么，在现代企业的新媒体广告传播过程中，文案有哪些类型呢？又有哪些传播逻辑呢？

## 课堂讨论

下列选项中哪些属于“新媒体文案”？请你仔细思考后做出判断（是打“√”，不是打“×”）。

**表 3-1　判断哪些场景中的文案属于“新媒体文案”**

| 文案出现的场景 | 是否属于“新媒体文案” |
| --- | --- |
| 某品牌的微博宣传海报 | |
| 短视频中包含品牌宣言的台词 | |
| 电梯里张贴的纸质广告海报 | |
| 某品牌公众号软文 | |
| 报纸中出现的广告海报 | |
| 新媒体宣传策划案中各平台计划呈现的品牌宣传话术 | |

## 知识准备

如今，消费者们在新媒体上所花费的时间越来越多，新媒体信息的到达率更高，有利于提升品牌营销的效率。而且新媒体可以为目标用户、潜在用户自动匹配感兴趣的信息，大大提高了营销的精准度。同时，新媒体的内容与用户自身相关度更高，用户更易于从一个观看者转变为一个传播者，也就是从被动接受营销转变为主动接受营销，并潜移默化地影响其他人，这就是优秀的新媒体营销能够达成的效果。新媒体文案写作、音视频衔接以及创意创作尤为重要，需要新媒体人不断学习提升。完成本任务的学习，你将掌握新媒体文案的概念、类别，以及传播逻辑。

## 一、新媒体文案相关概念

### (一) 广告文案的概念

广告，即广而告之，是指为了某种特定的需要，通过一定形式的媒体，公开而广泛地向公众传递信息的宣传手段。美国广告协会对广告的定义则是付费的大众传播，其最终目的为传递情报，改变人们对广告商品的态度并诱使其行动，让广告主获得利益。随着移动互联网技术的发展，企业的广告营销已经从电视、广播、杂志和报纸等传统媒体平台转移到了新媒体平台上。

"文案"有两种含义（如图 3-1 所示)：一是指一种职业称呼，即企业中从事文字工作的岗位；二是指广告的表现形式。这里所说的文案主要指后一种，即广告的表现形式。世界著名的广告营销大师大卫·奥格威（David Ogilvy）曾经指出："广告是文字性的行业。"可以这样理解广告与文案的关系：文案是广告的核心。广告文案在广告营销过程中的重要性不言而喻。广义的广告文案是指广告作品的全部，不仅包括语言文字部分，还包括影像画面等部分；狭义的广告文案则仅指广告作品的语言文字部分。

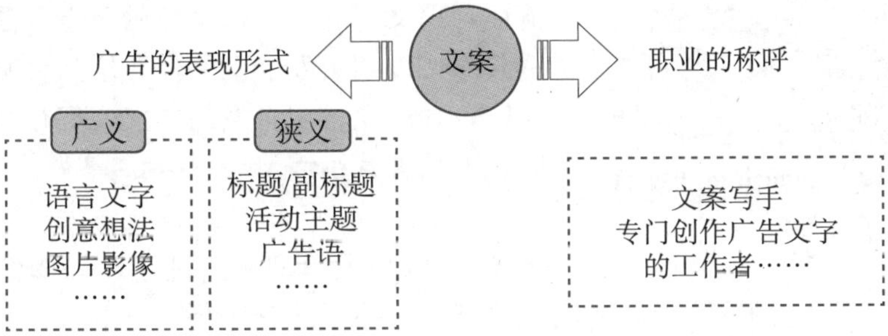

图 3-1 "文案"的概念

### (二) 新媒体文案的概念

新媒体文案是指在新媒体平台上输出的广告内容和创意。新媒体文案必须围绕互联网用户进行设计，更注重内容传播过程中的互动和分享，具有创作门槛低、发布成本低、内容形式丰富、传播渠道多元、互动性强、投放精准、文风平实亲切、文案内容短平快、文案易被用户再创作并进行传播等特点。

## 二、新媒体文案的类别

根据广告目的、植入方式、篇幅、投放渠道或表现形式等方面的差异，新媒体文案可划分为不同的类型。对新媒体文案进行分类能够帮助运营人员更好地认识新媒体文案，并根据不同的营销需求写出直击受众痛点的文案，最终达到提升品牌知名度、美誉度，提升销售业绩等方面的目的。

新媒体文案按广告目的不同可分为销售文案和传播文案；按广告植入方式不同可分为硬广文案和软广文案；按广告篇幅长度不同可分为长文案和短文案；按广告投放渠道不同可分为微信公众号软文、朋友圈营销文案、微博文案等；按表现形式不同可分为纯文字文案、广告图文案、视频文案等。

### （一）广告目的不同：销售文案、传播文案

1. 销售文案

销售文案是指文案创作的目的是为企业产品导流或带来销量，如电商详情页之类介绍产品信息的文案、为了提高销量而制作的引流广告图等。销售文案可以通过突出产品卖点，激发受众的购买欲，引导其产生购买行为。

图 3－2　某快餐品牌 2020 年“双 11”活动海报

如图 3－2 所示，某快餐品牌官方微博在 2020 年“双 11”的 11:11 发布了 1.1 元购甜筒的活动，此时正是“尾款人”需要回血的时候，打出低价单品，搭配了海报并借鉴抖音“@贫穷烧烤”模式的短视频，成功借势“双 11”，又在 12:00 推出了后续的“板烧回血计划”，打出了一记组合拳，在“双 11”期间持续发力。

2. 传播文案

传播文案是指为推广品牌和产品，提升品牌影响力而创作的文案，如品牌形象广告、品牌节假日情怀营销文案等。传播文案的重点是激发受众的情感共鸣，以期引发受众关注，增强受众对品牌的认同感，并产生自主自发的二次文案创作、传播行为以扩大品牌营销声量。

如图 3－3 所示，2018 年某音乐平台推出了《你的荣格心理原型》测试题，以微信界面的形式推出，通过交互答题的形式，解析用户的第五人格，配音舒缓，可融入性强，用户凭第一直觉答题可测试出自己的内在和外在人格，保存测试结果可以分享给身边的人，在朋友圈内引发了刷屏级的传播。

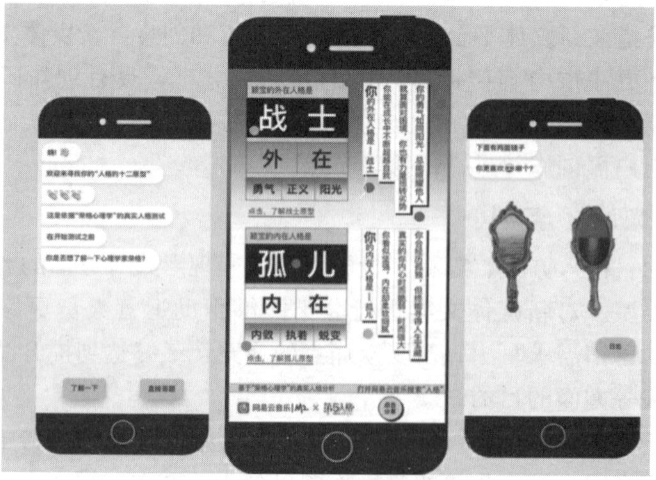


图 3－3　某音乐平台的心理测试

### （二）广告植入方式不同：硬广文案和软广文案

1. 硬广文案

硬广是指清楚直白、开门见山地展示广告内容，直接宣传产品及其卖点的广告。硬广具有传播速度快、范围广、影响深、持续性强、转化率高、内容形式丰富且生动、大众认可度高等优势，常常成为大型企业宣传产品或品牌的首选形式；同时，它也具有渗透力弱、商业味浓、可信度低、时效性差、投入成本高、距离感强、说教意味浓、传递内容深度不够等劣势，因此常常会被人跳过。

如图 3－4 所示的微博开屏广告就属于硬广范畴，就是用户在打开移动版微博 App 时看到的 5 秒广告，可以是静态的，也可以是动态的，甚至是可以互动的广告展现方式。

图 3－4　微博开屏广告

2. 软广文案

软广是指不直接介绍产品或服务，而是将其巧妙植入消息、故事、案例或干货分享中的广告。软广形式因具有隐蔽性，能使受众不易觉察到广告的存在而达到一种“润物细无声”的营销效果。与硬广最大的不同是，软广以受众为中心。软广具有渗透力强、成本低廉、时效性强、可信程度高、人情味浓、亲民度高、认可度高等优势；但也具有传播速度慢、范围窄、受众形成品牌认知速度慢等劣势。

许多“达人”在小红书平台发布企业品牌或店铺的测评或探店笔记，这实际上就是一种软广，以用户视角来发布真情实感的“种草”笔记，能实现为企业引流、打造多维度口碑热度等营销目标。

### （三）广告篇幅长度不同：长文案、短文案

1. 长文案

长文案通常是指字数在 1 000 字以上的文案，一般适用于产品价格高、顾客的决策成本较高的行业，如珠宝、汽车行业。写作长文案时，要么是进行信息的铺叙分析，要么是展开大的故事场景。写长文案的难点在于要聚焦于一个“文眼”（中心思想），找好切入点继而编排整个文案的结构，有时甚至还要考虑文案与影视画面的配合。

如图 3－5 所示，作为快手升级之后的品牌宣传短片，3 分 41 秒的视频内容自然是围绕“拥抱每一种生活”展开，而整个视频的文案则进一步诠释“文眼”。

2. 短文案

短文案通常是指字数在 1 000 字以内的文案，侧重于快速触达受众，表现核心信息，适用于价格较低、顾客决策成本较低的行业，如衣物、食品等行业。短文案短小精

图 3-5　长文案：品牌宣传短片《拥抱每一种生活》

干、易于传播、易于彰显创作者的文字技巧与创意智慧，能够起到“四两拨千斤”的效果，因而往往让人印象深刻。

如图 3-6 所示，叮咚买菜 App，通过短文案“29 分钟，鲜到鲜得”传递了品牌“速度快”和“产品鲜”的服务理念，精确地抓住了生鲜类消费者的痛点。

图 3-6　短文案

### （四）广告投放渠道不同：微信公众号软文、朋友圈营销文案、微博文案

1. 微信公众号软文

微信公众号软文虽然也是以销售产品为最终目的，但是在策划内容时，是将读者的阅读体验放在第一位的，一般不在开头就说明销售产品的目的，而是通过讲故事或科普等形式，使读者看到产品推荐广告时不觉得突兀和反感。这就需要在行文前充分了解读者的痛点、痒点与利益点，通过读者视角将购买企业产品的理由说得清楚通透，这样读者才能够通过阅读软文了解并体验到拥有该产品的感受。

如图 3-7 所示，某自媒体公众号的这篇《“我 35 岁，吃尽了哑巴亏”：别再让你的人生，吃亏在不会说话上》，在开篇提出了知乎上的热门话题“如何快速提升情商”来引出该篇文章讨论的主题，在通过一番“摆事实、讲道理”分析了高情商的重要性及表现形式、应用场景、带来的收获后，顺理成章地在文章最后放上了“高情商沟通课”。

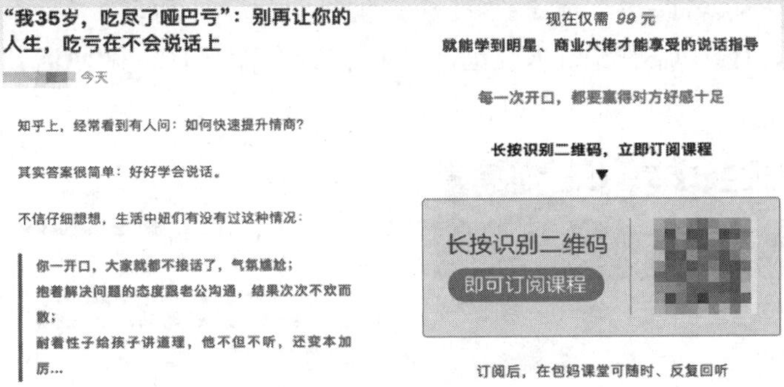


图 3-7　某自媒体公众号的情商课营销软文

2. 朋友圈营销文案

朋友圈营销能得到企业的青睐，原因是准入门槛低、流量大。朋友圈营销是基于私域流量营销的一种模式，本质是先依靠人与人之间的联系，通过社交获取信任，再销售产品。因此，朋友圈营销文案的创作目的是建立一个让用户高度信任的营销者本人的形象。一条朋友圈营销文案应做到文字部分简洁、配图部分精美、文案的可读性大于表达效果。

如图 3-8 所示，微信朋友圈是熟人社交，这就意味着运营者要像用户的朋友一样发朋友圈。朋友圈文案创作可以从消除或减少目标阻碍、提供正当理由和价值、提前告知减少操纵感等角度出发，来达到营销目的。

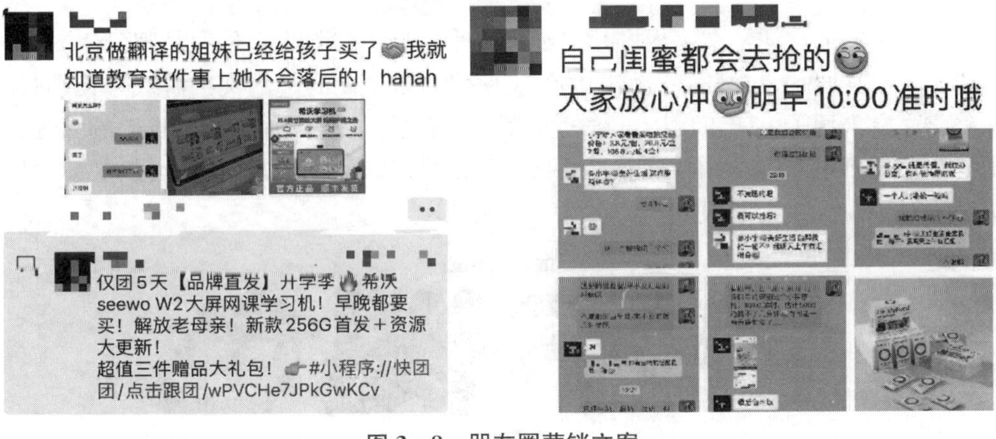


图 3-8　朋友圈营销文案

3. 微博文案

微博营销具有高流量、低成本、传播覆盖面广、速度快、内容发布便捷性强、互动性强、内容形式多样等优势，有许多企业都将微博作为营销的主阵地之一。微博文案有 140 字的字数限制，要想在短短的文案篇幅内达到既表达品牌需求，又兼顾受众乐趣的营销目标，就不仅要引发情感共鸣，更要激发行动，让受众参与评论、转发及再创作，在微博文案的最后，还要记得放上活动的参加方式等细节内容。

如图 3-9 所示，2022 年 7 月 1 日，喜茶与热播剧《梦华录》的联名活动刷爆微博。喜茶从《梦华录》中所展示的传统茶文化中汲取灵感，除两款联名新茶饮产品外，还推出线下主题店、IP 联名周边、线下快闪等一系列创意联名活动，“喜茶梦华录联名”登上新浪微博热搜，成为剧外新的热议话题。在官宣合作当日，微博话题“喜茶梦华录联名”的阅读量已经超过 6 000 万，讨论量达 3.6 万。

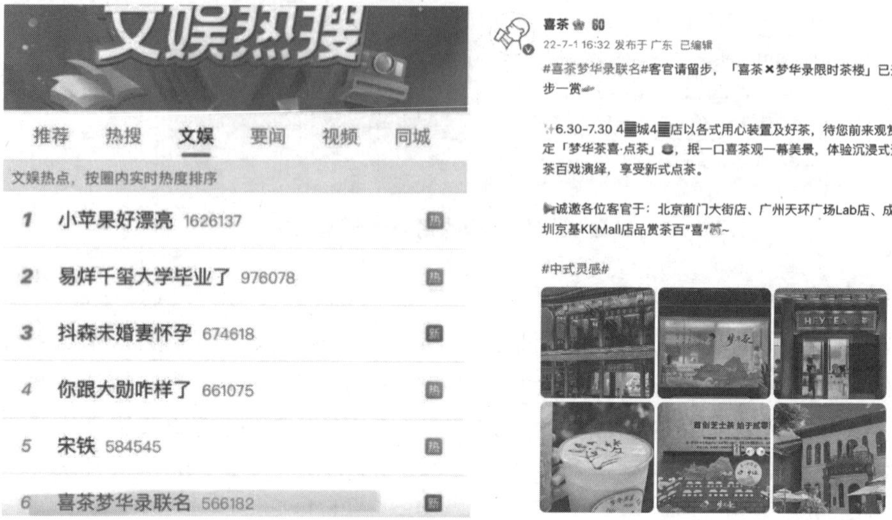


图 3-9　喜茶与热播剧联名微博营销活动

### （五）表现形式不同：纯文字文案、广告图文案、视频文案

1. 纯文字文案

纯文字文案的主体是文字内容，以纯文字来打造广告效果，传递品牌价值。

如图 3-10 所示，某洗衣粉品牌的纯文字广告玩了个有趣的文字游戏，无须过多的设计美化。广告用了一句正反皆可读的文案，正着念是“包不褪色”（我们的保证），反过来是“色褪不包”（他们的保证），既强调了产品对衣物洗护功能的承诺，又巧妙地讽刺了竞争对手。

图 3-10　某洗衣粉品牌的纯文字文案

2. 广告图文案

广告图文案的主体为文字与画面，能够更生动地传递营销信息。在设计广告图文案的时候要注意合理排版，使信息内容传达得更明确；此外，也要注意信息密度，要通过有层次的信息排布，使用户轻松抓住重点信息。

如图 3-11 所示，某外卖平台通过结合用户的 App 使用场景，创作出与之相符合的暖心文案，增强了用户对品牌的认知。

**图 3－11　某外卖平台的广告图文案**

3. 视频文案

视频文案的主体为文案与影片，融合了文字、语音与影片等形式，可以更直观、立体地表达企业营销诉求，满足企业与用户分享、沟通和表达的需求。在创作视频文案前需要确定视频的风格与框架，写文案的时候要有画面感，减少口语化的表达，保证视频内容的连贯性。

如图 3－12 所示，B 站在 2020 年五四青年节这天，面向中国青年发布了一则宣传片《后浪》。在宣传片中，描绘出当下这个精神抖擞的时代，也勾勒出当代年轻人“心里有火，眼里有光”的精神面貌。视频通过展示现代文明飞速发展的成果、知识与艺术等圈层的兴趣探索，引发年轻人的共鸣，这无疑是一种焕新品牌认知、沉淀品牌价值的明智做法。

**图 3－12　B 站 2020 年五四青年节宣传片《后浪》**

## 三、新媒体文案的传播逻辑

新媒体文案的最终目的是“成交”，也就是销售企业的产品并使企业获得利润。随着智能手机的普遍应用，移动端成了新媒体信息传播的主要渠道，要使企业营销信息在海量的新媒体传播内容中脱颖而出，让受众在丰富多样的信息中精准地接收到营销内容，新媒体文案就变得至关重要。在此过程中，企业的广告营销信息如果没有引发传播，就无法获得更高的关注度，“成交”更无从谈起。因此，新媒体文案的创作要以“利于传播”为根本考量因素，而那些利于传播的新媒体文案往往具备以下特点：符号化、社交货币、附着力。

### （一）符号化

符号是传播过程中为传达讯息而用以指代某种意义的中介。从文化角度看，一切人类的精神活动、艺术形式、文化活动都能符号化，例如，文字的出现就是文化符号化的结果。符号从诞生之始就承担着无法回避的传播使命。品牌符号有狭义和广义之分。狭义上的品牌符号指的仅仅是品牌的标志（Logo）；而广义上的品牌符号则是品牌价值观的浓缩，指的是消费者对某一特定品牌的印象。符号化，即借用语言符号、视觉符号、味觉符号等，让受众更好地记忆。简单地说，当你想起一个品牌，脑海里浮现出的对该品牌的简单印象，就是该品牌“符号化”的表现。符号化让品牌或产品具有了被传播的基因，它包括品牌名字、广告语、标志设计、产品包装设计、产品服务体验等相关内容的符号化。

### （二）社交货币

美国宾夕法尼亚大学沃顿商学院的营销学教授乔纳·伯杰（Jonah Berger）在《疯传》一书中是这样解释“社交货币”的：就像人们使用货币能买到商品或服务一样，使用社交货币能够获得家人、朋友和同事的更多好评和更积极的印象。社交货币的功能是获取谈资、展示自身、建立或增进（购买）社会关系。企业可以利用人们乐于与他人分享的特质塑造自己的产品或思想，从而达到口碑传播的目的。美国营销咨询公司 Vivaldi Partners 将社交货币划分成六个维度来对一个品牌或品类进行测量：归属感（Affiliation）、交流讨论（Conversation）、实用价值（Utility）、拥护性（Advocacy）、信息知识（Information）、身份识别（Identity）等。在文案创作过程中，打造社交货币属性有五种方式：满足自我认同、打破思维定式、运用社会比较、提供实用价值、创造归属感。从社交货币的观点来看，人们在微信或微博上讨论的东西就是定义自己是什么样的人，所以人们会倾向于分享那些使自己看起来更理想化的内容，因此提供具有社交货币属性的内容会更容易被受众主动分享和传播。

**对点案例**

#### 速溶咖啡品牌“三顿半”是如何打造社交货币的？

“返航计划”是这两年的咖啡品牌新锐“三顿半”发起的一项活动。针对用户喝完咖啡不知如何处理空罐，扔掉又有点可惜的心理，三顿半索性来了一场回收咖啡空罐的长期计划，将用户喝完的咖啡罐子统一回收，并做二次利用。

很快，这个具有环保性质的活动就火起来了，从第一季的 17 个城市、29 个空罐回收点，到 2021 年 2 月的第三季，已经拓展到 43 座城市、64 个返航点、20 000 名参与者、140.09 万个空罐。

经过两年经营，不同城市的年轻人在限定的时间、限定的地点，送回三顿半的咖啡空罐似乎已经成为一种时尚。

理由是什么？

很简单，秘密就在于，三顿半把咖啡罐做成了社交货币。

1. 制造噱头，让空罐回收更有趣

三顿半摒弃了传统速溶咖啡的塑料袋包装，创造性地设计出“小杯装”，不同口味的小罐子还有不同编号，颜色也不同（如图 3－13 所示）。

**图 3－13　三顿半速溶咖啡包装**

物品回收本身并不具备可传播性，三顿半制造噱头，把空罐回收包装成一场有意思又有意义的活动，代号“返航计划”，将散落在星球的咖啡空罐进行回收，就像巡游太空的舰队返航，神秘又有趣，不仅吸引眼球，也容易被谈及和讨论；过程设计也很有仪式感，每一次的回收计划都会讲述不同的主题故事；回收地点的选择也很有看头，它们可能是小有名气的咖啡空间，也有可能是当下年轻人热衷的消费品牌（如泡泡玛特）；同样有趣的，还有主题物资，这些主题物资之所以受人喜欢，很大程度上是因为它们身上有着当下潮流的印记，承载着这个年代年轻人独有的文化背景。当然，每一季都少不了现场彩蛋，它存在的意义不在于具体拿到手的东西，而是它能挠你心底的痒痒，激发更多人参与其中的动力。

用户可能不知道下一季的主题、返航点以及能兑换的物资，但唯一能确定的是，这样的神秘趣味能带来更多关注与更强烈的好奇心，甚至会让用户像分享有趣的事情一样去传播它们，或者当作话题去讨论它们，以此增加自身的社交货币。这种自发性传播渗透到一定程度之后，三顿半的空罐回收计划甚至能形成一种流行文化。

2. 撬动游戏杠杆，永远比别人好玩半截

从官方公布的数据来看，单是第三季，就已经回收了 140 多万个空罐，为什么那么多人愿意把喝完的空罐囤在家里几个月，就为等那一年两次的回收活动？说到底，大家心中追求的是一场游戏罢了。从赋予回收计划噱头代号，到整个过程的设计细节，都讲求让用户身心愉悦并心存回味。为了扩大辐射范围，三顿半把潜在用户也考虑进来了，即使手上没有空罐也不要紧，在各个返航点，音乐派对、咖啡课堂、插画展等项目应有尽有。咖啡罐本身并没有魔力，只有你把它游戏化的时候，它才能成为社交货币。

不管是游戏过程中兑换的徽章（如图 3－14 所示）、滑板等周边产品，还是手机、相机里的各种照片，都成了用户在社交平台拿出来“显摆”的资本。它们随时在提醒用户在游戏过程中获得的成就。当然，在用户“显摆”的同时，三顿半也跟着这种炫耀流传开来，成为热点。

图 3-14　三顿半徽章



3. 创造归属感，增强内部身份特性

活动的稀缺性和专用性让用户感觉有归属感也是一个重要的原因。三顿半对空罐子的回收，采用了限时限地的模式，一年只有两次，而且不是所有城市都能覆盖，当然，前提是你手上得有三顿半的咖啡空罐子。这种强感染力的自发性传播，也时时刻刻提醒着旁人：只要你拥有这样的小罐子，成为“神秘星球”里的一员，你也能拥有这样的生活。

重要的是，已经“入坑”的用户会形成一种“掏钱购买—积攒空罐—参加活动—自发传播”的无限循环，而那些观望的人，也有很大概率被带“入坑”，对三顿半来说这就够了。

资料来源：赞叹品牌家．三顿半的小罐子为何能成为年轻人的“社交货币”？．(2021-03-14)[2023-02-15]. https://mp.weixin.qq.com/s/s8lUtbgoDga3dCPMinIdFQ.

**分析提示**

除了对产品本身的物质需求，年青一代还希望满足更高层次的精神需求，即表达自我个性和构建理想生活。三顿半的创始团队敏锐地洞察到了年轻人需求的痛点和爽点，尝试为他们构建品质、情感与价格都亲民的“理想生活方式”，为社交赋能。

### （三）附着力

马尔科姆通过研究发现，流行点的引爆有赖于流行信息的有效传播，流行信息的附着力在很大程度上决定了信息传播的有效性。所谓的附着力，就是那些让人过目不忘，至少能留下深刻印象的特质。

新媒体时代，受众对铺天盖地的新媒体广告营销信息已经产生抵触心理，这就要求企业在传播自己产品的过程中，一方面要关注受众的理解能力，另一方面还要强化产品的记忆点，提升信息“附着力”。

附着力关注的其实是理解以及记忆的过程，通过有意识地创造一个理解新事物的过程，并通过各种形式来帮助受众记住要点。品牌故事的传播之所以有效，就是因为它依靠创意能力吸引消费者的眼球，捕捉消费者的心理状态，将人们对品牌故事的关注转化为对产品本身的关注。附着力就像胶水，可以将信息粘到受众的脑海里。它可以让广告文案中的创意与观点被人理解、记忆，并形成持久的影响。因此在创造品牌故事时，除了注重故事的趣味性和传播性，也要回到产品本身，通过对产品包装、细节、卖点、口碑等环节的塑造，提升品牌故事的附着力。

## 对点案例

### "褚橙"如何提升品牌传播的信息附着力?

曾经爆红的褚橙背后是一个创业励志故事：褚时健作为当年玉溪卷烟厂的厂长，一手创造了中国烟草业第一品牌——红塔山，然而之后却锒铛入狱，再到75岁重新创业，将普通橙子卖成"励志橙"，成为勇于创业的典范和榜样被人们津津乐道。"衡量一个人成功的标志，不是看他登到顶峰的高度，而是看他跌到谷底后的反弹力。"王石在北京看到褚橙的火爆后，曾引用巴顿将军的话向褚时健和他的褚橙表示由衷的敬佩。消费者购买褚橙不仅是因为味道好，更多的是想品味和学习褚时健的创业精神，那种在人生失意时永不放弃的态度，以此来实现一种自我激励，达到更好的理想自我。这就是褚橙区别于普通橙子的核心因素。

褚橙浓缩了褚时健的人生经历以及从低谷崛起的不服输的精神，这样的品牌故事赋予褚橙太多的人格背书、精神背书、情怀背书，产品受到消费者青睐是意料之中的事情。

资料来源：厚昌网络官方号．以褚时健的褚橙为例，企业该如何讲好品牌故事？．(2019-03-06)[2023-02-15]. https://www.sohu.com/a/299438847_100277467.

**分析提示**

褚橙的"人文精神"凸显了产品的核心价值，它让消费者明确、清晰地识别并记住了产品的利益点与个性，是驱动消费者认同、喜欢乃至爱上一个产品的主要力量，褚时健的人生故事就是褚橙最强的附着力。

# 任务二　新媒体文案写作认知

## 情境重现

该白领女士鞋履品牌的新媒体专员参考了很多新消费品牌的宣传片，那些依托互联网"疯长"的品牌，它们的形象并没有因为快速成长而变得模糊，反而一个个都是明确、具体、独特的。因此，该新媒体专员也想创作一则能表达品牌态度、价值观、调性的宣传短片，并且希望能在各新媒体平台引发用户的大量转发和讨论。那么，不同新媒体平台有没有一些通用的新媒体文案创作原则和方法可以遵循？新媒体文案的结构是怎样的？如何创作一份有创意的新媒体文案呢？

## 课堂讨论

下列品牌的新媒体文案均来自品牌短视频宣传片或新媒体海报等，请仔细阅读这些文案，并分别用一个关键词描述下列新媒体文案传递给你的感觉。

1. 三顿半（咖啡）：除了满足一日三餐的温饱外，还有半顿是精神食粮。
2. 蕉内（家居）：重新设计基本款，为国货画底线。
3. 内外（内衣）："NO BODY IS NOBODY"——"没有一种身材是微不足道的"。
4. 路虎（汽车）：与其原地回忆惊天动地，不如出发再次经历。
5. 知乎（问答平台）：有问题，就会有答案。
6. 快手（短视频平台）：拥抱每一种生活。
7. Keep（运动）：自律给我自由。



## 知识准备

新媒体人的核心竞争力体现在文案写作能力上，在这个充满互联网信息的时代，优秀的文案可以给企业带来流量，可以带动一个产品爆火，甚至可以使一个产品起死回生。通过文案引起用户的注意力、兴趣，接着说服用户，让用户心甘情愿地埋单，这就是互联网时代新媒体文案的魅力。那么，如何写好文案呢？完成本任务的学习，你将了解新媒体文案写作的概念、特征和基本要求，以及新媒体文案的结构，并掌握新媒体文案写作的步骤。

### 一、新媒体文案写作概述

#### （一）新媒体文案写作的概念

新媒体文案写作是指人们基于新媒体平台所从事的互动式文案创作活动。传统媒体时代的内容具有有序性、克制化、精英化等特征，文案创作的门槛较高。新媒体与传统媒体相比具有不同的传播环境、信息呈现方式、用户心理，新媒体内容具有海量化、草根化、圈层化等特征，需要满足受众碎片化阅读的背景需求。因此，新媒体文案写作的思路、方法和技巧与传统媒体文案创作有所不同。可以说，新媒体文案写作是一个以用户为中心，挖掘用户痛点，进行内容定位，在目的明确的基础上安排内容结构，进行文章撰写的过程。

#### （二）新媒体文案写作的特征

1. 表现形式丰富化

新媒体扩展了写作的空间，一篇文案有时需要同时呈现文字、图片、视频等多种形式的内容，使用户获得多重感官体验，这对内容创作者的写作逻辑和内容排版能力提出了更高的要求。

2. 内容动态化

传统媒体时代，获取信息的周期以日或周为单位，新媒体使内容接收方式发生了巨大的变化，现在的信息更新周期以分钟为单位。信息更新速度越来越快，内容产生速度也越来越快，内容创作者必须以动态化的更新来保证内容的即时性。

3. 传播渠道多样化

新媒体传播渠道具有多样化的特征，与以前相比传播速度更快、覆盖范围更广；同时，每个用户都拥有传播信息的权利，人人都是信息的传播者，用户可以通过单个或多个新媒体平台发布信息。

4. 互动频繁化

在新媒体内容生产过程中，用户的参与度提升，读者越来越希望通过互动成为内容产出的合作方，而不仅仅是单纯接收信息的读者。新媒体文案写作中的读者互动主要包括两部分内容：一是接收读者反馈、回答读者提问，让读者有被关注和照顾的感觉；二是根据读者的反馈调整自己的内容，提供更有价值的文章。

### （三）新媒体文案写作的基本要求

1. 信息供给：准确

信息供给的准确性一是体现在内容可信度层面，随着互联网技术的应用与普及，信息与受众间的距离缩小，受众能够比以往更及时、全面地接触到各种新媒体信息，与此同时，受众对信息准确性的要求也变得更高；二是体现在内容创作方面，在写作文案时使用的文字要准确、无歧义，避免出现语法错误或表达残缺。

2. 语言风格：平实

新媒体文案传播面向的是普罗大众，人们浏览新媒体信息是为了获取有用的信息而非追求内容的文学性。因此，文案的写作需要符合大众的语言表达习惯，采用通俗、平实的语言风格，尽量避免使用生僻字、专业术语，降低受众的理解成本，提升阅读体验，促使新媒体文案有效传播，为企业创造更大效益。

3. 内容组织：创意

人们每天要接收和处理大量的信息，有创意的内容往往更容易被人们识别，从而获得更多的关注。创意要为文案服务，文案中的创意切忌跳脱营销主题，漫无目的地传达信息，也不宜为了营销主题生搬硬套，应围绕主题进行创意思考，创作能够被大众欣赏和理解的新媒体文案。

4. 内容发布：规范

在完成新媒体文案写作后，就要发布已经完成的内容，在这个环节需要遵循相关规范，包括国家层面的法律法规（如：广告法、著作权法），以及各新媒体平台的信息发布规范，否则可能会让文案创作环节的努力前功尽弃，使作品无法出现在受众眼前，甚至被撤销或删除。另外，运营者还需要具备新媒体版权意识、尊重与保护原创意识。

## 二、新媒体文案的结构

在本项目任务一中已对新媒体文案的类型做了划分。无论是哪种类型，一篇完整的新媒体文案都主要由标题和正文两部分构成。为了更深入地了解新媒体文案的结构，下面将结合案例分析标题和正文这两部分在新媒体文案中的地位和作用。

### （一）新媒体文案之"眼"——标题

在传统的纸媒文案中，虽然标题与正文是同时展现在读者眼前的，但是标题在排版时通过放大、加粗字体等方式，能够在整页文字信息中一下抓住读者的注意力，读者在阅读时往往也是先阅读标题再决定要不要读正文，标题的重要性可见一斑。

而新媒体文案对标题的重视程度比以往更甚，因为当用户打开一个网页、App 或者微信公众号时，一般只能看到消息的标题（如图 3－15 所示），所以标题在很大程度上决定了用户点不点开链接、是否浏览信息。

微信公众号订阅号界面

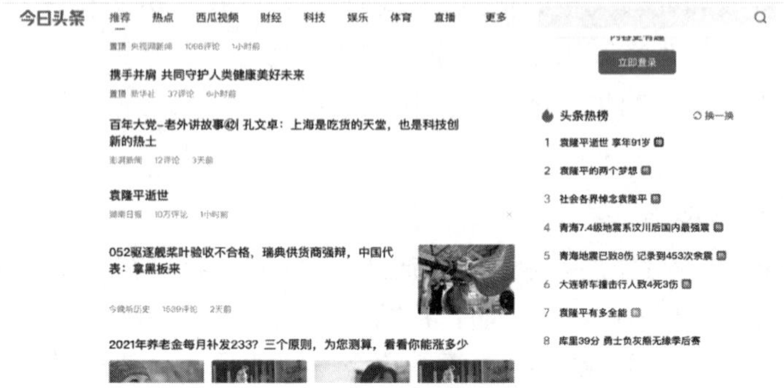


今日头条首页

图 3－15　标题是新媒体文案之"眼"

新媒体文案的标题在紧贴文章主题的基础上，应做到既能呈现出“题文相符”的基本信息，又能以“有趣、有用、有料”的信息点吸引人们的注意力并激发人们阅读正文的兴趣，且言简意赅，为文案的传播奠定基础。新媒体文案的“好标题”一般具备以下几个特征。

1. 简洁明了

标题字数不宜太多，语言要通俗易懂，降低读者阅读时的理解成本，并且要把读者更关心的、更有吸引力的信息点前置，最好能够在标题前半段迅速给出读者一定要看这则消息或这篇文章的理由。例如某微信公众号文案《速看！这份选房攻略，挑好房必备！中央创新区的这个红盘再度来袭》，标题用“速看”制造了一种紧迫感，接着告诉读者这篇文章的定位是一份“选房攻略”，然后说明了看这篇文章的理由“挑好房必备”，最后再呈现从这篇文章的主要内容中提炼出的信息点，也就是某个地段的好楼盘开盘了。

2. 明确指向

新媒体文案需要以读者视角进行写作，同时还要传递出作者本人的态度与价值观，明确地表达观点。这就要求新媒体文案标题体现出明确的指向性，以明确的指向信息来筛选和吸引读者群，巩固新媒体账号粉丝基础。例如某母婴类自媒体账号的一篇公众号推文《生二胎最难的事，是别人都以为“你能行”》，标题明确地指向了“二胎妈妈”这个群体，替她们说出了心中难以表达的酸楚。

3. 价值供给

一个好的新媒体文案标题要么能够为读者解决一些问题，要么能够为读者提供一定的情绪价值。前者往往在标题文案中体现与读者切身利益相关的信息点，例如为读者提供一些有价值的信息，从而引发读者关注。后者则是通过唤起人们普遍存在的情绪（如好奇、愤怒、喜悦等）而引发情感共鸣，通过新媒体文案替读者完成“自我表达”和“自我定位”，从而为读者提供情绪价值。例如某公众号的一篇推文《只要足够焦虑，任何快乐都会带有罪恶感》，引发了读者一系列情感共鸣，也为读者提供了“自我表达”的契机，文章中的观点——“焦虑着的人是无法收获快乐的”，替许多焦虑的读者表达了心声，促使读者对自己的焦虑现状进行反思，甚至有些人在读完文章后留言，表示自己的焦虑感得到了一些缓解。

总之，标题是新媒体文案之“眼”，为了使营销达到预期目标，一定要在标题上多花心思琢磨。但是，在写作标题时如果只想着获取读者们的关注，往往就会陷入以下三个误区：一是模式化的标题，直接套用模板，降低了标题的识别度；二是庸俗化的标题，为了获取关注而强调“火爆”的次要信息（如与一些奇葩信息相关），弱化主要信息；三是“标题党”，读者点进内文会发现标题与文章内容完全不相符，或者标题存在歧义，与读者的预期不一致。这三类标题会让读者产生极大的抵触和反感情绪，是只图单次点击率和营销效果的短视之举，长此以往会丧失读者对企业的信任感，会给企业品牌价值造成不可估量的损失。

另外，不同的新媒体平台对于标题的撰写又有更细化的要求。比如微信公众号的标题非常重要，可以说基本决定了受众会不会点进去阅读文章；而小红书的标题则更多地起到辅助理解笔记主体内容的作用，详细的写作方法在本书的后文会进行介绍。

### （二）新媒体文案之“躯”——正文

如果说标题是新媒体文案的眼睛，起到吸引用户注意力的作用，那么正文部分就是新媒体文案的躯体，是文案的血肉部分，需要拓展标题的内容完成写作目标，以客观的事实、具体的说明来增强读者对企业或产品的认识，起到真正打动读者使其做出消费决策的作用。新媒体文案正文部分一般采用文字、图片、视频、音频等任意一种或几种形式，与标题言简意赅地传达尽可能多的信息要点不同，正文部分更看重的是结构和思路，更关注内容创作者如何有逻辑地组织信息和表达观点、所呈现的思路和语句是否通顺，以及所表达的内容是否通俗易懂。

#### 1. 正文的功能

第一，呈现完整信息，围绕文案主题展现事实、证据、观点性内容；第二，通过列数据、摆事实、讲道理的方式，详细阐释文案中提出的某些观点；第三，根据营销主题制造氛围体验，使读者通过文案产生“画面感”“沉浸感”，为文案赋予情感，使其潜移默化地影响读者；第四，引导、说服读者产生行动，新媒体文案的最终目的还是推广和销售企业的产品，因此，要结合读者需求，引导、说服其“从心动到行动”，做出购买的决策。

#### 2. 正文写作要点

正文一般分为开头、主体、结尾三部分。新媒体文案为了吸引读者的注意力，往往还会设置“金句”部分来方便读者转发。为写好新媒体文案的正文，需要明确正文每一个部分的写作目的，接下来将逐一分析开头、主体、结尾以及金句的作用。

（1）开头：关联主题，吸引阅读。

开头决定了读者是读完全文，还是直接跳出，因此正文开头部分的文案需要关联标题中提及的要点和整篇文章的主题，起到亮明主旨、承上启下的作用，并且能够吸引读者继续阅读。开头部分可以通过直接亮明正文核心内容、制造悬念或抛出问题引起读者好奇心、营造与主题相关的氛围、综合概述（如摘要）等方式展开。

**对点案例**

被中国人的浪漫，浪漫到了！

这两天被大家热议的话题中，有一个是“中国人骨子里的浪漫”。从放在诗仙李白墓前五湖四海的美酒，到为山河星辰、花木街巷取好听的名字，中国人的浪漫，还藏在哪里？那——真真是无处不在。

…………

案例点评：这篇文章的选题是从微博上的一个热议话题延伸过来的，因此关注度很高。开头是以综合概述（摘要）形式呈现，直接列举了中国人的浪漫举动，并抛出了一个问题“中国人的浪漫，还藏在哪里？”引起读者好奇心，使其能够继续阅读本篇文章。需要注意的是，写正文开头的方法不是单一的和固定的，每个写作者都可以根据实际需求有所变化。

(2) 主体：呈现逻辑，循循善诱。

主体是新媒体文案的核心，需要在这个部分展开事实性信息，这也是占全文篇幅最大的部分。如果信息组织不当，很容易在主体部分流失掉读者，无法引导读者到达“成交”的步骤。因此，主体部分内容的创作最重要的就是写作的逻辑性，遵循读者的阅读习惯、关照读者的阅读体验，围绕主题条理清晰地展开内容；同时，要呈现足够多的信息量，主要是展现能够支撑主题和观点的事实性信息、数据等内容；此外还要注意内容不宜过多，表达需要简洁明了，摈弃无效内容。苏芯在《进击的文案：新媒体写作完美指南》里提到，今日头条曾公开的数据显示，用户阅读文章的跳出率与文章长度成正比。例如在今日头条平台上，1 000 字以内的短文跳出率最低（22.1%），4 000 字左右的长文跳出率最高（65.8%），也就是说，有接近三分之二的用户打开一篇文章感觉太长后，会选择退出。

(3) 结尾：转化用户，产生行动。

在结尾部分需要对全文内容进行提炼概括、立意升华，也可以再次亮出观点。如果新媒体文案有商业目的，那就要在结尾用文案说服、转化读者，使其为产品埋单，产生消费意愿并付诸行动。

### 对点案例

如何一句话激怒正在吃健康餐的人？

吃得冷、身体冷、心更冷。明明吃轻食是为了健康，但每次吃完都免不了浑身发冷，一阵虚无，然后默默给自己披上外套。他们真的很难，热量太高不能吃，胃又经不起生冷轻食的折磨。在每一个崩溃的夜晚，他们都想大声地问：“难道这个世界上就没有热量低、不吃草、健康又好吃的轻食吗？”

以前可能真没有，但现在有了。麦当劳“轻盈夏巴特系列”，每份总热量＜400Kcal，好吃无负担、健康又低卡。

…………

案例点评：文章指出了在春天急着减肥的人群的 12 个痛点，替吃着轻食的减肥人群问出了心声，并顺理成章地带出了这篇文章的真正目的——推广麦当劳的轻盈夏巴特系列产品，使这个结尾的营销具有极强的说服力。

(4) 金句：制造埋点，促进传播。

为了使文章具备“传播埋点”，满足读者的“智力优越感”，使其处于信息阶梯的上层，新媒体文案的正文部分一般还会设置可供读者复制并转发的“金句”。

### 对点案例

人这一辈子，所有遇见，皆有因果。

每个人这一生都会遇见无数的人，有些人之于我们是重中之重，但我们之于对方却可能不过是一个普通的过路人。

…………

珍惜此刻当下的拥有，看淡注定要来的别离。尽人事，听天命，不管是对人，对事，对物，抑或对生活。

…………

得之我幸，失之我命，过往是序曲，余生有新章。

…………

案例点评：文章分了三部分内容来说明“遇见与分离”这个主题，每一部分内容都将“金句”突出显示，方便读者在转发的时候复制粘贴，以提高文章的阅读与转发量。

标题决定了打开率，正文内容决定了留存率，除了这两者之外，还应该关注标题与正文中是否有“爆点”能够使读者主动转发，转发率是引起二次传播的关键点。新媒体文案要想获得高点击率、高关注度，一定是离不开这三者的。

## 三、新媒体文案写作的步骤

在明确了新媒体文案写作的概念、特征和基本要求及新媒体文案的结构之后，接下来就要学习新媒体文案的写作步骤了。如图 3－16 所示，新媒体文案写作分为三个阶段——准备阶段、调研阶段、写作阶段，并分别要经过以下几个步骤的锤炼——明确写作目的、市场调研和分析、提炼主题和卖点。一句广告文案可能仅有寥寥数字，但背后其实需要完成一系列准备工作。

图 3－16　新媒体文案写作的步骤

### （一）准备阶段：明确写作目的

新媒体文案的写作目的大致可以分为以下几类：信息传播、品牌宣传、产品营销、活动推广、社群运营等。在企业新媒体宣传过程中，文案写作目的往往并非是单一的，应抓住不同写作目的的特点，使新媒体文案服务于写作目的。例如，如果是为了品牌宣传，文案内容应体现出品牌风格；如果是为了销售产品，则要体现出围绕用户设计的产品卖点等。

1. 信息传播：告知用户

以信息传播目的为主的新媒体文案一般要体现事实性信息，客观地呈现数据、图片、视频等内容，起到告知的作用。例如，某跨境电商 App 的首页会直接提供关于近期营销或宣传的主要信息，直接引导用户关注相关营销信息，图 3－17 所示是其策划的“吃货日”与“爱美日”的横幅（Banner）页宣传图，文案包括：主标题——体现活动主题、副标题——体现活动力度、补充说明——体现活动日期与活动亮点，以及配图部分——与文字部分配合，更加直观地呈现活动内容。

图 3-17　某跨境电商 App 首页的 Banner 页宣传图

2. 品牌宣传：塑造调性

以品牌宣传目的为主的新媒体文案要传达品牌的核心价值观、品牌文化、人文关怀等方面的内容，通过系列文案在用户心里塑造品牌正面形象，并使用户对品牌产生好感，塑造品牌调性。如图 3-18 所示，某辣条品牌在 2016 年仿照苹果官网的样式进行了线上店铺设计，从文案设计到图片设计都在模仿苹果的“科技风”，并将整件事包装成话题做成事件营销，成功地提升了辣条这种校园门口小店零食的定位，让自己在品牌调性上成为辣条界的“苹果”。

图 3-18　某辣条品牌线上店铺设计

3. 产品营销：促进销售

以产品营销目的为主的新媒体文案要能抓住目标用户需求，抓准产品卖点，打动用户，促使用户购买，提升销售额，在此过程中要考虑到用户使用产品的场景、使用产品的痛点，文案要契合用户消费水平与消费理念。总之，产品营销文案的写作要基于对用户基本情况的了解与分析。如图 3－19 所示，某食品品牌的番茄汤底料包广告，文案中突出了“懒人”“轻卡轻负担”等关键词，与现在很多懒得做饭、没时间做饭、不会做饭的年轻人的需求相契合，还突出了现代人群购买食材时在健康低脂方面的痛点，并且“懒人汤底”的设定，使这个番茄料包的使用场景更加丰富，增强了产品说服力。

图 3－19　某食品品牌番茄料包线上店铺宣传主图

4. 活动推广：吸引参与

以活动推广目的为主的新媒体文案要突出活动的主题、时间、玩法、奖励等信息，内容呈现方式应简洁明了，玩法要具有新意；如果活动是面向大众和新用户的，则要注意参与活动的门槛不能过高，以吸引更多用户参与。如图 3－20 所示，某公众号和《中国日报》新媒体共同发起“晚安短信计划”，活动参与者将和 100 万人一起，每晚随机收到来自陌生人的一条晚安短信，持续一个月。“晚安短信计划”这项活动的主题文案一下子就抓住了用户的注意力，活动海报的中心位置直接附上了报名参加活动的二维码，在二维码上方还有简单的介绍活动内容、活动时间的信息，整张活动海报的背景是与活动主题相符合的城市的夜晚和高楼。

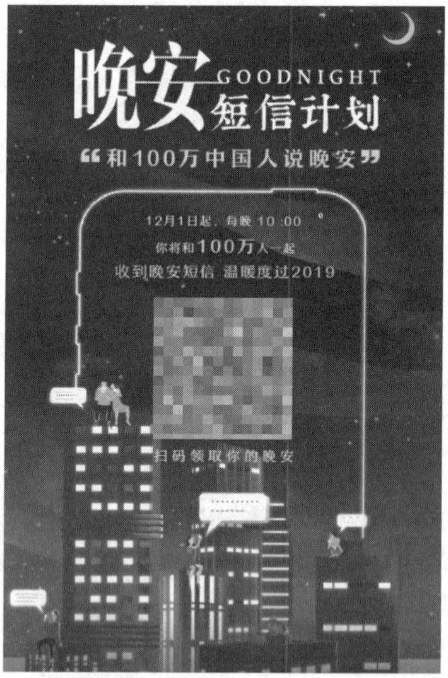


图 3－20　“晚安短信计划”活动海报

5. 社群运营：加强联系

以社群运营目的为主的新媒体文案要根据用户群的属性、爱好、地位、收入等进行写作，突出与用户身份、利益相关的信息，并通过加强品牌与个体之间的联系，提升用户对品牌的黏性，形成一个以品牌价值观为核心，以分享品牌资讯、干货教程等信息以及购买品牌产品为主要行为的群体。如图 3－21 所示，某美妆品牌的微信小程序通过首页的“宠粉福利，限时免费抽好礼”文案配以明星产品背景图，来吸引用户点击，用户点击进入内页之后会发现有“限时免费抽”“新人专享 100％中奖”“戳这里 回复‘11’添加”等充满吸引力的文案，来引导用户添加品牌虚拟形象客服，以进一步建立社群。

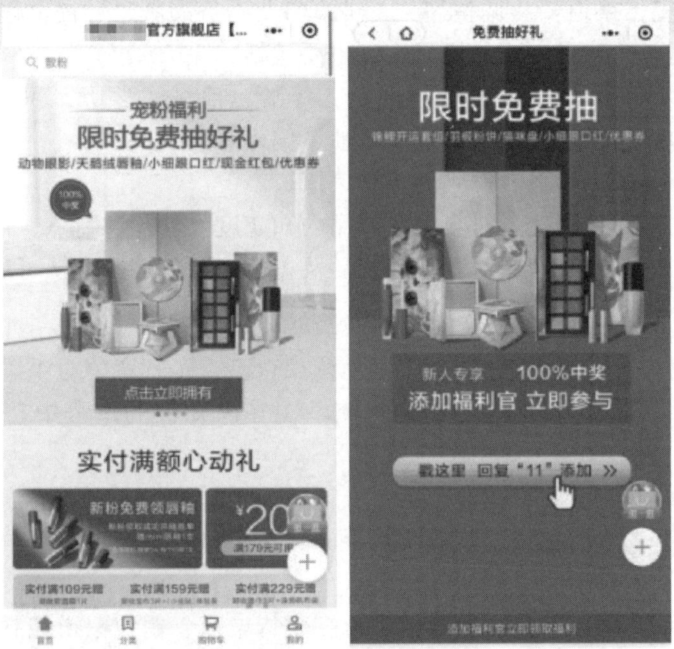


图 3-21　某美妆品牌微信小程序引导用户添加客服文案

## （二）调研阶段：市场调研

在明确了新媒体文案的写作目的之后，就要围绕写作目的开展市场调研。

市场调研是指运用科学的方法，在明确目标后系统地收集、记录和整理有关市场营销信息和资料，并分析市场情况、把握市场的现状及发展趋势，为市场预测和营销决策提供客观的、正确的资料的过程。市场调研是一种“意识”，它能够提升企业对市场趋势的预见能力与市场风险的防范能力；市场调研是一种“态度”，它能够提升企业对市场机会的掌控能力；市场调研也是一种“方法”，它能够提升企业对营销因素的把握能力。

企业通过市场调研，能够获取行业环境、消费者、竞争产品等方面的信息。

1. 行业环境

通过市场调研，企业能够了解行业性的政策、经济、技术和文化特点所带来的机遇与挑战，了解本行业的市场容量、潜力及未来发展趋势，把握企业所处的营销环境，为企业决策提供信息依据。

行业环境方面的调研内容主要包括：

（1）目标市场的容量及发展潜力。

（2）行业的营销特点。

（3）行业的竞争状况与市场需求。

（4）政策、法律、经济、技术、文化等能够影响企业所在行业发展的因素。

2. 消费者

通过市场调研，企业能够了解本企业产品在消费者中的知名度、美誉度以及消费者的忠诚度，了解不同层次消费者的消费心理与行为的变化趋势，全面了解消费者的信息接收模式，选定宣传渠道，为调整品牌营销策略及进行品牌延伸提供科学依据。

消费者方面的调研内容主要包括：

（1）消费者属性（性别、年龄、地域、学历、职业、经济状况等）和购买行为（消费心理、习惯、偏好等）。

（2）消费者常用的媒介渠道。

（3）消费者对行业或产品的知晓度（功能、特点、价格、包装等）。

（4）消费者对本品牌产品及竞争产品的态度（认可度、评价等）。

用户需求分析

3. 竞争产品

通过市场调研，企业能够客观、正确地认识自己、了解竞争对手，分析主要竞争产品的广告、促销、公关、价格等的制定策略，在知己知彼的过程中，为企业做出项目决策。

竞争产品方面的调研内容主要包括：

（1）竞争对手基本情况：了解竞争对手的数量、经营规模、组织结构等，确定主要竞争对手与潜在竞争对手。

（2）竞争对手产品：品种、数量、定价、供货渠道、销售渠道控制水平、费用水平与盈利能力等。

（3）竞争对手促销方式：促销方法、价格政策、媒介渠道等。

### （三）写作阶段：提炼主题和卖点

新媒体文案传递内容的核心在于通过简洁明了的文案提升与用户的沟通效率，快速降低用户的理解成本和选择成本，同时也通过高效的信息传递降低企业营销成本。在明确了写作目的以及开展了市场调研和分析后，就需要提炼新媒体文案的主题和卖点。新媒体文案主题是为实现企业营销目标，通过广告文字内容所表达出来的核心思想。文案主题要表现出企业的营销意图，集中反映商品、服务或观念的个性。任何类型的新媒体文案都有明确的主题，在提炼文案主题时，应该整理与深化调研分析的结果，进一步构思新媒体文案想要表达的中心思想。比如，如果是销售文案，就需要提炼产品的卖点，在提炼产品的核心卖点时，要通过产品属性、给人带来的利益、体现的价值观等方面来驱动消费者完成购买决策。

1. 提炼文案主题的原则

（1）平衡原则。

文案主题要平衡企业与消费者两方的需求，既要体现企业营销的目标，也要照顾到目标消费者的接受度。广告主题通俗易懂，文案清晰明确，能让消费者快速明白产品广告的意图。

（2）集中原则。

文案主题表达的内容应该是集中的，一篇文案应该只有一个中心点，言简意赅地阐述产品的核心问题，与受众需求实现精准匹配。

如图 3－22 所示，某淘宝女装品牌的“大龄儿童背带裤”销售文案——“他们教你时髦招数，我却希望你永远舒服可爱”，集中表达了产品的优势和卖点，突出了“舒服”与“可爱”的穿着体验，具有浓郁的文艺感和生活感，并体现了“个性独立、如风自在”的品牌价值观。

图 3-22　某淘宝女装品牌销售文案

（3）创新原则。

文案主题要有创新性，使人感到新颖有趣。可以在以往作品的基础上创新立意，扩展现有认知或者变换视角，使用户通过文案产生对产品的兴趣，或产生共鸣，在文案的引导下自主自发地去了解产品。

如图 3-23 所示，某化妆品品牌联合《中国妇女报》发起“性别不是边界线 偏见才是”妇女节主题活动，营销海报创新性地将文案开头的性别划去，向外界传递价值观——在成为一个“女人”或“男人”之前，我们首先是人，获得了消费者对品牌的好感。

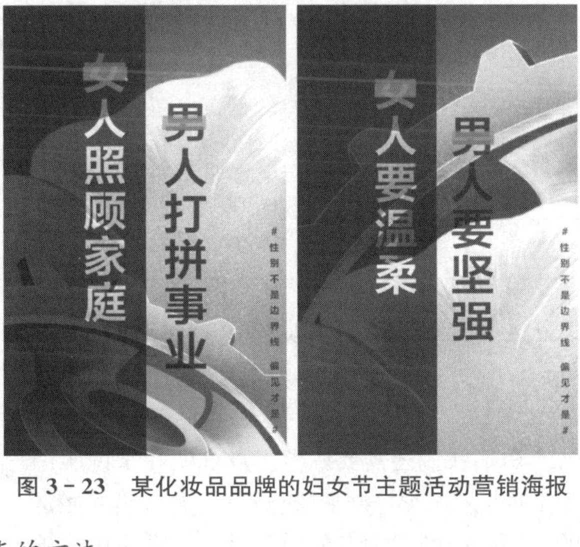


图 3-23　某化妆品品牌的妇女节主题活动营销海报

2. 提炼产品卖点的方法

判断一个产品是否具有竞争力，要看它是否具有以下两个功能：一是解决某个问题，二是满足精神上或者功能上的某种需求。用户会为产品埋单，只是因为产品“值得”——也许是产品值得购买，也许是服务值得购买，也许是与产品发生关联的人值得购买支持。想要提升自己在顾客眼中的“价值感”，就需要提炼产品卖点。营销学专家菲利普·科特勒在《营销管理》一书中提出了“产品卖点”的定义：与竞品相比的差异化优势。也就是避免产品同质化，突出产品差异化。

提炼产品卖点的12个角度，如表3-2所示。

**表3-2　提炼产品卖点的12个角度**

| 角度一：价格 | 角度二：服务 | 角度三：效率 | 角度四：质量 |
|---|---|---|---|
| 优势：体现价格优势，影响用户决策 | 优势：呈现可量化标准，形成口碑传播 | 优势：高效满足用户需求，兑现承诺 | 优势：用户最关注，体现原料或工艺 |
| 案例：瓜子二手车——“没有中间商赚差价”；拼多多——“拼着买，才便宜” | 案例：海底捞——贴心服务；淘宝——7天无理由退换货 | 案例：美团——美团外卖，送啥都快；叮咚买菜——29分钟，鲜到鲜得 | 案例：农夫山泉——我们只是大自然的搬运工；养生堂天然维生素C——提取自巴西针叶林樱桃 |
| 角度五：稀缺 | 角度六：方便 | 角度七：实力 | 角度八：附加值 |
| 优势：提升价值感，制造紧迫感 | 优势：提供便利，消除消费者顾虑 | 优势：量化实力，提升用户信任感 | 优势：提供额外价值，脱颖而出 |
| 案例：某电器品牌“双11”活动——前1 000名成交12期免息 | 案例：某商场针对会员——购满288元，全市免费送货上门；某床垫品牌——负责上门维修清洗 | 案例：某培训机构——考试通过率100%；某品牌奶茶——一年卖出三亿多杯，能环绕地球一圈，连续七年全国销量领先 | 案例：某西餐品牌——购买牛排赠送牛排锅、刀叉、调料包；某饮品店——购满59元即赠限量水杯 |
| 角度九：选择 | 角度十：重塑认知 | 角度十一：情感共鸣 | 角度十二：社交需求 |
| 优势：提供更多选择，吸引用户关注 | 优势：冲击用户固有思维，提升认知度 | 优势：引起用户情感共鸣，驱动消费 | 优势：产生社交谈资，为传播助力 |
| 案例：某自助火锅品牌——只需119元，300多种菜式任你挑选；某百货超市——10元3件，500种商品任你挑选 | 案例：某燕麦牛奶品牌——国际抗饿大品牌；某人工智能床垫品牌——颠覆睡眠科技 | 案例：某内衣品牌“内外”——没有一种身材是微不足道的；哈根达斯——爱她，就请她吃哈根达斯 | 案例：某餐馆——著名演员常常光顾 |

表3-2中的角度一至角度十可以解决提炼卖点时遇到的大部分困难，角度十一和角度十二可以在难以提炼出明显差异化卖点的时候使用，几种角度也是可以叠加使用的。

提炼出很不错的卖点后，我们还需要用“卖点证明”来说服用户，将卖点植入用户大脑。例如，农夫山泉为了证明广告词——“我们只是大自然的搬运工”，特地做了支广告，记录了发现整个水源的过程。在做“卖点证明”时，常常使用实验、演示、对比、承诺赔付、客户见证、专家代言等方法。总之，不能被证明的卖点，不是真正的卖点。

在提炼卖点时，还有四个注意事项：第一，卖点要符合产品实际，满足用户心理诉求；第二，卖点语句表达要通俗易懂，直击用户痛点；第三，抓住打动用户的卖点，主次分明；第四，卖点信息不宜过于繁杂，不然会使消费者感到迷茫，无法抓住产品真正想传达的核心观点。

# 任务三　短视频、直播及软文文案写作

## 情境重现

该白领女士鞋履品牌的新媒体专员发现，现代企业要想更大范围地覆盖潜在的消费者，能更多地与消费者互动沟通，就必须掌握短视频、直播以及软文的卖货形式。很多企业能做到兼顾三种形式，但是准备并不充分，甚至没有好好进行内容的策划，因此销售的效果并不理想，还造成了人员、时间、金钱的浪费。那么，短视频、直播的脚本有何特色？该如何写作呢？软文写作又有何技巧可循呢？

## 课堂讨论

说起靠短视频、直播或者软文爆火的品牌，你想到了哪些？它们分别有什么特征？

## 知识准备

随着互联网下半场流量红利逐渐消失，以短视频、直播、软文为核心载体的内容营销成为流量新宠，也成为商业资本角逐、深耕的新战场。短视频与直播以及软文营销贯穿了品牌营销、传播、销售、运营的各环节，因此“内容”成为核心变量。特别是短视频与直播的兴起，改变了传统品牌建设的时间成本，也改变了品牌营销传播的预算结构。了解短视频、直播、软文的文案策划，能帮助我们更好地融通企业生产、销售、服务的各环节，也能使品牌形象更加深入人心。完成本任务的学习，你将掌握：短视频的特征及营销优势、优质短视频的要素、短视频的脚本创作；直播电商的特征与营销优势、直播脚本策划；小红书软文的营销优势与写作技巧；新媒体文案人员的职业要求。

### 一、短视频内容策划

随着时间的推移，视频化表达越来越成为普通人的习惯。数据显示，最近 5 年，用户每天发送的视频消息数量增加了 33 倍，朋友圈视频发布数量增加了 10 倍。微信创始人张小龙在 2021 年微信公开课 PRO 上说了这样一句话——“视频化表达是下一个十年内容领域的主题”。

短视频的发展，是信息载体越来越丰富的结果。短视频发展的条件主要有以下几点：

第一，移动流量环境优化。4G 技术的普及与不断渗透，以及 5G 技术的应用，使流量成本持续下降，而互联网的一切生意都是流量生意。

第二，移动用户规模扩大。智能手机的普及使用户规模不断增长，为短视频的发展奠定了用户基础。

第三，用户心理更开放。随着科技的发展，智能化的手段使人们的工作更加高效，也衍生出了更多足不出户就可以娱乐的方式，短视频就是其中一种，用户从心理上更加接受短视频。

第四，风口来临。资本、平台、内容创作者纷纷入局，为优质内容创作提供了可能。

如图 3－24 所示，自 2011 年中国第一个移动短视频应用上线以来，短视频迅速崛起并走入了我们的生活，现在已经可以轻松达到亿级流量，这就是短视频行业爆发的契机。短视频于 2018 年超过网络视频晋级中国第四大互联网应用，目前已经进入沉淀期。整个短视频行业进入了竞争格局稳定、内容精品化、社交属性增强、商业化成熟、监管趋严的阶段，在视频移动化、资讯视频化、视频社交化的带动下，短视频已然成为碎片化时代品牌营销的重要端口。

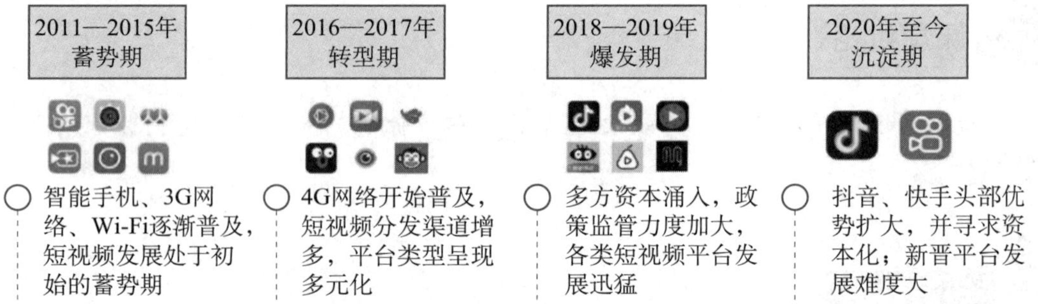


**图 3－24　2011 年至今短视频行业发展历程**

资料来源：艾媒咨询．

### （一）短视频的概念

短视频是指在各种新媒体平台上播放的、适合在移动状态和短时休闲状态下观看的、高频推送的视频内容，时长几秒到几分钟不等，是继文字、图片、传统视频之后新兴的互联网内容传播形式。短视频内容融合了技能分享、幽默搞怪、时尚潮流、社会热点、街头采访、公益教育、广告创意、商业定制等主题。由于内容较短，可以单独成片，也可以制作成系列栏目。

当然，短视频的意义并非在于时长的缩短，而在于科学技术的进步使用户的内容消费习惯发生了转变。短视频往往带着社交属性、低创作门槛、碎片化的标签，形成了“观看—创作—传播—观看”的闭环——人人都可以是观看者，也可以是创作者，更是传播节点。

### （二）短视频的特征

短视频的特征主要包括以下五点。

1. 时长较短，内容丰富

短视频时长一般为 15 秒～5 分钟，相对于文字、图片来说，视频能够带给用户更好的视觉体验，在表达时也更加生动形象，能够将信息更真实、更生动地传达给受众。因为时间有限，短视频展示出来的内容往往都是“爆点”，内容简单易懂、丰富多样，能够吸引用户看完，符合用户碎片化的阅读习惯，降低了用户参与的时间成本，提升了信息传播的效率。

2. 互动性强，精准营销

用户可以对短视频进行点赞、评论，还可以给视频发布者发私信，视频发布者也可以对评论进行回复。这加强了短视频发布者和用户之间的互动。与其他营销方式相比，短视频营销可以准确地找到目标用户，使营销更加精准。因为不同身份、年龄的人所看的视频类型不同，所以，可以根据想吸引的用户的特点来制作视频，精准垂直传播，更方便营销并实现盈利。

3. 制作门槛低，生产流程简单

传统视频生产与传播成本较高，不利于信息的传播。短视频则大大降低了生产传播门槛，每个人都可以即拍即传，随时分享。短视频简化了信息的制作方式，一部手机就可以完成拍摄、制作、上传、传播，还有专门的手机剪辑软件，功能实用且强大，操作十分简单。

4. 娱乐性强，个性与创意兼具

短视频很大程度上缓解了人们现实中遇到的压力，在碎片时间，短视频的娱乐属性能为用户减压，短视频的推荐机制、瀑布流的内容呈现形式甚至能让观看者有“上瘾”的感觉。此外，短视频常常运用充满个性和创意的剪辑手法，或是精美的画面，或是动感的转场和节奏，或是搞笑鬼畜，有时还加入解说、评论等，让人觉得有趣。

5. 传播性强，社交黏度高

在快节奏的生活方式下，大多数人在获取日常信息时习惯追求“短、平、快”。短视频传播的信息观点鲜明、内容集中、言简意赅，容易被用户理解与接受，因此容易促成裂变式传播。丰富的传播渠道和方式能够使短视频传播的力度更大、范围更广、交互性更强。

### （三）短视频的营销优势

1. 聚焦圈层，深度沟通

短视频能为人们提供展示自己兴趣爱好与特长的平台，每个人都有可能成为某一领域的关键意见领袖（KOL）。而这些 KOL 背后聚合着高消费力和高忠诚度的粉丝，拥有着不可低估的营销转化力。品牌方找到了自带粉丝和流量的 KOL，也就多了一条与目标用户沟通的渠道，能够快速提升品牌认知度和用户信任度。如图 3-25 所示，KOL 可以在短视频中挂商品链接带货，或者打上商家店铺地址，为商家导流，还可以一并关联商家的优惠活动页面。

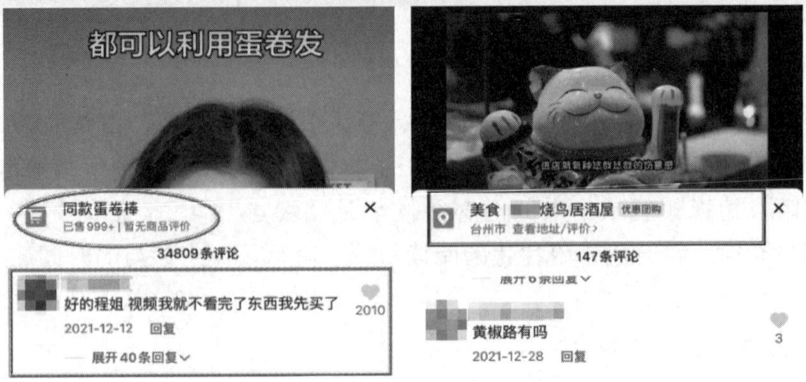


图 3－25　KOL 带货、导流

2. 融合场景，升华情感

短视频营销能够营造特定场景，通过真人出境、剧情构造等方式让用户更有代入感，不再是单纯植入或生涩地介绍产品优势，而是围绕产品卖点、用户痛点，还原及构造产品使用场景，引发用户的共鸣和讨论；或者使用创意性的脑洞、无厘头的风格，引发用户的关注。

3. 创意策划，专业立体

短视频的内容制作不同于传统的广告片制作，传统广告片属于单向传播，重点在于“传达”，传达品牌信息、产品信息、服务信息以及广告诉求；而短视频的内容通常作为原生广告在全网分发，包括短视频平台、社交媒体等，属于互动传播，重点在于视频内容的完整性、品牌信息的原生性，以及品牌符号的记忆性，因此短视频广告的创作要兼顾专业性与立体性。

4. 肥尾效应，易于传播

短视频营销不仅为企业主提供了表达的渠道，还能收集用户想表达的信息。此外，良性的互动与分享还可以吸引更多的用户聚集到一起，形成肥尾效应，带来更广泛的传播。而企业主通过对评论数据与分享数据进行分析，既能直观地知道短视频营销效果，又能根据分析结果调整策略。

### （四）优质短视频的要素

要想知道优质短视频的要素有哪些，可以先从平台、用户、作者的角度看看什么是“优质短视频”。对于平台来说，优质短视频首先要与法律法规、社会价值观相符，遵守平台的规则；对于用户来说，优质短视频需要具有实用价值，制作要精良；对于作者来说，优质短视频要能为其吸引流量，使内容能变现。总之，优质短视频需要在满足受众心理需求（见图 3－26）的基础上，同时具备以下几个要素：价值趣味、制作精良、优质主题、音乐渲染、商业变现。

1. 价值趣味

它决定了短视频的观看价值。短视频内容要有趣、有料，要为受众提供实用价值或情绪价值。

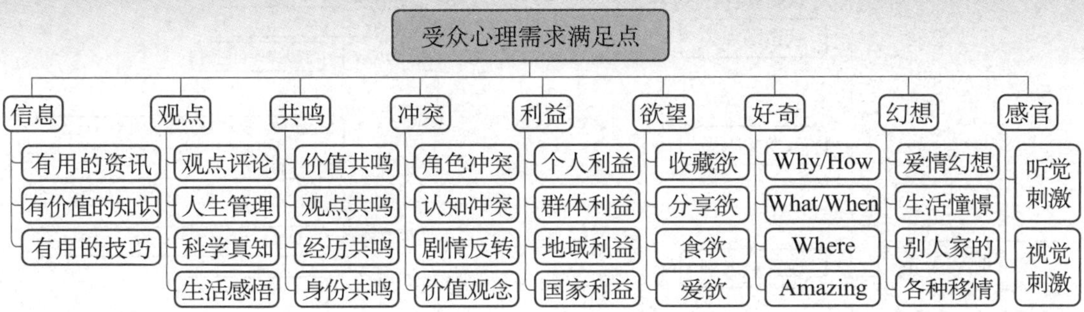


**图 3-26　受众心理需求满足点**

2. 制作精良

它决定了一个短视频带给用户的视觉体验。画面拍摄的清晰度、剪辑的细节，都要让人觉得是精良的，这是最基本的要求，粗制滥造的画面难以吸引人仔细看内容。精良的制作不仅要求运用较好的设备，也要考虑到用户的终端。

3. 优质主题

它决定了短视频的打开率。美国权威机构经过科学测试，认为广告效果的 50%～70%来自广告文案。奥格威也曾指出："广告是文字性的行业。"所以即使是视听传播，文案也是很重要的，特别是标题尤为重要，尤其要注意关键词的设置。

4. 音乐渲染

它决定了短视频的情绪和基调。短视频本身就是一种视听艺术，配乐作为声音元素的重要组成部分，能够更好地传递镜头意境。要注意音乐、画面切换与节奏和视频主题的匹配性。

5. 商业变现

它决定了短视频的商业价值。对于创作者来说，他们最关注的就是短视频的内容能为其带来多少流量和成交量。

### （五）短视频的脚本创作

1. 短视频标题的撰写方法

标题是短视频的眼睛，标题的好坏直接影响了短视频的点击率，以及能否获得平台的推荐。如图 3-27 所示，短视频标题的撰写方法主要包括以下几种：直击痛点型、引发共鸣型、设置悬念型、提升效率型和必备技能型。

2. 短视频脚本的撰写方法

短视频脚本是指拍摄视频所依据的大纲底本。

短视频脚本是故事的发展大纲，在拍摄短视频前，需要在短视频脚本中确定故事的整体框架，包括：故事发生的时间、地点，故事中有哪些人物，每个人物有哪些台词、动作及情绪的变化，每个画面拍摄的景别分别是什么，用哪些镜头来突出特定场景的环境、情绪等。这些细化的内容都需要我们在撰写短视频脚本时确定下来，短视频脚本为后续的拍摄、剪辑提供了一个精细的流程指导，拍摄时只需要顺着流程往下走，就能快速完成拍摄，提高效率。

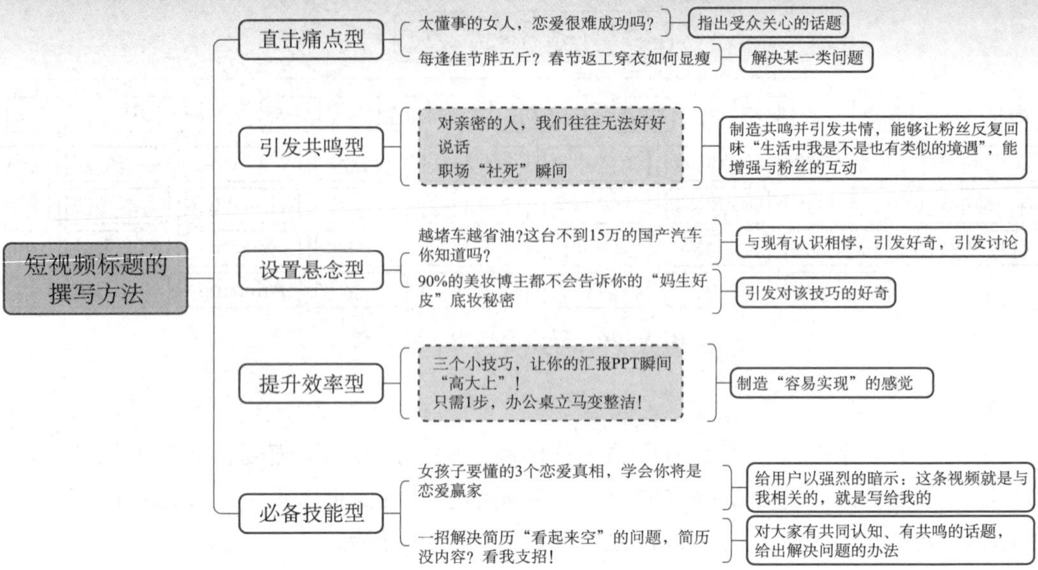


**图 3-27　短视频标题的撰写方法**

（1）短视频脚本分类。

常见的短视频脚本可分为：分镜头脚本和文学脚本。

1）分镜头脚本。

如表 3-3 所示，分镜头脚本包括景别、场景、画面内容、时间、拍摄方式、配音、备注等内容，是非常综合的一种脚本，涉及拍摄、剪辑、后期等工作。

**表 3-3　分镜头脚本模板**

| 镜号 | 景别 | 场景 | 画面内容 | 时间 | 拍摄方式 | 配音 | 备注 |
|---|---|---|---|---|---|---|---|
| 1 | 大全 | 广袤的草地 | 碧蓝的天空，飘荡的白云，天空和草地交接处，一群大雁成“Y”字形入画 | 4s | 仰拍 | | |
| 2 | 远景 | 广袤的草地 | 大雁飞至镜头中间，没有继续向前飞行，停在原地扑腾着翅膀 | 3s | | 大雁的叫声 | |
| 3 | 小全 | 广袤的草地 | 女主角站在草地上的野花丛中，仰脸看着天空，右手抵在额前遮挡阳光 | 3s | 镜头下摇，侧拍 | | |
| 4 | 小全 | 广袤的草地 | 四周的树叶和花瓣陆续飞起来飘到空中，女主角环顾四周，好奇地看着这一幕 | 4s | 平拍 | | |
| 5 | 特写 | 广袤的草地 | 女主角伸出手，手掌朝下，无数的花瓣朝她的手心飞来 | 3s | | | |
| 6 | 小全 | 广袤的草地 | 女主角看向脚下，发现自己双脚离地，正缓缓飞到空中 | 3s | 镜头上摇 | | |
| 7 | 大全 | 广袤的草地 | 一阵风吹来，树叶和花瓣扬起来，女主角随着花瓣飘走了 | 6s | | | |

2）文学脚本。

如表 3－4 所示，文学脚本包括景别、技法、画面、设备、备注等内容，是更偏向于导演思维的脚本。

**表 3－4　文学脚本模板**

| 镜号 | 景别 | 技法 | 画面 | 设备 | 备注 |
| --- | --- | --- | --- | --- | --- |
| 一、女孩家楼下夜 | | | | | |
| 1 | 大全 | 微摇 | 男孩趴在雨地里，刚被打过的样子，很狼狈 | 大摇臂 | |
| 2 | 近景 | 手持 | 难过表情，三组以上（抬头、摇头、咧嘴等） | | |
| 3 | 特写 | 固定 | 拳头砸地，溅出水花 | | 高速摄影 |
| 4 | 中景 | 固定 | 过肩拍天空，女孩撑伞入画 | | |
| 5 | 近景 | 固定 | 起身 | | |
| 6 | 中景 | 摇移 | 起身，打个趔趄，女孩伸手要扶，被男孩甩开，跑向远方 | 轨道 | |
| 7 | 近景 | 固定 | 女孩表情痛苦 | | |
| 二、街边日 | | | | | |
| 1 | 小全 | 固定 | 男孩在街边弹吉他唱歌 | | |
| 2 | 近景 | 固定 | 男孩继续唱歌，女孩腿入画 | | |
| 3 | 中景 | 固定 | 女孩一动不动地听唱歌 | | |
| 4 | 近景 | 固定 | 女孩作为前景，男孩看了女孩一眼，继续低头唱歌 | | |
| 5 | 近景 | 跟摇 | 过肩，女孩蹲下，托下巴，听得很沉醉 | | 转黑 |

（2）短视频脚本的撰写步骤与技巧。

一个基本的短视频分镜头脚本主要包括拍摄方式、景别、画面内容、台词等内容，我们可以根据自己制作短视频的需求，酌情添加或者删减，然后根据最终的脚本模板填充内容。如图 3－28 所示，短视频脚本的撰写过程包括五个步骤：明确大纲、主线支撑、场景设计、把控时间、升华主题。

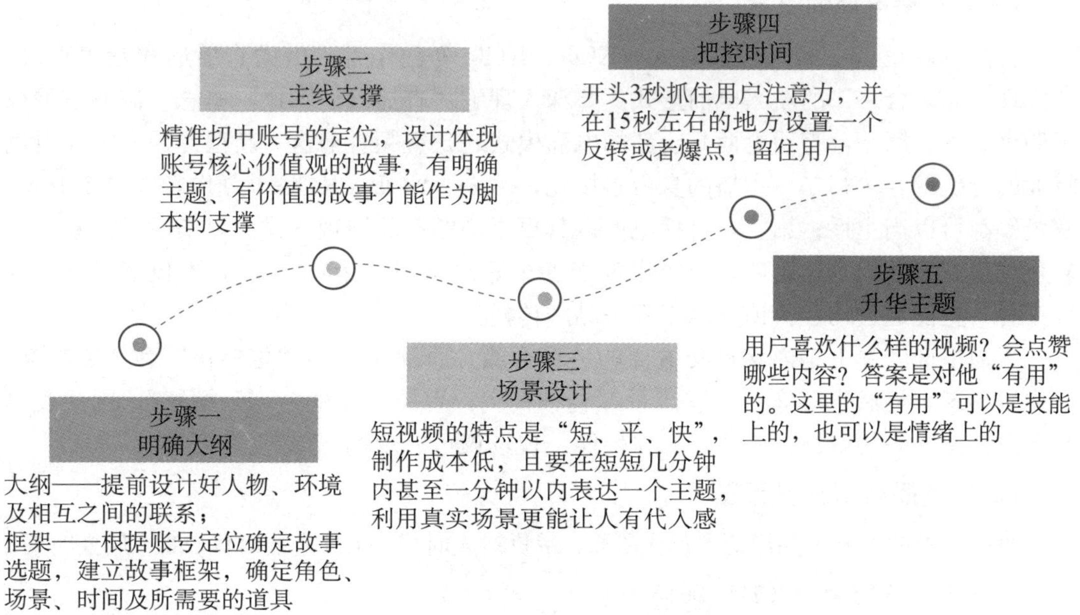


**图 3－28　短视频脚本的撰写步骤**

短视频脚本的撰写技巧包括三方面：设置冲突和转折；熟练掌握不同景别和拍摄方式的用处；模仿优质同类账号短视频的内容。

## 二、直播内容策划

对于平台来说，相比于短视频的内容价值，在直播的功能模块中主播的个人价值更为重要，每一位主播就好似一个超级线上商场品牌；对于观众来说，直播具有很高的信息价值，营造了与主播“面对面”聊天、实时互动的氛围；对于主播来说，直播能让粉丝对其建立深度依赖，巩固私域流量，通过卖货、打赏等方式盈利；而对于企业来说，直播就好比一个必须去拓展的销售渠道，尤其是企业自播的直播间，既减少了与客户接触的中间渠道，又具备客户服务、品牌宣传等功能。

如图 3－29 所示，直播电商实现了“人、货、场”关系的重构，依靠主播，紧密连接了消费者与商家，使信息传播的量与质突飞猛进，打造了物与人、人与人之间更高颗粒度、更近空间感、更低延迟性的沟通体验。

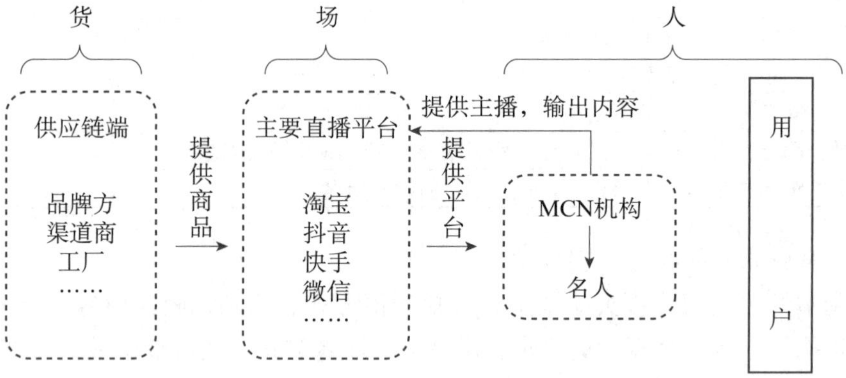


**图 3－29　直播电商：“人、货、场”关系的重构**

### （一）直播电商的概念

直播电商是指主播（包括名人、KOL、KOC 等创作者）借助直播形式销售货品，并实现“品效合一”的新兴电商形式。要深入理解“直播电商”这一概念，需要把握以下四个方面：第一，直播电商是全新的电商模式，是视频直播这一新型传播方式与电商行业的有机融合；第二，主播的身份多样化，名人、KOL、KOC 等创作者以及企业家、官员等都可以当主播；第三，直播电商以其更生动的产品展现方式、更实时的互动，让转化率得到显著提升；第四，直播电商能够更好地实现“品效合一”，不仅能更好地促成交易，更能通过构建价值认同来促进品牌传播。

直播电商实际上是内容社交电商的一种升级。直播是一种“更轻快”和“更交互”的内容形式，显然也应该有一波流量红利。其实，直播电商就是“云摆摊”，因为直播具备了摆摊的一切属性：叫卖、探讨性能、现场议价、现场下单等。

### （二）直播电商发展历程

直播电商的发展主要经历了三大阶段：带货达人时代、头部主播时代、商家店播时代。

1. 带货达人时代（2013—2015 年）

2013 年：初代带货达人出现。

2015 年 11 月：淘宝直播立项。

2. 头部主播时代（2016—2018 年）

2016 年："直播元年"，全国涌现出 300 多家网络直播平台，以娱乐、游戏直播为主；3 月，蘑菇街首次尝试了直播电商；5 月，淘宝直播正式上线，与此同时，京东直播上线。

2017 年：淘宝直播包装头部主播，吸引 MCN 和名人入局，素人主播开始崛起。

2018 年：3 月，淘宝直播登上手机淘宝首页，日活跃用户数量（DAU）迅速突破千万；4 月，快手进行了第一场直播电商测试，6 月正式上线快手电商，11 月"老铁节"，某主播单场带货 100 亿元（宽口径）；12 月，抖音购物车功能全面开放（含直播）。

3. 商家店播时代（2019 年至今）

2019 年："直播电商元年"，某知名主播带货近 200 亿元；2 月，淘宝直播独立 App（已更名"点淘"）上线，助推"店播"；3 月，腾讯直播开放测试，并在 12 月正式上线直播电商；11 月，拼多多上线直播电商。

2020 年：新冠疫情暴发，直播电商快速发展；4 月，抖音高调开启直播电商，里程碑事件是 6 000 万元签约某知名企业家。

### （三）直播电商的特征

直播电商利用文字、声音和图像等多种方式传递信息，从多种感官渠道对消费者予以刺激，增强消费者沉浸感。5G 应用于媒体行业使超高清的视频直播成为可能，直播的画质更清晰，细节展示也更真实。直播带货形式具有的强交互性、真实性、沉浸感等特征，成为消费者热衷于网络直播购物的重要原因。

### （四）直播电商的营销优势

1. 即时互动

传统电商模式的信息交流方式具有一定滞后性，遵循着商家上架商品、等待顾客浏览商品图文详情页、顾客购买商品前咨询客服人员、等待回应等的流程；而直播电商具有即时互动的优势，商家可以就商品的卖点、顾客购买时的疑问点进行及时、生动的回应，为观众提供"所见即所得"的体验。

2. 信息丰富

传统电商模式以图文形式展现商品，而直播电商模式以生动的视频形式实时向消费者展示商品及演示商品的操作方法，信息量更大，形式更丰富，减少了信息获取的成本，提升了效率。

3. 信任嫁接

直播电商形式为网络购物注入了情感属性，能够在主播与消费者之间建立信任关系。在直播电商中，主播可以通过视频来营造自己鲜明的人设，通过内容输出来增强与消费者的情感联系，更容易与消费者形成信任关系。直播电商把传统电商"人对货"的购物模式发展成"人对人"的模式，网购用户的消费习惯也慢慢从"为品牌埋单"转变为"为人设埋单""为信任埋单"。

4. 缩短供应链

一方面，直播电商通过聚合零散消费者得到巨大的购买量，所以对上游供应商具有较强的议价能力；另一方面，主播依托庞大的流量和专业的MCN选品团队，可以直接触及供应链上游，缩短了不必要的供应环节，降低了流通成本，因而可以获得更低的进货成本。

5. 增加获客渠道

传统的获客渠道包括电销、老带新及互联网推广，这些获客方式其实效果并不理想，互联网推广成本高。通过直播来获客，获客门槛低，既接地气又能让用户更了解企业业务与发展，同时还能降低成本。



## （五）直播脚本策划

直播当中的每一个环节都是要提前精心准备的，这就需要在直播前制定一份清晰、详细、可执行的直播脚本。直播脚本的意义在于帮助主播梳理流程，让主播更好地把控直播节奏，保证直播流程顺利进行，推动直播卖货的高效转化，同时，遵循直播脚本还可以避免一些直播意外，比如长时间的冷场。如果有一份好的直播脚本，便可以利用一些话术来应对冷场等意外。

1. 直播脚本策划的步骤

直播脚本的策划包括以下四个步骤：明确直播主题、梳理直播流程、明确人员分工、控制直播预算。

（1）明确直播主题。

明确本场直播的目的，确定直播的主题，需要将具体要求数据化，如观看量、优惠券使用转化率、粉丝转化率、销售额等。明确直播主题的目的就是让粉丝明白，自己在这场直播里面能看到什么、获得什么。

1）产品方向：可以把种草、销售、增粉作为目标。

2）主播方向：需要重点突出主播人设的哪些方向，建立直播间人物的性格，引导舆论导向等。

（2）梳理直播流程。

表3－5所示是一场标准的120分钟直播流程设计，其中包括把控直播节奏、梳理直播流程、主播安排这些基本内容。一份详细的直播脚本要具体到每分钟该做什么事项。

**表3－5　标准化直播流程设计**

| 120分钟直播流程设计（循环型） | | |
|---|---|---|
| 时间安排 | 直播内容 | 主播安排 |
| 17:00—17:10 | 热场互动 | 王仙女 |
| 17:10—17:40 | 主推产品3款 | 王仙女（主播）+陈小小（助播） |
| 17:40—17:50 | 宠粉福利产品1款 | 王仙女（主播）+陈小小（助播） |
| 17:50—18:20 | 主推产品3款（第一次循环） | 王仙女（主播）+陈小小（助播） |
| 18:20—18:30 | 宠粉福利产品1款（第一次循环） | 陈小小（主播）+王仙女（助播） |
| 18:30—19:00 | 主推产品3款（第二次循环） | 陈小小（主播）+王仙女（助播） |
| 19:00—19:10 | 宠粉福利产品1款（第二次循环） | 陈小小（主播）+王仙女（助播） |

（3）明确人员分工。

在直播过程中，每个人都要各司其职，互相配合。要对主播、助播、运营人员的动作、行为、话术做出指导，同时明确直播参与人员的分工，比如主播负责引导观众、介绍产品、解释活动规则，助理负责现场互动、回复问题、发送优惠信息等，后台客服负责修改产品价格、与粉丝沟通、转化订单等。

（4）控制直播预算。

这主要是指单场直播成本控制，中小卖家可能预算有限，可以在脚本中提前设计好能承受的优惠券面额或者是秒杀活动、赠品支出等，提前控制直播预算。

2. 直播脚本分类

直播脚本一般可以分为单品直播脚本和整场直播脚本。

（1）单品直播脚本。

单品直播脚本顾名思义就是针对单个产品的直播脚本。以单个产品为单位，规范产品的解说，突出产品卖点。单品直播脚本的内容一般包括：产品品牌介绍、产品卖点介绍、利益点强调、促销活动、催单话术、产品价格优势等。

（2）整场直播脚本。

整场直播脚本就是以整场直播为单位的直播脚本，它负责规范正常直播节奏流程和内容。整场直播脚本的内容一般包括：时间、地点、商品数量、直播主题、主播、预告文案、场控、直播流程（时间段）等。

3. 直播脚本模板

直播脚本需要按照需求设计，常见的直播脚本内容提纲与模板如表3-6所示。

**表3-6　×××品牌直播脚本模板——内容提纲**

| | |
|---|---|
| 直播主题 | ×××品牌春季新品发布（从品牌直播需求出发） |
| 主播 | ××× |
| 主播介绍 | 品牌主理人、时尚博主、模特内容提纲（流程） |
| 1 | 前期准备（前期宣传、明确模板、人员分工、设备检查、产品梳理等） |
| 2 | 开场预热（适度互动、自我介绍等） |
| 3 | 品牌介绍（引导关注店铺、预约直播） |
| 4 | 直播活动介绍（直播福利、本场流程简介、本场爆点介绍） |
| 5 | 产品讲解（讲解产品卖点，营造需求场景，语言生动真实，令人有代入感） |
| 6 | 产品测评（站在顾客角度，全方位展示、体验产品） |
| 7 | 产品性观众互动（案例讲解、故事分享、疑问解答等） |
| 8 | 试用分享、全方位分析（客观呈现利弊，切忌夸夸其谈） |
| 9 | 抽取福利/奖品/资格等（穿插用户问答） |
| 10 | 活动总结（再次强调品牌、活动以及调性） |
| 11 | 结束语（引导关注、预告下次内容） |
| 12 | 复盘（发现问题、调整脚本、优化本场不足等） |

## 三、小红书软文策划

企业在实际的新媒体运营中，少不了要通过中国最大的生活方式分享社区“小红书”来与消费者沟通，小红书凭借其“种草”属性出圈，也逐渐成为品牌、商家与用户关注的流量阵地，是企业做好新媒体营销矩阵的重要一环。

### （一）小红书的内容定位

小红书是近年来非常火爆的社交应用，吸引了很多年轻人的注意力，同时也衍生出了巨大的商业价值。通过小红书笔记获客变现已经成为很多企业青睐的方向，与此同时，它也衍生出了诸多的广告主和流量主。

**知识链接**

◎广告主：广告主是指为推销商品或者提供服务，自行或者委托他人设计、制作、发布广告的法人、其他经济组织或者个人。广告主是广告活动的发起者，是在网上销售或宣传自己产品和服务的商家，是联盟营销广告的提供者。任何推广、销售其产品或服务的商家都可以成为广告主。

◎流量主：与“广告主”相对应，具有生产价值、传播价值的个体、组织叫作流量主。

美妆、时尚、健身、护肤、读书、旅行……是这个时代年轻人生活方式的缩影，而这些内容，每天都在被分享和标记在小红书上。对于一部分有购物需求的人而言，小红书上的相关笔记是他们在做出消费决策前必须参考的购物宝典。

### （二）小红书的内容选题

小红书是精致年轻人的“美妆美食搜索引擎”，能获得用户点赞、收藏的都是有价值的内容，是对用户生活具有实实在在指导意义的、与年轻人潮流生活方式相关的内容。小红书上比较热门的内容选题如图 3－30 所示。

图 3－30　小红书上比较热门的内容选题

小红书的内容选题主要来自两个方面：

（1）围绕话题，用相关的关键词裂变选题。不同的话题之下，选题划分的维度也不同，有根据用户成长路径分的，有根据用户生活场景分的，有根据品类分的。

（2）追热点。例如，最近举办的大型活动或发生的热点事件，小红书就会有相关的专题策划。

### （三）小红书软文的营销优势

1. 聚集了具有购买力的年轻人群

对于年轻的都市女性来说，小红书是一个分享精致生活与实现商品“种草”的平台，因此十分适合品牌宣传美妆产品和时尚产品。

2. 互动频繁的在线社区

除了创建自己的内容，用户还可以保存帖子，通过点赞、评论功能与他人互动，或按“关注”订阅自己喜欢的特定用户/品牌。小红书还允许用户通过微博、微信将帖子分享给他人。

3. 口碑营销的发力阵地

小红书笔记具有一种沟通感、真实性，素人的笔记分享能让用户看到品牌产品的真实口碑，从而产生信任；此外，平台中的 KOL 粉丝黏性强，KOL 与品牌合作，向粉丝们宣传产品，能够提高品牌知名度、销量。

4. 从“种草”到下单的“闭环”

小红书通过推出名为“小红书商城”的电子商务平台，将其应用推向了新的高度，该平台允许用户在阅读笔记后直接从商家购买产品，用户不需要担心产品的真实性。该功能大大降低了消费者的决策与搜索时间成本。

### （四）小红书软文的写作技巧

一篇小红书笔记主要包括以下几个部分：作者信息、标签信息、图片、标题、正文、话题、点赞/评论/收藏按钮，如图 3-31 所示。要写出一篇优质的笔记，让其成为“爆文”，除了要注意我们前面说到的“小红书推荐机制”，还要特别注意小红书笔记标题、封面图和正文的设计。

图 3-31 小红书笔记的组成部分

资料来源：佛山网络推广准度公司．小红书推广笔记创作的七大技巧，学会你也能出爆文．(2021-04-02)[2023-02-15]. https://baijiahao.baidu.com/s?id=1695921409803960983&wfr=spider&for=pc.

1. 标题的写作技巧

（1）突出低价格、性价比：如“1 折买大牌口红”“100 元搞定四套冬季穿搭”。

（2）步骤吸引：如“4 种方法教大学生如何省钱”“5 个步骤拯救‘废片’”。

（3）时间限定法：如“2022 年最好喝的奶茶被我找到了！”。

（4）反问/设问：如“这 3 个外卖点单省钱技巧，全国人民都会用了你还不会用?”。

总之，标题一般不超过 20 字，而且切记要包含关键词、tag 等关键元素，还要懂得用年轻人说话的方式来感染用户的情绪，可以用一个最简单的核心逻辑来概括：标题＝笔记话题＋调动人的“情绪”。

2. 封面图的设计技巧

封面图是用户在浏览小红书时最先注意到的内容，也是在首页占比最大的内容部分，封面图和下面的标题共同承担着吸引注意力的作用。官方封面图推荐比例通常为以下三种：竖屏 3∶4、正方形 1∶1、横屏 4∶3。横屏比例相对来说占据空间小，展现信息少，容易被划走；而竖屏比例占据空间大，清晰度高，可展现更多的信息。所以，在制作封面图时，建议大家用竖屏比例，也就是 3∶4，一是可以展示更多的信息，二是可以提升用户体验感。

在设计封面图时应注意，要根据小红书笔记内容选择合适的封面图类型：

（1）合辑类、测评类、生活类——多图拼贴。

这类封面图通常是将相同主题的不同图片进行拼贴，图片数量 2 张以上，给人一种集中展示但又整齐划一的感觉，通常可以在好物合辑、好物分享、好物测评、生活 plog 等笔记中看到（见图 3－32）。

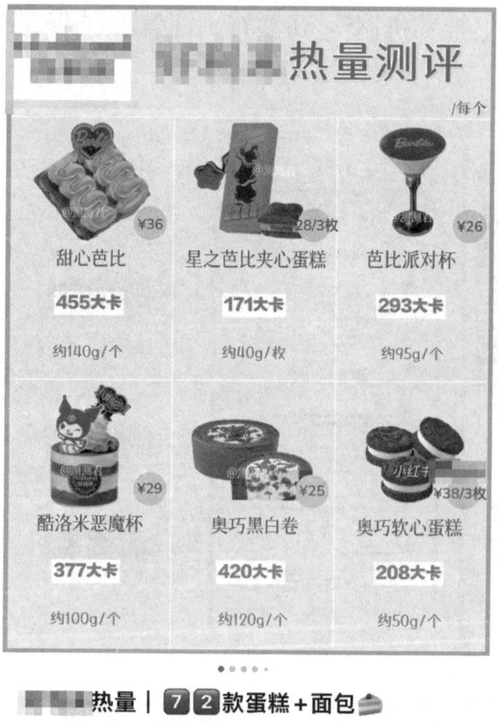

图 3－32　小红书多图拼贴封面图

设计技巧：在多图的选择上，需要注意每张图片色调和风格的一致，由于图片已经很多了，为了不显得杂乱，封面的标题尽量放在画面正中央位置，突出醒目。

（2）对比类——双图拼贴。

需要体现效果对比、改造前后或者正确错误对比的笔记可选择这类封面图。其核心在于左右或者上下两张图的效果差异够鲜明，文字不要太多。这类封面图主要用来制造前后的反差、冲突感来吸引用户点击，通常可以在健身、美妆、测评等博主的笔记中看到（见图 3－33）。

设计技巧：前后对比的反差感越大、越明显越好，为了体现内容的真实性可以统一前后对比图的拍摄场地和角度。

图 3－33　小红书双图拼贴封面图

（3）实景氛围类——简约单图。

当图片够美，或自带故事感时，连标题、配文、装饰都不需要了。但是这类图片需要你有比较好的拍摄和后期处理技巧，还要有强烈的个人风格、浓厚的氛围感。这类封面图一般用于自拍、萌宠、风景以及漂亮、有创意的物件等（见图 3－34）。

设计技巧：可选取一些偏 ins 风格或者莫兰迪色系的实景照片。

（4）抠图展示类、纯色文字类——设计感单图。

抠图展示类往往适用于背景比较杂乱，需要突出被摄主体时，此时会对主体进行抠像和后期背景处理；纯色文字类往往是单色背景＋文字，必要时可设置一些小装饰。用户通过这种封面图，一眼就能看到这篇笔记的重点。这类封面图适用于单品测评、干货分享、科普教程等内容（见图 3－35）。

图 3-34　小红书简约单图封面图

设计技巧：这类封面图的设计建议在背景上进行拼贴时，可以设置主体人物或物品的边框等特效，注意主次分明、错落有致，整体色调保持和谐；在制作中注重文字排列，可以使用线条、小贴纸等让文字主次更清晰，必要时可以添加一些比较夸张的修饰词来吸引用户的点击。

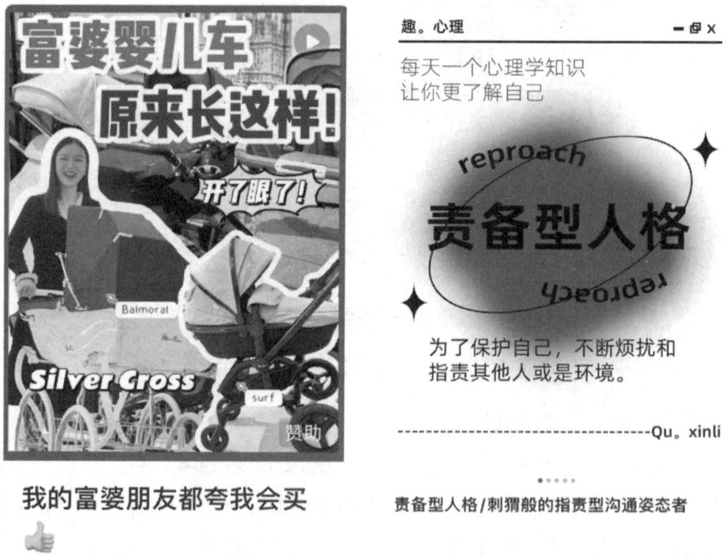


图 3-35　小红书设计感单图封面图

常用的封面图设计软件有：

美图秀秀：具有修图、拼图、贴纸文字、抠图、视频剪辑等基本功能，有很多现成的高“颜值”模板可以直接套用。

黄油相机：制作干货攻略类图片必备，花字、贴纸种类非常多且很多可免费使用。

模板“颜值”也很高，非常适合小红书制图。

美易 Picsart：拼图、抠图功能强大，贴纸选择很多，尤其适合美妆、穿搭博主。

VSCO：是一款很好用的调色软件，质感滤镜选择多样，涵盖风景、室内、人物等。

Snapseed：修图功能齐全，尤其适用于需要局部后期处理的图片。

Remove. bg：手机电脑都可用，3 秒 AI 抠图功能超级强大，小图完全够用，高清图需要付费。

Canva：手机版、电脑版都有，模板具有高级感，还可以设计 Logo（需要付费下载）。

创客贴：海报图、Banner 图、PPT、简历、公众号封面图等各类模板都有，免费、付费都有。

PPT：特别提出用 PPT 做图，是因为现在很多办公软件功能越来越强大，只需简单几个操作就能做出一张好图。

3. 正文的写作技巧

正文和标题一样也要包含关键词，同时要承接标题部分，告诉用户他们想知道的方案，以第一人称（“我”）写作的软文形式的笔记，行文通常分为 5 个步骤：

（1）“我”的苦恼：用户已有的或即将面临的烦恼、痛点。

（2）“我”的问题：指出大部分用户存在的问题。

（3）“我”的解决方案：为了解决问题所采用的方法、手段，通常是使用了什么产品。

（4）“我”的改变：呈现使用前后的体验、改变。

（5）“我”的总结：分享产品体验总结，或对其他用户的建议，体现产品给人带来的价值。

### （五）企业如何做小红书营销

1. 制作创意内容

对小红书营销来说，高质量、有创意的笔记是关键。可以通过制作高质量的原创内容再配上吸引人的封面图引起用户关注，以全面的标签提升曝光，以精准的关键词贴合用户搜索习惯，吸引用户评论、点赞、收藏，提高“种草”胜算。

2. 名人＋头部达人带动品牌口碑

借助名人推荐效应，让品牌或产品在短时间集中爆发，并邀头部达人一道深入分享产品知识、使用技巧、购买链接等，使名人与头部达人一起发力，打造品牌爆款。

3. 腰部达人“种草”

“种草”不求大而全，而要小而美。可以在某一垂直领域深耕，为特定圈层中的粉丝塑造专属的存在感和归属感，使其在内心形成对某一品牌和产品的深度认同。

4. 大量素人分享

通过大量素人账号发布相关内容，持续形成舆论口碑引导效果，提高粉丝对品牌及产品的关注度，并引发粉丝评论、咨询、购买等跟进行为。

5. 笔记排名优化

可以分析账号权重、发布内容、发布时间、用户行为等平台算法机制，还可以通过数据平台查阅当下平台的“热搜词”，优化提升搜索关键词时的笔记排名，从而有效增加精准流量。

6. 引导购买

可以在笔记中软植入商品购买链接，或穿插用户推荐和福利社商品推荐，提高商品曝光率，增加订单量，提升购买率。

## 四、新媒体文案人员的职业要求

品牌的营销推广离不开新媒体文案创作者的工作，一名优秀的新媒体文案人员对企业品牌是极大的助力。在实际工作中，新媒体文案人员的工作内容不仅包括追踪热点、文案写作及投放、内容策划及编辑，还包括活动运营、渠道推广、用户维护等。此外，在工作中还需要与各部门的工作人员进行团队合作，包括图片设计师、各媒体负责人及相关的同事和领导等。所以除了专业能力，新媒体文案人员还需具备较强的资源统筹分配能力、问题解决能力。

新媒体文案人员的能力与薪资对照图如图 3－36 所示。

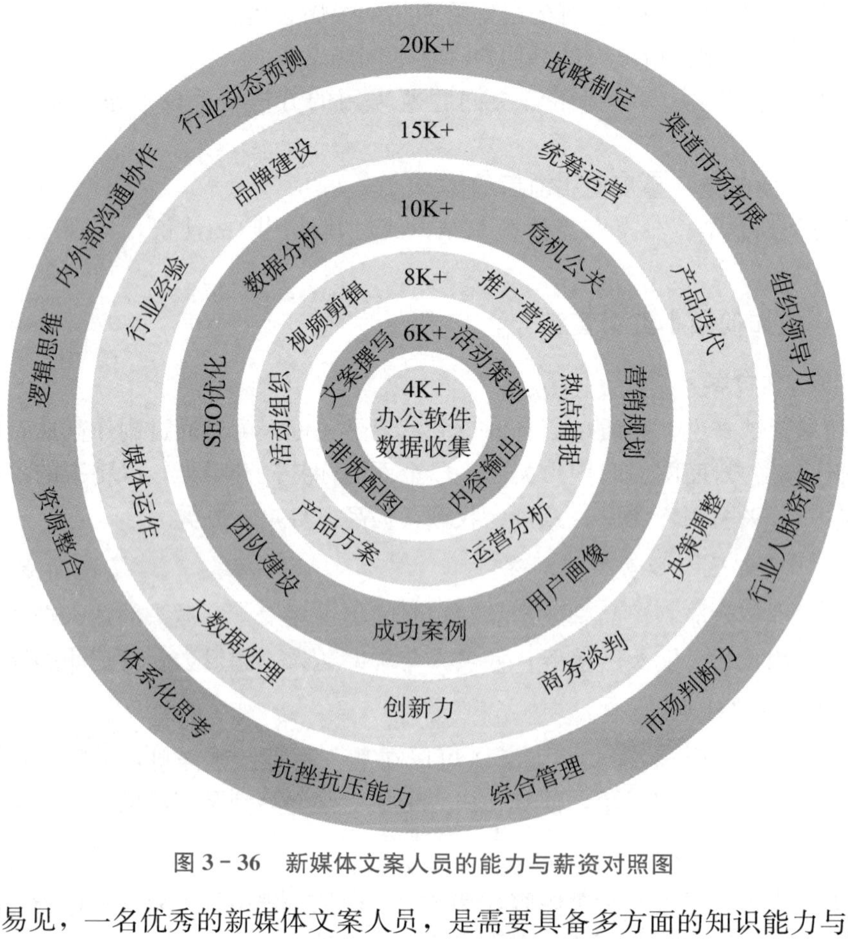


图 3－36　新媒体文案人员的能力与薪资对照图

显而易见，一名优秀的新媒体文案人员，是需要具备多方面的知识能力与素质技能的，下面将详细介绍新媒体文案人员的岗位职责和能力要求。

### （一）新媒体文案人员的岗位职责

新媒体文案人员的岗位职责一般包括以下七个方面：

（1）负责移动端新媒体平台（微信、微博、抖音等以手机终端为主的 App）的日常运营及推广工作。

（2）能够独立运营微信公众号，策划并提供优质、有高度传播性的内容。

（3）负责策划并执行各新媒体平台营销线日常活动及跟踪维护，根据项目推送相应内容。

（4）负责增粉和引流，提高关注度和粉丝的活跃度，并及时与粉丝互动。

（5）挖掘和分析用户使用习惯、情感、体验及感受，及时掌握新闻热点，能够有效完成专题营销策划活动。

（6）紧跟新媒体发展趋势，广泛关注行业内标杆性公众号，积极探索各新媒体平台运营模式。

（7）充分了解用户需求，收集用户反馈，分析用户行为及需求。

这些要求涵盖了文案写作、营销策划、活动与用户运营等方面的工作内容。

### （二）新媒体文案人员的能力要求

新媒体文案人员的能力要求如图 3－37 所示，可以概括为文字表达能力、创意策划能力、洞察用户能力、数据分析能力、学习能力与审美能力。

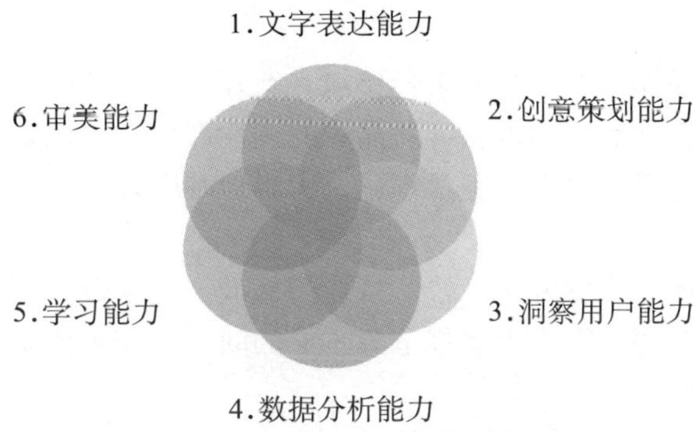


图 3－37　新媒体文案人员的能力要求

#### 1. 文字表达能力

文字表达能力是新媒体文案人员的基本功。在“内容为王”的时代，能够撰写优质的文案内容、驾驭不同的语言风格，才能为企业品牌的不同营销需求服务，吸引忠实的粉丝。文字表达能力的提升是一个积累的过程，无法一蹴而就，需要建立在强大的知识储备和丰富的个人阅历的基础之上。

#### 2. 创意策划能力

创意策划能力是新媒体文案人员的内核。有创意的文案能够为用户制造惊喜，为品牌制造话题并持续地为品牌吸引用户，使品牌具有辨识度。此外，创意应具备可操作性，新媒体文案人员应具有将创意转化为实施方案的策划能力，这又与新媒体文案人员的策划经验相挂钩。因此，创意策划能力是天赋灵感与经验积累的结合。

3. 洞察用户能力

洞察用户能力是对新媒体文案人员的本质要求。新媒体文案的创作要求“以用户为中心”，尤其是要洞察用户心理，文案的创作应以用户视角为基准，牢牢抓住品牌核心用户的喜好，创作出能够打动用户、抓准用户痛点的文案。培养洞察用户的能力，需要新媒体文案人员多与用户打交道，了解用户，倾听用户的声音，多与用户沟通，客观冷静地观察并分析自己的用户。

4. 数据分析能力

数据分析能力是新媒体文案人员的工具性技能。大数据技术为新媒体文案创作提供了技术支持，能帮助新媒体文案人员分析用户行为特征、挖掘用户需求、掌握市场动态、把握市场变化、监测账号运营情况、加强运营管理等，可以通过分析相关数据，及时调整企业新媒体平台的运营策略。数据分析能力需要新媒体文案人员熟练使用百度指数、微信指数等工具，并能够将直观的数据转化为对用户行为的解读。

5. 学习能力

学习能力是对新媒体文案人员的动态性要求。新媒体文案人员要能够根据行业、新媒体知识技能的发展而做出积极的调整和变化，能够接受新鲜事物，熟练使用新媒体平台与新媒体编辑工具，能够紧跟热点和时事，保持一定的网感，能够根据外部变化快速做出反应，这样才能生产出吸引人的内容。培养学习能力，需要新媒体文案人员保持对新事物的热情、好奇的心态，以及谦虚的学习态度。

6. 审美能力

审美能力是对新媒体文案人员的素养要求。新媒体文案人员创作出让人赏心悦目的作品，能使用户产生良好的阅读体验，对品牌的调性产生正向认知，利于品牌形象的建立。审美能力需要通过系统地学习美学理论、大量地观摩好的作品来培养，更要通过不断的实践来提升。

此外，由于新媒体工作发展速度快、从业门槛低、受众覆盖面广等原因，出现了写作主体的专业水平与道德、写作内容规范等方面的问题。新媒体文案人员在工作中，要注重规避以下问题：

第一，用词与语法问题。虽然新媒体内容要考虑到碎片化的阅读背景，要提供适合“浅阅读”的内容，但是新媒体信息依然承担着价值传递和观点交流的作用。因为新媒体内容写作主体门槛低，在写作过程中难免出现错别字、语法错误、用词不当、逻辑混乱、标点符号误用、格式不规范等问题，甚至还会出现为了吸引流量不顾职业道德的“标题党”、低俗内容，加之大量网络语言的应用，会影响人们的审美情趣，给汉语规范性带来挑战。

第二，内容把控问题。新媒体平台的内容发布具有匿名性、交互性等特点，因此新媒体平台已成为虚假内容繁衍传播的重灾区。而且在泛娱乐风潮的背景之下，新媒体市场化竞争愈演愈烈，为了吸引受众的注意力，有的新媒体文案人员会写出一系列低劣、庸俗、过于模式化与娱乐化的内容，对年轻人的价值观与人生观造成了消极影响。此外，有部分新媒体内容甚至触及法律底线。因此，新媒体文案人员也要着重关注与新媒体信息编辑相关的法律规定，促进互联网信息服务健康、有序发展。

## 文化视角

### 新媒体平台上“爱国文案”的双面

新媒体时代的到来，给爱国主义教育提供了更广阔的传播平台、更丰富的宣传形式。但与此同时，“爱国营销”却怪象频现。

一、光明面：借助新媒体抒发爱国情怀

在新中国成立70周年之际，由中央网信办网络新闻信息传播局指导、光明网主办的“美丽中国看不够 我为家乡写情诗”主题诗词创作征集活动获奖作品名单日前在京揭晓。为促进活动成果落地生根，活动期间光明网还联合酷狗音乐App开展了以“我为家乡唱情歌”为主题的K歌活动，超过160万人次录制、上传了自己的音乐作品，大声唱响对家乡的热爱。最终，《沙漠骆驼》《成都》《西海情歌》分别以44.2万、42.1万、14.6万的参与度，登上热门金曲排行榜前三名。中央网信办官网及官方公众号“网信中国”分别就此活动进行了报道，报道中特别强调了互联网与新媒体的影响力在当下爱国主义宣传活动中的重要性与创新性。

据介绍，本次活动以“为家乡抒写情诗、传家乡特色文化、颂祖国壮丽山河”为宗旨，意在发动网民一起深情赞美各自家乡，梳理家乡日新月异的发展变化，共同领略祖国各地的壮美风情。活动在网友中掀起创作风潮，大家纷纷通过撰写原创诗词、录制吟诵视频、演唱经典歌曲等形式参与其中，酷狗音乐特别在平台上提供了30余首与“家乡”主题相关的经典音乐作品，号召网友录制、上传自己的作品，大声“表白”家乡，宣传家乡动人风采。

“美丽中国看不够 我为家乡写情诗”主题诗词创作征集活动虽已告一段落，但活动的影响还在继续。借助当下移动互联网和新媒体的传播力量，将有更多的普通人、年轻人以诗词为媒介，感受到中国语言韵律之美，感受到中国的大国底气，浇灌出闪耀着人文光辉的爱国情怀。

二、黑暗面：“爱国营销”的“低级红”

“我们没有生在和平年代，而是生在一个好的国家”，一样的文案，一样的情节，甚至连标点符号都未曾修改。2021年国庆之际，一批主播在短视频平台上复制编造爱国故事，以爱国之名收割流量。

这些短视频主播们用支架支起手机进行拍摄，对着镜头讲述着自己在中国边疆地区被边防特警官兵保护的“感人故事”。主播们有的声称自己在“中朝边境”的鸭绿江边，有的甚至称自己在根本不存在的“中日边境”，身后50米左右停着一辆边防特警车，他们说，这些边防武警官兵，为了保护他们的人身安全，站成人墙面对境外方向，把他们挡在身后。此外，主播们还谈到了国外的局势，说当地的人民正处于水深火热之中，他们用激昂的语调喊出了那句：“我们没有生在和平年代，而是生在一个好的国家。”视频最后，他们还不忘要求观众对视频进行点赞分享。

初看之下，这些视频中的台词慷慨激昂，极具感染力，并且宣扬着爱国情怀。但在短视频平台上搜索关键词可以看到，大量账号使用同样的文案、故事情节、拍摄手法，拍摄出了几乎一模一样的短视频内容，甚至文案的标点符号都未曾修改，且细看之下视频中的文案内容也是漏洞百出。然而即便如此，视频的播放量仍然居高不下，一位主播的视频甚至得到了50多万的点赞，数万网友评论留言。此后，越来越多的人发现了短视频平台的流量密码，只要套上相同的故事情节，加上几句爱国的口号，就能在平台上收获超高的流量，对这类营销号而言，类似的套路屡试不爽。

对此，共青团中央官方微信公众号发文，评此类主播的做法是一种“低级红”。文章称，为了博取眼球，视频主播编造着“爱国流量故事”，把爱国变成一场廉价的买卖，消费人们的爱国情怀，令人不齿。这种冠冕堂皇打着“爱国”的旗号，实则收割人们情感赚取流量的做法，无疑是对爱国情感的亵渎。共青团中央表示，我们的强大，有很多信息可支撑，不需要虚构假新闻。这个信息开放的时代，造假的成本越来越高了，很容易就被人挑出漏洞，谎言很容易就戳穿了。爱国不是生意，更不是流量，爱国是人民最质朴、最淡然、最没有利益纠葛的情感释放，不应成为某些心术不端者的牟利工具。一个剧本，一个故事，不同的人表演，“爱国生意”当休矣。国庆前夕，抖音官方对此类以爱国之名博取流量的账号进行了整治。

资料来源：中国日报网．中央网信办点赞酷狗 借助新媒体抒发爱国情怀．(2019-09-06)[2023-02-15]. https://baijiahao.baidu.com/s?id=1643916860160924540&wfr=spider&for=pc；蓝鲸财经．一条编造视频获赞50万，“通稿爱国”的流量生意当休矣．(2021-10-02)[2023-02-15]. https://baijiahao.baidu.com/s?id=1712504263788919671&wfr=spider&for=pc.

请思考：新媒体文案应如何正确表达并疏导“爱国情绪”？请用案例佐证说明。（如：知乎与共青团中央联合推出的短视频《重逢》，讲述了戍边战士牺牲后，发生在其家庭中的真实故事，引发了人们对戍边战士“清澈的爱，只为中国”爱国情怀的共鸣。）

## 项目检测

### 知识训练

#### 一、单项选择题

1.（　　）是指文案创作的目的是为企业产品导流或带来销量，如电商详情页之类介绍产品信息的文案、为了提高销量而制作的引流广告图等。

A. 销售文案　　B. 传播文案

C. 公众号软文　　D. 广告图文案

2.（　　）的主体为文案与影片，融合了文字、语音与影片等形式，可以更直观、立体地表达企业营销诉求，满足企业与用户分享、沟通和表达的需求。

A. 纯文字文案　　B. 广告图文案

C. 视频文案　　D. 微博文案

3. 新媒体文案的最终目的是“（　　）”，也就是销售企业的产品并使企业获得利润。

A. 传播　　B. 成交

C. 广告　　D. 传达

4. 狭义上的品牌符号指的仅仅是品牌的 Logo；而广义上的品牌符号则是（　　）的浓缩，指的是消费者对某一特定品牌的印象。

A. 品牌价值观　　B. 品牌形象

C. 品牌理念　　D. 品牌广告语

5. （　　）是一个以用户为中心，挖掘用户痛点，进行内容定位，在目的明确的基础上安排内容结构，进行文章撰写的过程。

A. 新媒体平台　　B. 新媒体运营

C. 内容运营　　D. 新媒体文案写作

6. 以下哪一项不属于新媒体写作的特征？（　　）

A. 表现形式丰富化　　B. 内容静态化

C. 传播渠道多样化　　D. 互动频繁化

7. 以下哪一项不属于新媒体文案“好标题”的特征？（　　）

A. 简洁明了　　B. 信息丰富

C. 价值供给　　D. 明确指向

8. （　　）是新媒体文案的核心，需要在这个部分展开事实性信息，这也是占全文篇幅最大的部分。如果信息组织不当，很容易在这部分流失掉读者，无法引导读者到达“成交”的步骤。

A. 开头　　B. 正文

C. 结尾　　D. 金句

9. 以（　　）目的为主的新媒体文案要能抓住目标用户需求，抓准产品卖点，打动用户，促使用户埋单，提升销售额。

A. 信息传播　　B. 品牌宣传

C. 产品营销　　D. 活动推广

10. 以下哪一项不属于直播电商的优势？（　　）

A. 即时互动　　B. 信息丰富

C. 信任嫁接　　D. 增加获客成本

**二、思考题**

1. 哪一种新媒体文案能够树立品牌的形象？为什么？

2. 用一句话描述新媒体文案的传播逻辑。

3. 举例说明为什么十年前没有短视频。

4. 新媒体文案写作的基本要求有哪些？

5. 优质短视频的要素有哪些？

6. 直播脚本策划的步骤有哪些？

7. 小红书笔记封面图设计有哪些技巧？

### 三、知识强化题

1. 填空题：以下新媒体文案是销售文案还是传播文案？

属于哪种文案：______________________________

属于哪种文案：______________________________

2. 简答题：如果以“水杯”为主题撰写笔记，以下哪些标题能吸引你点击该篇笔记？说说原因。

（1）这 10 个杯子，不会还有人不知道吧？

（2）我今年真的不买杯子了！但……这个蜂蜜罐水杯??

（3）保温杯 | ×××你真的不用卷成这样。

（4）这么可爱的兔兔杯?? 喝水都变得有动力了！

（5）不怕赔钱？这么可爱的保温杯只要 19.9???

（6）×××别再出圣诞保温杯了，我没钱了!!!

3. 简答题：请打开任一求职 App 或登录任一求职网站，搜索“新媒体”相关岗位，并回答以下问题。

（1）请列出 5 条你认为比较重要的新媒体文案人员的能力。

（2）你认为月薪 5 000 元的新媒体文案人员与月薪 30 000 元的新媒体文案人员有何不同？

4. 案例分析题：从新媒体文案角度分析蒙牛“高考押题奶”为何能赢得社会关注。

背景资料：2021 年蒙牛与曲阜孔庙联动，推出“高考押题奶”，并以盲盒形式发售（8 门学科＋3 科祝福＋1 款孔庙祈福隐藏款），包装背面将产品文案与科目一一对应，这款产品在各新媒体渠道的宣传文案主题是“营养你的要强”，并在引用或改编孔子语录的基础上，围绕这句文案主题写作了一系列宣传文案，如：“学而时习之，不亦说乎？有卷自老师来，不亦乐乎？知题难而不惧，不亦要强乎？”“子曰：知者不惑，仁者不忧，勇者不惧。说的不就是班里的学霸、班长，还有我嘛。”

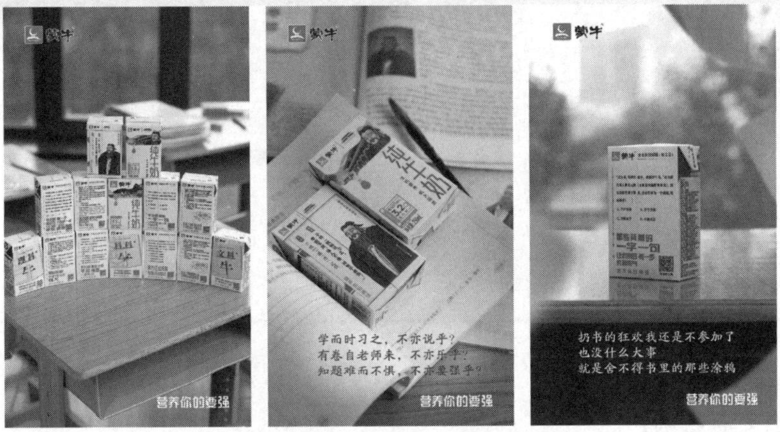


蒙牛“高考押题奶”海报文案

技能训练

**实训一：文案改编训练**

请为下列产品改编文案，使其符合新媒体文案传播逻辑（建议上电商平台搜索同款产品，寻找灵感）。

1. 产品：跳绳专用运动鞋。

原文案：柔软、舒适的跳绳专用运动鞋，不伤膝盖、不伤腿，爱美女士的选择。

改编文案：______________________________________

2. 产品：游戏键盘。

原文案：铝合金面板时尚大气，全键无冲突，机械轴体，按键声清脆，娱乐办公都适用。

改编文案：______________________________________

3. 产品：泡脚桶。

原文案：R式水电分离技术，杜绝安全隐患，96块仿生鹅卵石，舒缓足底，用温暖赶走一天的疲惫。

改编文案：______________________________________

**实训二：提炼产品卖点训练**

请选择你手边的一款产品，按照“提炼产品卖点的12个角度”，为其至少提炼3个卖点。

**实训三：短视频脚本撰写**

假设你所在城市的文化博物馆推出了一系列文创产品，其中印有城市文化宣传口号及可爱的城市形象漫画人物的保温杯卖得最好，是系列文创产品中的爆品。现在准备将宣传城市文化的保温杯向全社会推广，进一步扩大城市文化宣传的效益，并创造收益。请你根据短视频脚本的撰写方法，撰写一份视频内容时长在一分钟内的短视频脚本，为该爆品的宣传及销售献上自己的一份力。

# 项目四

# 微信推文写作

【知识目标】

- 了解推文常见的内容类型；
- 理解选题与标题的区别；
- 了解选题的标准；
- 了解推文的结构；
- 了解标题的衡量标准；
- 了解“标题党”的定义及类别；
- 了解标题的类型；
- 理解正文的写作思路及技巧；
- 理解排版的作用、原则。

【技能目标】

- 能够区别选题与标题；
- 掌握用户定位的概念及方法；
- 能够建立选题库；
- 掌握选题方法；
- 掌握推文结构中涉及的尺寸数据；
- 能为微信公众号推文设计图；
- 掌握标题的写作技巧；
- 掌握推文开篇、推文主体、结尾的写作技巧；
- 能够熟练运用配色网站、排版工具。

【素养目标】

- 培养审美标准以及审美意识；
- 树立社会主义法治意识，成为中国特色社会主义法治的忠实崇尚者、自觉遵守者、坚定捍卫者；
- 树立道路自信、理论自信、制度自信和文化自信。

## 思维导图

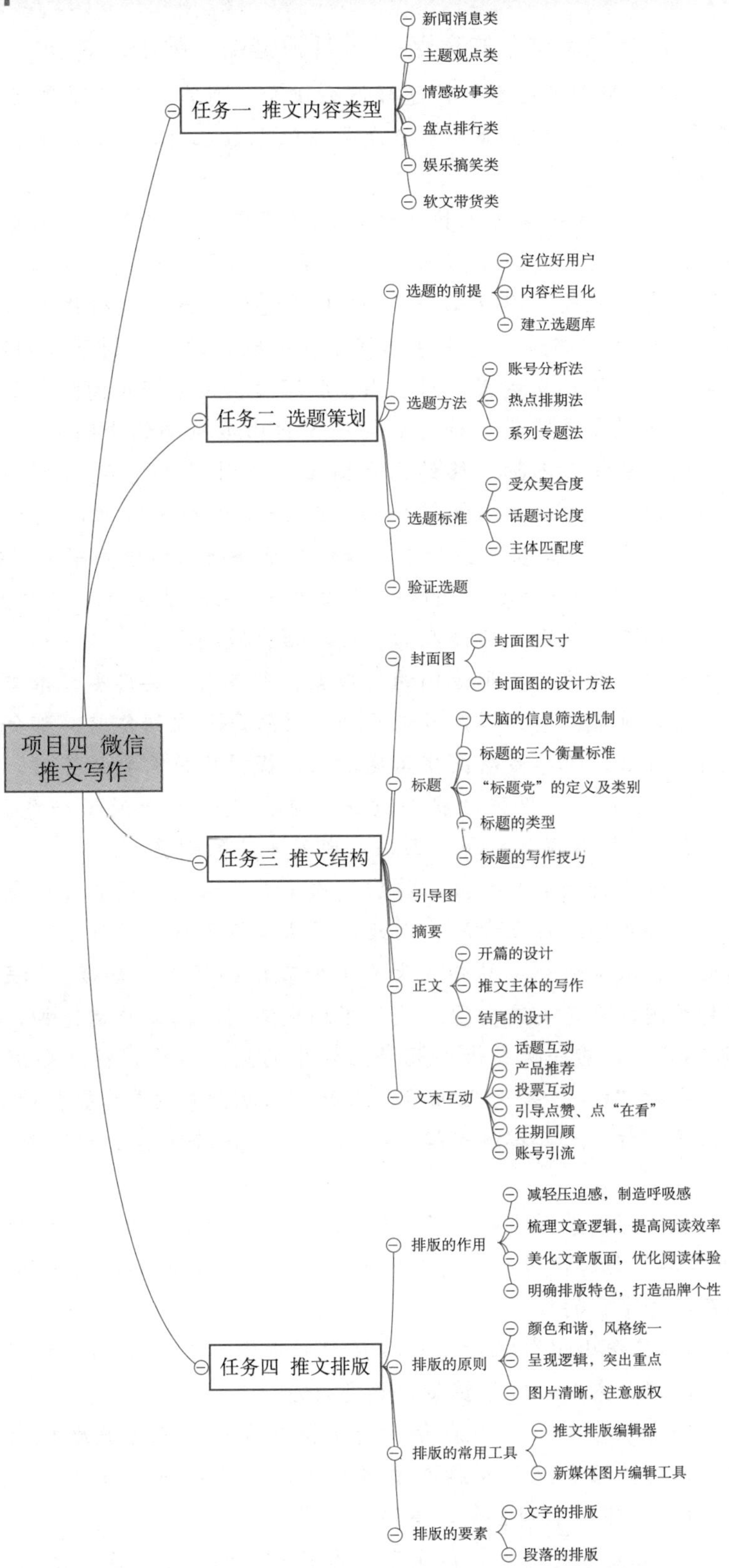
项目四 微信推文写作
任务一 推文内容类型
新闻消息类
主题观点类
情感故事类
盘点排行类
娱乐搞笑类
软文带货类
任务二 选题策划
选题的前提
定位好用户
内容栏目化
建立选题库
选题方法
账号分析法
热点排期法
系列专题法
选题标准
受众契合度
话题讨论度
主体匹配度
验证选题
任务三 推文结构
封面图
封面图尺寸
封面图的设计方法
标题
大脑的信息筛选机制
标题的三个衡量标准
“标题党”的定义及类别
标题的类型
标题的写作技巧
引导图
摘要
正文
开篇的设计
推文主体的写作
结尾的设计
文末互动
话题互动
产品推荐
投票互动
引导点赞、点“在看”
往期回顾
账号引流
任务四 推文排版
排版的作用
减轻压迫感，制造呼吸感
梳理文章逻辑，提高阅读效率
美化文章版面，优化阅读体验
明确排版特色，打造品牌个性
排版的原则
颜色和谐，风格统一
呈现逻辑，突出重点
图片清晰，注意版权
排版的常用工具
推文排版编辑器
新媒体图片编辑工具
排版的要素
文字的排版
段落的排版

## 项目引例

### 超会“玩梗”的官媒：“深圳卫健委”微信公众号

从2015年9月“深圳卫健委”开通微信公众号，到其成为“深圳名片”，仅用了6年。截至2021年9月，“深圳卫健委”公众号关注人数已突破1 300万，是全国政务新媒体中的“千万级大号”。

“深圳卫健委”公众号一直以亲民著称，风格多变，亦庄亦谐，深受粉丝欢迎，被网友称为全国“最接地气”的卫健委公众号。通过“深小卫”，网友不仅能获得权威、可信的疫情动态信息，还能“有求必应”，网友通过留言就能进行医疗求助。公众号的运营团队由6个“90后”组成，其中包括写手、编辑、设计、创意策划等，自2018年起，账号完全依靠该团队独立运营。网感强、脑洞大、文笔好是团队成员必备的硬核素质，成员大部分有传媒工作背景。就是这样一支自由度极高的小队，让“深圳卫健委”公众号保持着出色、硬核、不拘一格的内容输出。深圳市卫健委宣教处负责人王岭说：“如今我们发一篇推文，10万＋只能算合格，20万＋已经是日常，最高阅读量达到了773万＋。”那么，“深圳卫健委”公众号是如何在政务新媒体中异军突起的呢?

在日常运营中，“深圳卫健委”团队一直强调一个核心法宝——“用户思维”。在具体操作上，他们遵循三个原则——懂人心、说人话、做潮人。

懂人心：洞察用户群体，找到他们的兴趣点、兴奋点、共鸣点。推文内容以大众刚需的健康科普为主，政策解读、医疗资讯为辅。团队每一次创作前，都会找到用户的话题点，不管题材是什么，都尽量从民生角度切入，提供用户需要的答案，与用户在情感上“共振”。同时，他们也有很强的服务意识，在公众号上开通了一系列的服务功能，如预约挂号、九价HPV疫苗预约等，每一个都是市民的刚需。

说人话：卫生健康行业专业性强，特别是临床上的术语，读者往往每一个字都能看得懂，但是连起来却不知道什么意思，因此，团队在推文当中往往要充当一个翻译的角色，将公文话语、临床术语全部转化为大众都能理解的语言。如今，“深小卫”制作的一些表情包、封面图，更是火遍全国。这些图幽默搞笑，但又非常传神，可谓“一图胜千言”，而且紧贴热点，前一晚或者当天早上发生的热点事件，往往会成为最新推文封面图、表情包当中的“梗”。每天上班后，点开“深圳卫健委”，看看封面图、表情包，已经成为全国很多“打工人”排解苦闷的例行动作。凭借这些出彩的图，“深小卫”屡屡登上热搜。

做潮人：内容的形式紧跟市场，随年轻人的喜好而改变。随着微信公众号打开率的下降，“深圳卫健委”与时俱进，同时入驻B站、抖音，内容形式也由图文发展到条漫、短视频、文创产品等丰富的样式。

值得注意的是，“深小卫”很懂得把握尺度的平衡，在追逐潮流的同时，也注重内容的温度与深度，偶尔感人，常常搞笑，总是好看。

机会总是留给有准备的人。2020年新冠疫情暴发后，卫生健康行业成了社会的焦点，向来深耕内容的“深小卫”也站在了风口上，关注人数从疫情前的500万爆涨至2021年11月的1 300万，不到2年，增粉800万。

“深圳卫健委”公众号的成功，证明了好内容才是破圈的“通行证”。但是，在过去一直比较严肃、保守的政务宣传领域，仅靠好内容并不足以取得成功。王岭说，“深小卫”的出圈，还有一个重要的土壤，就是深圳卫健委领导尊重专业，务实、开明、包容，给予团队足够的空间，让“脑洞大开”的小编们能够纯粹地创作，大胆放飞自己的灵感。与此同时，深圳是全国最“年轻”的城市，市民平均年龄只有32.5岁，这也使得主打“90后”风格的“深小卫”迅速圈粉，并且在粉丝的支持和互动中成长，彼此互塑出有趣的灵魂。

“深圳卫健委”公众号颠覆了人们对“权威”“官媒”的认知，凭借着幽默风趣的语言和表情包、有趣有料的内容，深受全国各地人民的喜爱与支持。“深圳卫健委”公众号作为政府机构媒体，在疫情发布中，有格局、有回应、有实效，重塑了政务宣传的定位，打造了卫生健康传播和政务宣传的“样板”，它的思路、理念对任何政府部门、企业组织等都是有益的借鉴。

资料来源：人民资讯．深圳卫健委公众号全网走红，南都专访揭“深小卫”流量密码．(2021-11-09)[2023-02-15]．https://baijiahao.baidu.com/s?id=1715913176675570369&wfr=spider&for=pc.

**分析提示**

面对平均年龄不到33岁的深圳市民，“深圳卫健委”常常用网络热梗唤起读者共鸣。“深小卫”微信推文的头图也是其账号的一大特色。这些头图往往都是根据网络热门段子和“梗”创作的，给读者一种“弄潮儿”的感觉。虽然追求幽默风趣的观感，但“深小卫”运营团队也同样追求“得体”。团队成员表示，文章要得体、要收放自如，不管发给谁看，都不会觉得不合时宜。这也正如“深圳卫健委”官方公众号的账号简介：“最靠谱的科普，最有趣的灵魂。”

## 任务一　推文内容类型

### 情境重现

A同学刚来到某新媒体公司实习，为了运营好公司的公众号，他花了几天时间研究了上百个公众号推送的推文，发现有些推文有共性，也有差异，其内容可以分为几个类别，他动手做了一张表格，对各种推文的类型与特点进行了汇总。

### 课堂讨论

请观察表4-1中的文章标题，判断它们分别属于哪种推文内容类型。请在文章标题对应的框格内，填入推文内容类型名称。

表 4-1 标题与推文内容类型配对练习

| 推文标题 | 类型 |
|---|---|
| 杨绛：水平越高的人，看不惯的事越少 | 主题观点类 |
| 中秋假期火车票明起开抢！如何安全出行？ | |
| “每次都是我主动给他发微信” | |
| 只要不停产，这个好物就能一直赚我的钱！ | |
| 忽略这 1 点，天天刷牙还是会蛀牙 | |
| 9 个你容易忽视的人际交往潜规则 | |
| “‘10 后’神兽开学图鉴！”点开前没想到这么好笑！ | |
| 从取消大小周，联想到互联网英雄主义时代的落幕 | |

## 知识准备

微信公众号往往要具有一定的领域垂直度、内容专业性，才能够被阅读者主动关注。因此，微信公众号推文的内容要兼具足够的信息量与强大的服务意识，才能持续吸引用户阅读和关注。常见的推文内容可分为六大基本类型：新闻消息类、主题观点类、情感故事类、盘点排行类、娱乐搞笑类、软文带货类。其中，企业经常用到的推文类型为新闻消息类、主题观点类和软文带货类。

### 一、新闻消息类

新闻是记录社会、传播信息、反映时代的一种文体，报道新闻信息和引导舆论是新闻的基本功能。新闻消息类的推文内容主要有三类信息发布主体，分别为传统媒体机构、企事业单位与社会组织、各类行业平台。

对于传统媒体机构来说，在融媒体环境下，传统媒体和新媒体在融合中发展，传统媒体通过新媒体平台能够拓宽信息传播的渠道，增强与受众的沟通与互动，提升信息传播的速度，在冗杂的信息环境中守住舆论的高地，扩大自身影响力。

**对点案例**

在疫情期间，《人民日报》等官方传统媒体，以及各省市政府新闻办公室使用微信公众号、微博、抖音等新媒体平台账号实时发布重要消息，每日更新受众最关心的疫情动态新闻，一方面使公众足不出户就可第一时间获得疫情相关的信息，消除了公众心理恐慌，缓解了社会矛盾；另一方面由于新媒体的交互性特征，信息传播者和受众之间可以实时互动，公众的疑问也能及时反馈给政府相关部门，帮助政府进行科学决策。

此外，官方媒体机构除了利用新媒体平台传递信息外，还需要起到舆论引导的作用，新媒体内容要以多样化的形式帮助公众认识和分析事件，培养公众的心理承受力，引导公众树立正确的价值观。

对于企事业单位和各类社会组织来说，新闻消息类内容主要分为对内与对外传播两个方向。对内传播的目的主要是进行文化建设、人员管理、信息传递与沟通以及塑造组织形象等；对外传播的目的主要是吸引用户的关注、增强互动以提升粉丝黏性、提升企业知名度与美誉度以及提高企业利润。

对于各类行业平台来说，新闻消息类推文主要用于更新行业新闻讯息，以早晚报、日报、周报、月报等形式使其受众能迅速获取行业资讯，总结行业变化趋势。其主要目的是吸引用户关注、维持用户黏性、增强互动等。

## 课堂讨论

请回答以下问题：

1. 当你打开微信公众号，你想要看到什么样的信息？

______

2. 你认为公众号在信息传递方面要突出什么要点？

______

新闻消息类推文的作用主要包括以下几方面：第一，方便人们快速地获取信息；第二，帮助人们获取社交货币（谈资）；第三，为某个行业/领域总结特定时间段内的讯息与大事件；第四，为公众号建立“存在感”，辅助公众号“栏目化”建设，提升公众号价值；第五，帮助公众号建立个人风格（人设）。

### 二、主题观点类

主题观点类推文主要分为以下两种：

第一种是主题探讨类。创作者需要具备联系、提炼、归纳和总结事件的能力，能够将几个零散的事件联系到一起，从不同的角度来佐证文章主题，以此来说明某种道理，带有“深度探讨”的特质，要起到“替读者表达”的作用。如某公众号推文《月满则亏，我才不要十全十美》，借由中秋节来探讨主题“有缺憾的人生”，文章中分享了几个“月圆心未满”的家庭故事，有关缺憾，有关迷失，有关理想，有关勇敢，鼓励人们在月圆夜思考自己的人生境遇，勇敢地拥抱人生的缺憾。很多人都在经历不那么完美的人生，也不知道如何面对和处理这种缺憾，这篇文章能给人带来思考和引发共鸣。带有科普性质的主题探讨类文章也很常见，如某公众号推文《洗澡要不要搓泥？多久洗一次澡？一文读懂洗澡的真相》，让读者了解关于“洗澡”的一切。

第二种是事件分析类。创作者需要具备独立思考和发散思考的能力，为读者梳理和分析新近发生的社会热点话题、热点事件，并给出自己的观点，观点需要有鲜明的态度和立场，能够透过现象看本质。在此类推文中，创作者不仅要告知读者发生了什么，还要告诉读者他是怎么看待这件事的。如某公众号推文《内卷好累，我真的“卷”不动了！》，文章开篇向读者解释了什么是“内卷”，接着给出对年轻人应对内卷的建议，最后亮明自己的观点——“少一些功利主义的追求，多一些不为什么的坚持。做喜欢的自己，过想过的人生”。

### 三、情感故事类

情感故事类推文是公众号中比较常见的内容类型，这类文章往往用自己或他人的故事来表达读者的心情，能够唤起人们内心关于亲情、友情、爱情等情感的共鸣，为人们抒发情绪、排解烦忧，能够引起较多的转发。如某公众号推文《故事：婆婆三跪九拜后，我的老公气晕了》，讲述了一对平凡的中年夫妻相互扶持的生活，既要养育刚上大学的独子，又要照料生病的父母，生活的无奈、艰辛与浓厚的亲情都令读者动容。在这篇推文下的评论区中，有一些读者评论故事里的人物和内容，还有些读者则分享自己相似的经历，形成了良好的互动氛围。

因此，情感故事类推文在引起读者的情感共鸣之外，也要能够引发读者倾诉、讨论与分享的欲望。

### 四、盘点排行类

盘点排行类推文是按一定标准盘点某个领域的事物、事件等，以起到为读者节约时间、提升效率的作用，常见于需要读者花费一定时间对比、甄别、筛选才能做出选择的事物或领域，例如购物、阅读、观影等，推文内容一般以合辑或排行的形式出现。如某公众号推文《盘点文学史上 5 个最孤独的主角!》，介绍了来自五本文学佳作的孤独的主角。需要注意的是，在盘点排行类推文中，应该在标题中就突出“盘点”的属性，明明白白地告诉读者，这篇文章能够帮他节省时间。

### 五、娱乐搞笑类

娱乐搞笑类推文主要分为娱乐八卦信息与搞笑段子类内容，需要满足读者日常的娱乐消遣需求，信息体量应尽量“轻盈”，多使用图片来减轻读者阅读负担。如某公众号推文《生活和工作一定要分开！有骗子给爸爸打电话，结果被他爸的反诈 App 拦截，最后被一锅端……》，以近期一则充满黑色幽默的新闻事件为切入点，汇编了一系列网友投稿的搞笑帖子。娱乐搞笑类内容是大部分人“杀时间”（kill time）的选择，因此应尽量以轻松愉悦的表达方式来呈现。

### 六、软文带货类

软文带货类推文的开头往往以与产品相关的、新近发生的热点事件，或人们关心的话题、人物作为切入点，最后再去介绍想要带货的产品，具有“软文”的性质，并且能够带领读者不知不觉地进入产品购买的环节中，最大限度地消除读者对于文章中销售产品的反感。如某公众号推文《那些很少看牙医的人，都做对了 3 件事》，以人们关注的牙齿健康话题为切入点，先是告诉点进文章的读者保护好牙齿的重要性，接着介绍了三个刷牙的技巧，再提出了一个大家普遍都感到困扰的问题“牙黄”，然后分析了牙黄的几种原因，再去引出本篇文章真正的目的——销售“护牙进阶计划”的系列产品。文章循序渐进地给读者梳理了保护牙齿的重要性，分享了刷牙的干货，说出了大部分人牙黄的困扰，再给出解决方案——购买他们的产品。因此，软文带货的内容环境，需要为读者营造“需求”，讲述产品的卖点，尤其是要通过前半段的内容铺垫来说服读者购买。

# 任务二　选题策划

## 情境重现

时间来到了 12 月底，A 同学坐在电脑桌前，看着网络上不停涌现的热点，陷入了迷茫。这么多热点，今天写的推文该选择哪一个呢？下午 5 点前就要交稿了。而且这周，新媒体主管还要求 A 同学做一张明年的新媒体日历，为明年微信公众号推文的选题做个大致的规划，可是，选题是什么？新媒体日历又要怎么做呢？……

## 课堂讨论

试着为本月做一个“月度选题策划”：

1. 请你观察本月的热点事件有哪些（微博热搜、抖音热梗、热门事件等）。
2. 本月固定的节日、重大事件有哪些？
3. 如果本月要推四个选题，你会如何在这些事件中选择？请把你心目中想做的本月四大选题记录下来，如表 4－2 所示。

**表 4－2　本月选题**

| | |
|---|---|
| 选题一 | |
| 选题二 | |
| 选题三 | |
| 选题四 | |

## 知识准备

如今大部分成功的公众号都保持着每日更新的习惯，“日更”能让账号持续在读者面前“刷脸”，能让读者养成看这个公众号的习惯，还能保持账号粉丝的黏性。但同时，这对公众号的小编也提出了巨大的挑战，推文日更之下是高强度的“选题策划”。一篇文章从零到一，小编们面临的第一个考验就是选题，也就是确定“今天要写什么内容”。

选题，是小编在写作之前对文章题材的初步确定，没有选题就没有内容。“选题”的过程，本质上就是思考用户想看什么的过程。用户想解决什么问题，我们就输出什么内容。为了做好选题，我们需要了解选题的前提、选题方法与选题标准。

**概念辨析**

选题和标题

选题和标题的区别

选题是对文章的一种构思，以什么角度、以什么为中心、以什么口吻去写，这是一个策划的过程。而标题可以说是对选题的细化，是对文章内容或文章的重点、亮点的直接提炼概括。

选题和标题，相同点在于都要聚焦于目标人群、中心思想。两者的不同点在于，选题是写作前进行综合性思考，然后进行的总结；标题是文章传递给目标人群的先导信号，标题要最大限度地吸引目标人群的注意力。

## 一、选题的前提

万变不离其宗，小编需要在账号定位的基础上找选题。做好选题的前提，就是做好“用户定位”，具体来说，就是提前确定你的公众号是帮“哪些用户”在“什么场景”解决“什么问题”的。

### （一）定位好用户

用户定位

销售人员总想自己推销的产品能有人购买，而“内容”就好比小编做的“产品”，也需要有人为此付出“注意力”，为内容埋单。为了快速找到愿意为内容埋单的人，就得先进行用户定位。用户定位相当于给用户“贴标签”，而将这些标签组合起来，就可以大致描述出用户群体的特征，从而形成“用户画像”。做好用户定位有利于快速地定位你的利润“战场”，锁定目标用户，进行精准营销，从而减少运营成本，提升运营效率，让你的每一颗“营销子弹”都能精准击中目标。

**知识链接**

用户画像

用户画像

概括来说，用户画像是根据用户社会属性、生活习惯、消费习惯等信息抽象出的一个标签化的用户模型，也就是通过数据加工分析产生的一个个标签，比如男性、“90后”、白领、喜欢购买电子产品、月工资15 000元等。用户画像常常是用一句话来表述一个群体。

用户画像的核心是为用户贴标签，即将用户的每个具体信息抽象成标签，利用这些标签将用户形象具体化，从而为用户提供有针对性的服务。以李四的用户画像（如图4-1所示）为例，我们将其年龄、性别、婚否、职位、收入、资产等标签化，通过场景描述，挖掘用户痛点，从而了解用户动机。

标签就是通过对用户信息进行分析得出的高度精练的特征标识，它可以帮助我们认识到不同的人有不同的需求和期望，也可以帮助我们识别到底哪些用户对我们的产品或内容感兴趣。

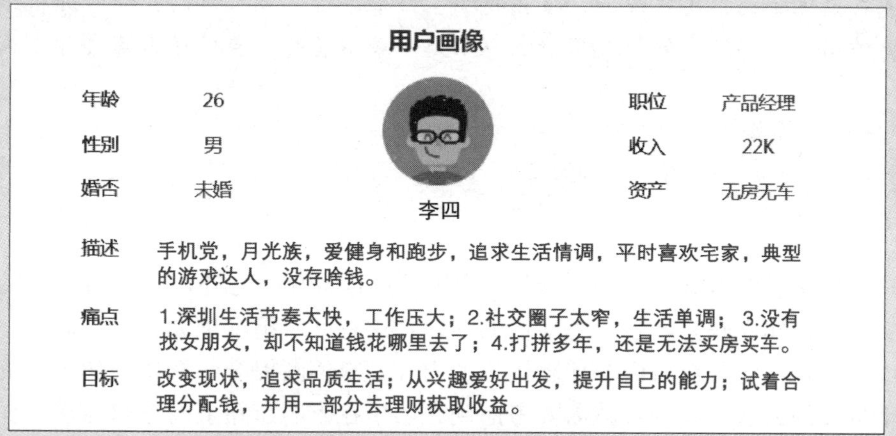


图 4-1 “李四”用户画像

目前主流的标签体系都是层次化的，如图 4-2 所示。首先将标签分为几个大类，每个大类下再进行逐层细分。在构建标签体系时，我们只需要确定最下层的标签，就能够映射到上面两级标签。

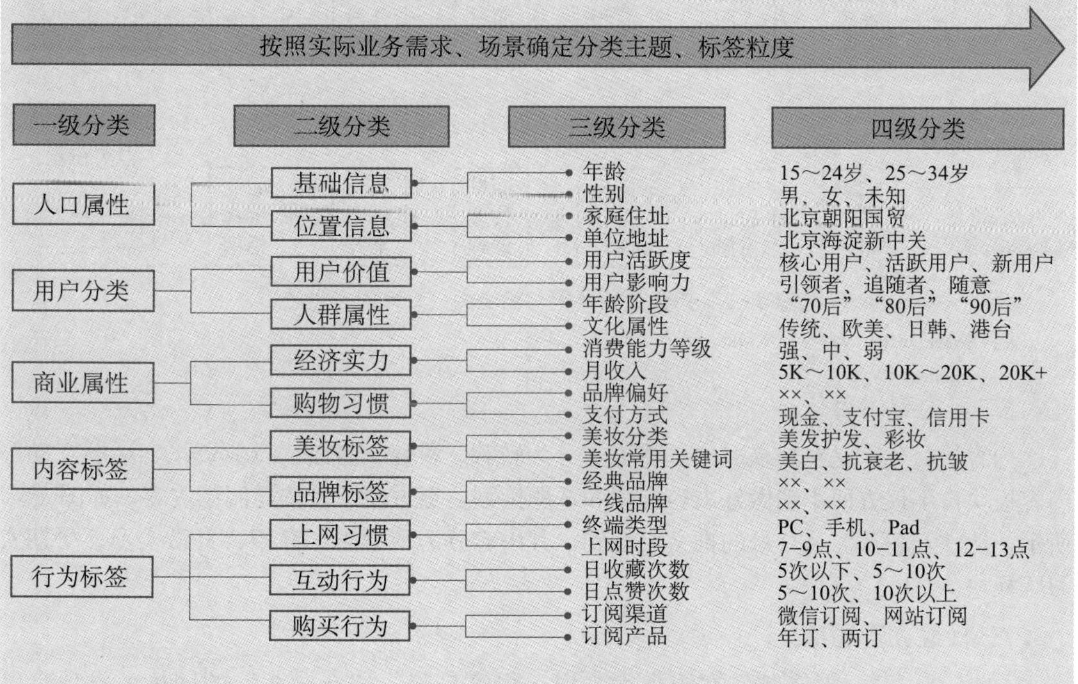


图 4-2 常见的用户画像标签体系

上层标签都是抽象的标签集合，一般没有实用意义，只有统计意义。例如我们可以统计有人口属性标签的用户比例，但用户有人口属性标签本身对广告投放没有任何意义。

用户画像是为了让运营者在运营的过程中能够抛开个人喜好，将关注的焦点放在目标用户的动机和行为上进行活动策划和运营，实现千人千面的运营；同时，用户画像在精准营销、用户统计、数据挖掘、效果评估、私人订制、经营分析方面具有重要作用。值得注意的是，用户画像不是一成不变的，要根据运营实际需求不断修正。

资料来源：游善朱哥．用户研究：用户画像分析．(2020－07－19)［2023－02－15］. https://mp. weixin. qq. com/s/IL6-0vfgUv0kq3gQ4B7N4w.

用户定位除了要做好“用户画像”，了解用户群体特征之外，还要与账号的核心用户（忠实读者）建立联系，多了解他们的喜好，这有助于精准把握选题。此外，还要画出用户成长路径，使公众号内容伴随用户的内容需求逐渐提升。例如，如果做的是大学生求职干货类的公众号，内容就需要考虑到大学生在求职道路上的进阶需求，而不应只提供入门级的职场“小白”内容。如图 4－3 所示，大学生从求职“小白”到一路走上职场巅峰，获得成功，整个过程中公众号都需要有匹配的内容可以供给。

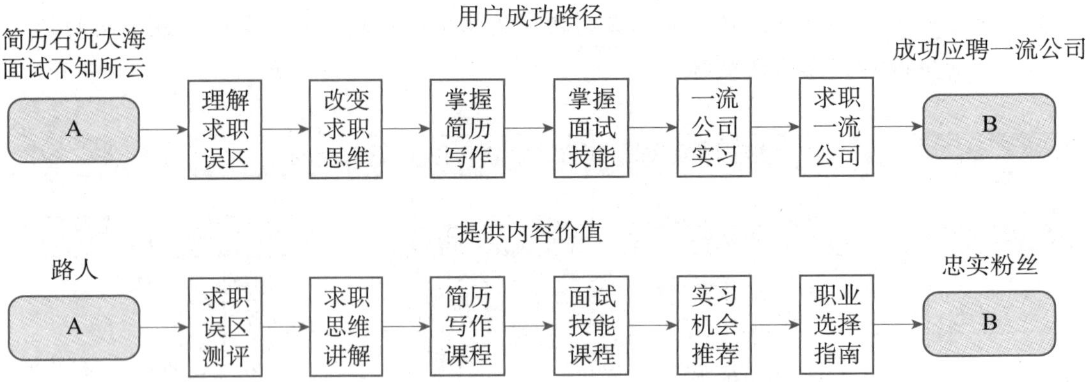


**图 4－3　用户成功路径与相应的公众号内容供给**

资料来源：https://www. zhihu. com/question/52155581.

### （二）内容栏目化

内容栏目化就是在公众号内，将推文分为转载、科普、盘点、行业资讯、话题互动等内容板块，不仅方便小编做好内容规划和选题策划，更方便读者按需阅读内容。如图 4－4 所示，从“互联派”公众号的推文可看到，其内容分为留学生、春招、日常实习、暑期实习等板块。

### （三）建立选题库

选题的来源

对高频发文的小编来说，很容易陷入“选题荒”的困境，发现自己没有东西可写，经常等到发布推文当天再去看有什么热点可以追，这时，就需要一个选题库。选题库能够帮助内容生产团队提前预防“选题荒”、更新周期不稳定、人设不稳定、内容不垂直等问题的产生。选题库里都是小编平时收集整理的各种好的选题，每周整理更新一次，这样就能从选题库中寻找灵感，文章的撰写效率就会高很多。

图 4-4　“互联派”分栏内容

## 二、选题方法

选题方法主要有三种：第一种是账号分析法，主要分析自己和他人的账号，从账号中寻找选题灵感；第二种是热点排期法，从常规热点和突发热点中找到切入点，形成推文内容；第三种是系列专题法，几篇文章围绕一个选题来深入挖掘，做成一个系列。

### （一）账号分析法

#### 1. 分析自己的账号

分析自己的账号首先可以观察账号历史推文数据，比如阅读量、分享量、留言量、点赞量、收藏量等，计算打开率、分享率等数据。通过分析这些数据，你可以得知，阅读量高的文章选题是用户比较喜欢看的；分享量高的文章选题是能激发用户分享欲的；评论量高的文章是能唤起用户共鸣的；收藏量高的文章选题是对用户有帮助的……分析完这些数据，就可以根据历史推文，总结出一些可做的选题了。如表 4-3 所示，可以把这些结果做成详细的表格，便于以后发推文时测试选题效果，优化并升级选题方向。

表 4-3　分析历史推文数据-选题方向表

| 类型 | 公众号选题方向 | | | |
|---|---|---|---|---|
| 阅读效果最好 | 选题方向 A | 选题方向 B | 选题方向 C | 选题方向 D |
| 分享效果最好 | 选题方向 A | 选题方向 B | 选题方向 C | 选题方向 D |
| 评论效果最好 | 选题方向 A | 选题方向 B | 选题方向 C | 选题方向 D |
| 收藏效果最好 | 选题方向 A | 选题方向 B | 选题方向 C | 选题方向 D |
| …… | | | | |

分析自己的账号还可以通过挖掘粉丝需求来实现，比如可以在公众号消息或推文中引导粉丝在后台对感兴趣的选题类型进行投票；可以发起选题征集活动，让用户留言；也可以通过在线问卷平台进行粉丝调查；还可以在自己组建的粉丝群里了解用户喜欢的选题等。最后，把得到的这些用户感兴趣的选题方向也做成详细的表格，如表 4-4 所

示，以供后用。

表 4－4　挖掘粉丝需求-选题方向表

| 类型 | 公众号选题方向 | | | | |
|---|---|---|---|---|---|
| 投票 | 选题方向 A | 选题方向 B | 选题方向 C | 选题方向 D | …… |
| 粉丝群讨论 | 选题方向 A | 选题方向 B | 选题方向 C | 选题方向 D | …… |
| 问卷调查 | 选题方向 A | 选题方向 B | 选题方向 C | 选题方向 D | …… |
| 后台消息 | 选题方向 A | 选题方向 B | 选题方向 C | 选题方向 D | …… |
| 微信私聊 | 选题方向 A | 选题方向 B | 选题方向 C | 选题方向 D | …… |
| …… | | | | | |

2. 分析他人的账号

这主要是指分析竞争对手账号的选题，也就是账号调性和目标人群都与自己运营的账号类似的公众号的选题，看他们的哪些选题取得了比较好的效果；还可以分析那些特别成功的账号的选题策略。可以在新榜（如图 4－5 所示）、爱微帮、西瓜助手、微指数等平台的榜单中先找到这些账号。

图 4－5　新榜的账号榜单

先通过历史发文内容和数据筛选掉一些账号，再去分析目标账号的选题方向，并做成详细的表格，如表 4－5 所示。

表 4－5　目标账号-选题方向表

| 账号 | 用户重合度 | 公众号选题方向 | | | |
|---|---|---|---|---|---|
| 账号 1 | 高 | 选题方向 A | 选题方向 B | 选题方向 C | 选题方向 D |
| 账号 2 | 高 | 选题方向 A | 选题方向 B | 选题方向 C | 选题方向 D |
| 账号 3 | 中 | 选题方向 A | 选题方向 B | 选题方向 C | 选题方向 D |
| 账号 4 | 低 | 选题方向 A | 选题方向 B | 选题方向 C | 选题方向 D |
| 账号 5 | 高 | 选题方向 A | 选题方向 B | 选题方向 C | 选题方向 D |
| …… | | | | | |

## （二）热点排期法

热点排期法包括常规热点与突发热点的排期。常规热点主要是每年都会如期而至的节庆，如元旦、“双 11”购物节等，以及能够提前获知的会议活动等，如世界互联网大会、人工智能大会等，这些热点是能够给小编充裕的时间去准备素材的，可以用“新媒体日历”（如图 4－6 所示）的形式提前收集好推文中可能用到的素材，做好营销与宣传的策划。

**一月 | 营销关键词** — 新年 — Flag — 春运 — 告别 — 雪

| 周一 | 周二 | 周三 | 周四 | 周五 | 周六 | 周日 |
| --- | --- | --- | --- | --- | --- | --- |
| | | | | 1(休) | 2(休) | 3(休) |
| | | | | 元旦 | | |
| 4 | 5 | 6 | 7 | 8 | 9 | 10 |
| | 小寒 | 英国喜剧演员憨豆生日 | | 周恩来逝世45周年 | | 中国人民警察节 |
| 11 | 12 | 13 | 14 | 15 | 16 | 17 |
| | | | | | 1983年1月16日中国首例人工授精婴儿诞生 | |
| 18 | 19 | 20 | 21 | 22 | 23 | 24 |
| 马丁·路德·金纪念日 | | 大寒/腊八节 | 国际拥抱日 | | | 国际教育日 |
| 25 | 26 | 27 | 28 | 29 | 30 | 31 |
| | 国际海关日 | 缅怀人屠杀受难者国际纪念日 | 春运开始 | | | 世界防治麻风病日 |

图 4－6　2021 年 1 月新媒体营销日历

突发热点，则是那些在当天发生的比较重大、关注度高的热点，小编不得不腾出精力去收集、梳理相关素材形成推文，比较考验小编的信息收集与逻辑思考能力。

新媒体排期意识

## （三）系列专题法

公众号阅读的最大缺点就是碎片化，为了保持新鲜感，很多公众号推送的内容每天都在变，用户很难构建系统的知识体系。做系列专题的好处在于可以围绕一个主题展开叙述，帮助受众对该主题进行深入了解，拓宽视野，形成系统认知。

系列专题法具体可通过以下两种方法实施：一种方法是之前提到的，结合用户成长路径来扩展主题，这种方法的核心就是找准领域，例如针对写作技巧的提升，可以找出用户在写作技能成长过程中的每个阶段所需要的内容，并细化；另一种方法是针对某一个话题，邀请用户来参与，并形成一系列文章，如下面案例中的“逃离北上广”系列推文。

对点案例

新世相“逃离北上广”系列专题推文

2016年7月8日，“新世相”推送了一篇文章《4小时后逃离北上广》，这是新世相与航班管家合作策划的一次事件营销。新世相发布介绍该活动的文章后，短短1.5个小时，该文章就获得10万+的阅读量，截至8日下午五点，该文章阅读人数达到了116万人，传播范围及影响力惊人。这场成功的事件营销，正是因为抓住了在大城市生活的人们想要释放压力、追求内心自由情感的需求，并借助了公众号平台传播速度快、范围广、影响力大的优势。

2017年4月21日，新世相宣布启动“4小时后逃离北上广”第二季活动，发布了推文《我准备了100张免费机票和10万次逃离：4小时后又逃离北上广》，在第一季的基础上进行了创新与改进，从而也获得了远超前一季的传播效果。在4月25日又发布了一篇采访那些“逃离”后又回归的人们，并发布推文《那些“逃离北上广”的人回来了，然后呢？｜逃离北上广故事集》，与第一季相比，新世相的运营团队延伸了传播链条、增加了名人效应，同时也联系了更多的合作方，最终获得了不逊于第一季的传播效果。

### 三、选题标准

在初步做好一个阶段的选题计划表后，不要急着进入验证选题的阶段，可以先通过受众契合度、话题讨论度、主体匹配度三个维度来进一步筛选出好的选题。

#### （一）受众契合度

受众契合度主要指覆盖的受众面及受众的痛点程度。覆盖的受众面越广，就越有可能被他们点开阅读，例如《××县人都去过的3个夜景地点》与《××省人都去过的3个夜景地点》，后者覆盖了更多的受众群体，就会被更多人关注到；而受众的痛点程度指的是你的选题跟受众的相关程度、对受众的影响程度，例如针对学生群体，选题围绕着考试通关技巧，就比围绕着旅游要更有吸引力。

#### （二）话题讨论度

话题讨论度包括话题的可操作性、时效性、争议性、延展性、传播性。可操作性指的是选题能否获取足够的素材和案例来支撑，只有被大量讨论的话题，才有观点的碰撞，也才有讨论度；时效性对于日更的账号来说尤其需要关注，尽量选当日及近日发生的热点事件，不然讨论的话题很可能已经被受众遗忘；争议性指的是挑选那些还没有被盖棺定论的事件，或者有“槽点”的事件，这样能最大限度地激发受众的讨论欲，提升评论数量；延展性指的是一个话题背后能够衍生出的思考和解读，具备延展性的选题能够让你的读者在事件或话题之外进行反思，或者学到一些知识；传播性是保证你的文章能够获得高阅读量的法宝，具备传播性的选题往往是有趣的、简单的、有社交属性的。

#### （三）主体匹配度

这首先要求与账号定位相匹配，例如做大学生求职方向的公众号，就不太适合分享《推荐10家×市情侣周末约会小餐厅》；其次要与账号作者人设相符，例如做金融分析账号的精英形象的作者，就不太适合分享《团购砍价攻略》；最后要传递与账号主体相匹配的、一以贯之的正确的价值观，尤其要注意贯彻社会主义核心价值观。

### 四、验证选题

在做完选题策划之后，就要付诸行动了，也就是根据以上所有的信息制定最后的选题计划表，并验证这些选题方向在自己账号的推送效果。需要注意的是，选题的测试时间不能太短，不然测试样本太少，没有多少参考价值。建议最少测试 1 周，关键选题方向可以用 1 个月的时间来进行测试。

## 任务三　推文结构

### 情境重现

最近 A 同学发现推文的阅读量有所下降，甚至很少有读者愿意给他的推文评论和点赞了。他去问了一圈身边读过他推文的朋友，觉得他的推文有什么样的问题，得到的回答是："根本读不完文章""图片太少""排版不太合理""标题不够吸引人"……A 同学研究了他订阅号列表里那些高阅读量的推文，想寻找灵感，发现那些成功的推文在结构上是存在一些共性的，是能够提升读者阅读体验和阅读效率、让读者有倾诉欲的，他们是如何做到的呢？

### 课堂讨论

推文的各部分，相当于人的哪部分？

1. 封面图：
2. 标题：
3. 引导图：
4. 摘要、导语：
5. 小标题：
6. 正文行文思路：
7. 文末互动

### 知识准备

推文的选题决定了它是否能被受众关注到、被多少受众关注到；标题决定了受众能否打开这篇推文并继续阅读；推文的"质感"决定了受众能不能读完整篇文章，并且觉得很好，愿意分享给他的好友、分享到他的朋友圈，甚至能够点击关注这个账号，成为忠实粉丝……了解一篇推文的结构，能帮助小编快速厘清写推文的思路，并找到写好推文的技巧。提升推文的"质感"其实就是提升推文打开后的阅读体验，让人有眼前一亮的感觉，也就是要提升推文的首图、摘要、正文等部分的质量，当然，也包括提升整篇推文的排版效果。

推文的结构如图 4－7 所示，主要包括封面图、标题、首图（引导图）、摘要、正文、文末互动六个部分。

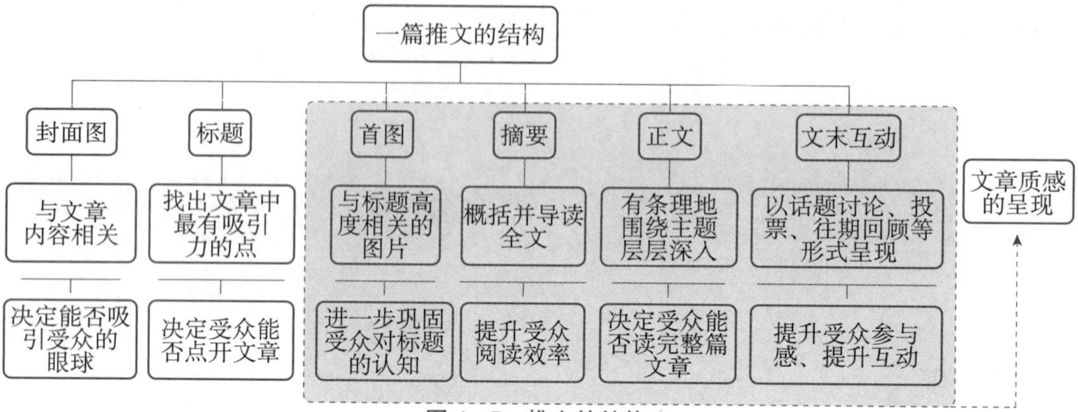


图 4－7　推文的结构

## 一、封面图

推文封面图指的是读者进入订阅号列表后看到的封面图片。封面图需要起到吸引读者注意力的作用，在一定程度上影响着读者的打开率。封面图的设置需要先打开“图文消息”（见图 4－8），在“封面和摘要”板块选择图片进行编辑（见图 4－9），可以从正文中选择图片，也可以从图片库中选择图片。从正文中选择图片通常是推送时间比较紧急，来不及设计封面图片时的做法，一般来说，建议提前设计好封面图片，上传到图片库中进行选择。

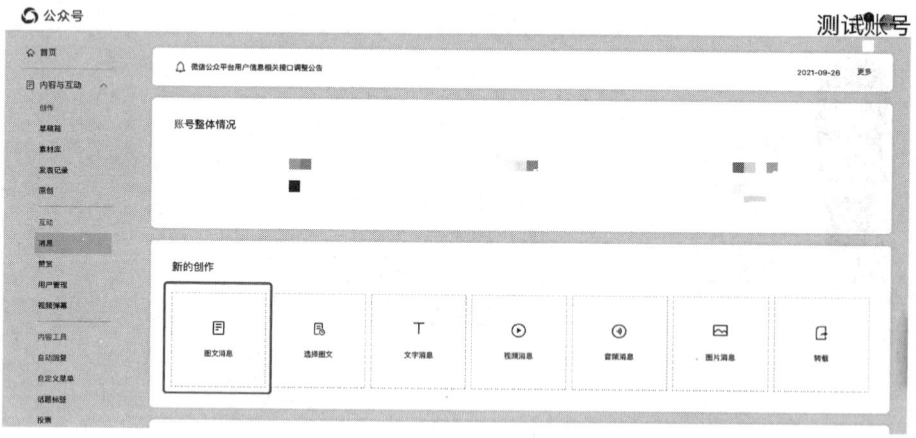


图 4－8　封面图设置第一步：打开公众号后台“图文消息”

### （一）封面图尺寸

目前头条封面图的图片尺寸最好是 900 像素×400 像素，次条封面图的图片尺寸是 200 像素×200 像素。如图 4－10 所示，在选择完图片后，头条封面图会以 2.35∶1 的比例呈现，次条封面图则以 1∶1 的比例呈现。

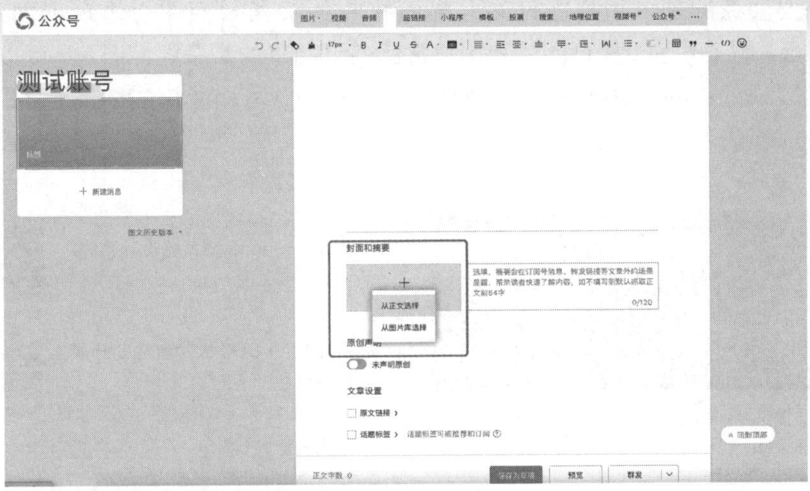


图 4－9　封面图设置第二步：在“封面和摘要”中选择合适的封面图

图 4－10　封面图尺寸与比例

这里需要注意的是，用户在订阅号界面接收的头条封面图会出现不同的尺寸，如图 4－11 所示，服务号、星标订阅号和用户常读的订阅号的头条封面图，是可以用 2.35∶1 的全图形式展现的；除此之外的一般公众号，只能以 1∶1 的正方形小图形式呈现。

服务号、星标订阅号、常读号封面图　　　一般公众号封面图

图 4－11　头条封面图

## （二）封面图的设计方法

在设计封面图时，需要了解封面图有哪些类别、封面图的设计工具及设计要点。

1. 封面图的类别

封面图的类别主要包括热点型、文艺型、栏目型、文字型、悬念型。

（1）热点型。

封面图以热点事件、人物作为噱头，吸引关注，有时会与悬念型的标题产生一定联系，引人遐想。如图 4－12 所示，使用了大家都很熟悉并觉得可爱、有趣的天线宝宝作为吸引人注意的元素，激发读者的好奇心理。

图 4－12　热点型封面图

（2）文艺型。

如图 4－13 所示，某公众号的封面图是文艺插画风格，以小清新、抒情为主，能够烘托情绪，可以让用户感觉到生活气息，容易引起共鸣。很多生活类、情感类的公众号都会使用文艺插画作为封面图。

（3）栏目型。

如图 4－14 所示，某求职方向的公众号开设了一些长期的专栏，同时也为这些专栏设计了专门的封面图。这样的设计可以让用户一目了然，方便查找自己想看的类型。久而久之，可以形成固定的模式，有利于培养用户习惯，不仅能提高专栏的影响力，也可省去每次构思封面图的时间。

图 4-13　文艺型封面图

图 4-14　栏目型封面图

（4）文字型。

如图 4-15 所示，某公众号的封面图直接放大加粗标题中提取的关键词，或总结文章里的主题作为封面图的主要元素，有时用一些夸张的符号图形也能起到吸引眼球的作用。

图 4-15　文字型封面图

（5）悬念型。

如图 4-16 所示，某公众号的封面图把标题所指的人物用遮挡物挡住，这类图片能够延迟满足读者的好奇心，如果读者想知道文章内容，就必须点进文章。

图 4-16　悬念型封面图

2. 封面图的设计工具——"创客贴"

在设计封面图时，我们需要使用图形编辑和平面设计工具，下面介绍新媒体小编常用的一款工具——"创客贴"（https：//www. chuangkit. com），网站中有许多素材和模板可供选择。我们可以在"价格"中选择"免费""会员免费"来挑选模板，或者直接单击"开启空白画布"来进行自由设计，如图 4-17 所示。

图 4－17　“创客贴”封面设计模板

如图 4－18 所示，直接选择网站中的模板，这样既能帮我们规避版权方面的问题，又能节省封面图的设计时间。我们只要点击任意心仪的模板，即可进入设计页面。双击图片，既能更改文字内容、大小和字体，又能删除和添加图片、素材。但是直接选用模板设计风格缺乏个性和辨识度，想要提升公众号品质，建立独特风格，还是需要根据实际情况设计出独属于自己公众号的系列封面图。

图 4－18　直接选用封面设计模板

在“开启空白画布”和“更改模板内容时”，会使用到左边导航栏，依次有“模板”“图片”“素材”“文字”“背景”“工具”“上传”几个功能模块（“模块”功能页面如图 4－18 所示，“图片”至“上传”功能页面如图 4－19 至图 4－21 所示）。在“模板”中，能更改模板的选择；在“图片”和“素材”中，能够购买使用网站提供的图片与素材，还能通过搜索关键词来寻找图片素材，丰富模板内容；在“文字”中，能够选择文字模板来快速进行图文设计；在“背景”中，能为封面图设计纯色背景色，还能使用背景色模板来进行更多设计；在“工具”中，有图表、二维码和表格等工具，能使图片设计更出彩；在“上传”中，可以上传自己收藏的图片与素材来进行设计，还能建立文件夹管理已上传的素材。

图 4-19　“图片”和“素材”功能页面

图 4-20　“文字”和“背景”功能页面

图 4-21　“工具”和“上传”功能页面

在设计完图片后，单击右上方“下载”按钮（见图 4-22），可以选择文件类型，并依次选择文件尺寸与使用类型，以供不同用途。

图 4-22　下载图片选项

3. 封面图设计要点

想要建立公众号的辨识度，提升公众号的品质，在设计封面图时，首先要通过具有一致性的排版，来保持封面图风格的统一性，如图 4-23 所示。

图 4－23　封面图排版设计的一致性

其次，在设计封面图时，要考虑到星标公众号、常读公众号的用户群体和其他公众号的用户群体在收到推文时，看到的封面图尺寸是不一样的，如图 4－24 所示。因此，要将重点信息放在中部矩形图中间，尤其是起到提示和吸引注意力作用的一些文字和元素。

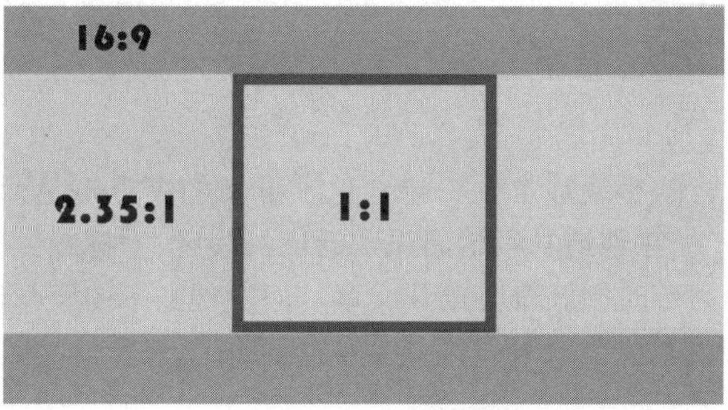


图 4－24　不同尺寸的封面图可见范围

最后，为提升封面图效果，尽量选择优质的高清图片，可以在图片上加几个文字来提炼文章主题和内容，还可以在图片上加上公众号的名称和 Logo 以增加辨识度。

## 二、标题

标题决定了一篇推文能否被打开，也决定了这篇推文能否达到预期效果。在封面图抓住读者注意力之后，标题要能够让读者对正文内容产生兴趣。

### （一）大脑的信息筛选机制

在产生兴趣之前，“标题”作为一则信息，首先要能够被人们注意到。人们每天都要接受无数信息轰炸，大脑最多就能存储 1G 左右的信息，但仅仅是眼睛，每小时所接收到的数据就超过了 1T。因此，大脑不会处理所有数据。在大脑中存在着一道筛选机制，大部分的信息都会被筛选掉，只留下一小部分自身感兴趣的。读者会筛选掉以下信息：第一，与读者没有关系的内容；第二，既不能伤害读者也不能给读者带来好处的内容；第三，随处可见的、同质化的内容。一个标题要想吸引读者，引起广泛传播，就必须通过这几道筛选。了解了这个事实，才能理解什么是好标题，然后才能写出好标题。

广告营销大师大卫·奥格威曾说过：“标题在大部分的广告中，都是重要的元素，能够决定读者到底会不会看这则广告。一般来说，读标题的人比读内文的人多出 4 倍。”换句话说，标题的价值要占到整个广告预算的 80%。

### （二）标题的三个衡量标准

“不能在一秒钟看明白的标题都不是好标题”，这并不是指标题写得过于高深、专业才让读者看不明白，而是说在信息过剩的时代下，标题如果不能做到让人一眼就能看懂，会直接被读者划过去，丧失被打开的机会，因此标题的第一个衡量标准就是是否简洁明了、通俗易懂。标题的第二个衡量标准是文章打开率，就是读者在看到文章标题后，是否被吸引从而点开文章。第三个衡量标准是传播率，也就是读者在看完文章后，愿不愿意去分享这篇文章。因此，一个“好标题”要做到简单易懂，还要兼顾打开率和传播率，如图 4－25 所示。

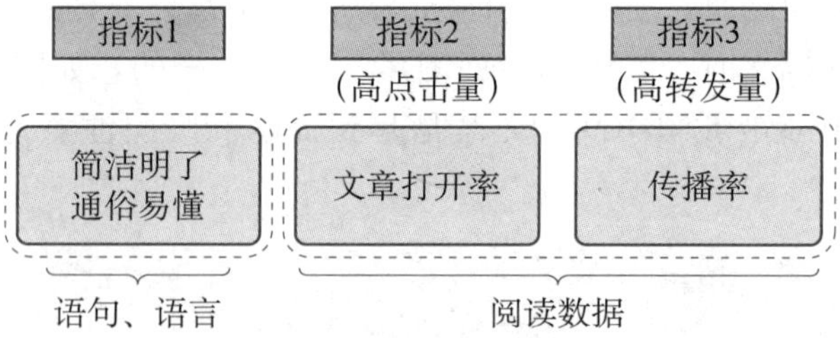


图 4－25　“好标题”的三个标准

但是，很多刚入行的小编常常会一味地追求推文的高点击量而成为“标题党”，写的标题“题不对文”，一味地追求吸睛而误入低俗的禁区。“标题党”是触犯职业道德底线的。也许读者会因为一时的好奇心点开文章，但发现文章内容与标题的导向根本不匹配后，会感到被愚弄而取关公众号，因此，从长远角度来看，“标题党”不利于公众号的长期运营。

### （三）“标题党”的定义及类别

#### 1. “标题党”的定义

“标题党”是指在以互联网为代表的论坛或媒体上制作引人注目但与正文关系不大的标题来吸引受众注意力，以达到增加点击量或提高知名度等各种目的的网站编辑、记者、管理者和网民的总称。“标题党”的行为特征简而言之即发文的标题严重夸张，文章内容通常与标题完全无关或联系不大。

“标题党”内容严重影响用户阅读体验，对于多次惩罚提醒仍持续犯规的账号，平台将进行永久封号处理。

2.“标题党”的类型

“标题党”主要有以下几种类型：

（1）标题将范围、情绪、状态等夸张夸大描述造成耸人听闻的效果。

如：《普京正式授权俄军使用核武，美国集体崩溃、认怂》。

（2）标题隐藏部分关键性信息，制造悬念、故弄玄虚。

如：《最新消息，全球最宜居国家排行榜，第一名是……你想去哪？》

（3）标题采用夸张挑衅式描述，诱导点击。

如：《胆小慎点！肠粉界两大“暗黑”料理，美味，99.9%的人都没吃过！》（“胆小慎点”“99.9%”都具有挑衅、诱导的作用，当读者点进推文会发现是两道包含昆虫的肠粉）。

（4）标题描述的人、事、场景等在正文中完全无体现。

如：《孙悟空的父母其实背景惊人，连如来都惹不起？》（正文完全未提孙悟空的父母）。

（5）影视剧相关内容滥用明星真名做标题，误导他人以为是与明星相关的现实情况。

如：《×××毁容痛哭，却被×××深情表白，真爱啊》（正文为某部电影中的情节片段）。

（6）影视剧、游戏相关内容使用社会新闻类标题。

如：《司机醉酒驾驶，挑衅警车，满载钢材飙车，酿成车祸，警车扬长而去》（正文为游戏视频）。

总之，要把标题当作是一个“承诺”，是需要在文中给读者兑现的。因此，好标题除了三个标准——语言简单易懂、高打开率和高传播率之外，还要加上一条职业道德底线——不做“标题党”。

## （四）标题的类型

在撰写出“好标题”之前，还要了解标题有哪些类型。

如图 4-26 所示，推文标题有直言式、悬念式、消息式、如何式、提问式、命令式和理由式这七种基本类型。

标题的类型

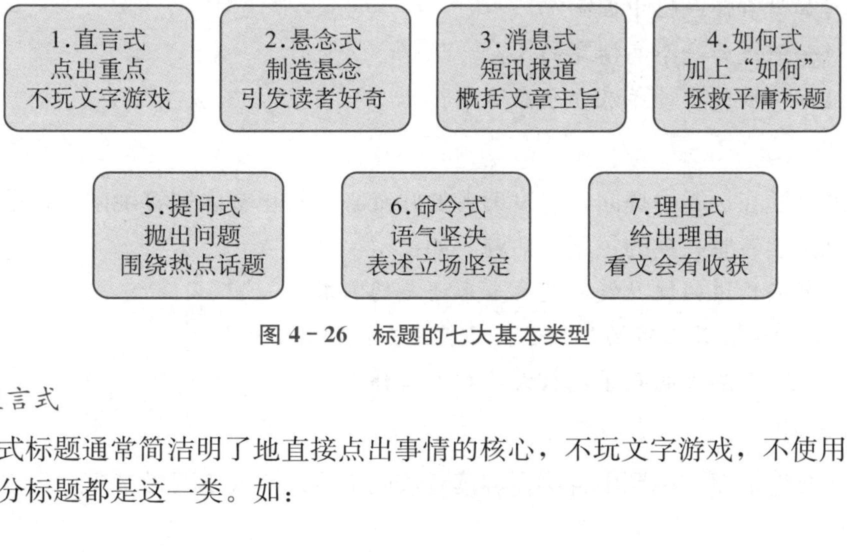


**图 4-26　标题的七大基本类型**

1.直言式

直言式标题通常简洁明了地直接点出事情的核心，不玩文字游戏，不使用修辞手法等。大部分标题都是这一类。如：

《情绪稳定，是一个人最好的养生》

《深圳，正在疯狂建大学》

《新消费品牌，我消费不起》

《豪气优惠季丨限时9.9元，豪吃一个月》

《华为2022届应届生全球招聘》

2. 悬念式

悬念式标题往往“话说一半，有露有藏”，激发读者好奇心、求知欲，悬念在文章内揭晓，通过延迟满足受众来提升打开率。如：

《Oh my 贝贝！这是你见过名字最萌的恐龙……》

《从3.8分到9.6分，它值得一个高赞》

《寺庙月饼、医院月饼、博物馆月饼……这届月饼太卷了》

《大学生好心扶老人，被讹5 000元？真相是……》

3. 消息式

消息式标题是读者通过标题就能知道文章的主要内容，阅读标题相当于阅读了一则简讯，读者欲知详情，则需要点进文章继续阅读。如：

《刚刚！美团被罚34.42亿元！》

《突发！东京10年来最强地震！》

《2021年诺贝尔文学奖揭晓》

《神州十三号载人飞船，就位！》

4. 如何式

如何式标题在新媒体标题中运用得很广泛，也是能够快速拯救平庸标题的有效方式，在标题里加上“如何”就能让读者有获知新知识、新方法的“信息获得感”，其重点是要让读者觉得读完这篇文章能获取以前不知道的信息。如：

《如何在快节奏的生活中减轻压力?》

《如何成为一个领域的顶尖高手?》

《如何看懂一幅中国画?》

《如何成为一个高情商的人?》

《如何快速度过年底分手高峰期?》

5. 提问式

提问式标题在标题中提问，引发读者的好奇心，到正文内解答疑问，标题中抛出的问题往往都是读者感兴趣的主题、话题。如：

《新品出道的健身镜，是真未来还是伪需求?》

《“Prada开菜市场”火了，品牌跨界快闪怎么做?》

《被老人疼大的孩子，长大后都怎么样了?》

6. 命令式

命令式标题需要在标题中直接告诉读者该或不该、要或不要做某事，语气坚决，立场坚定，以命令的口吻坚决地表达某种态度，或者直接告知读者某种后果来起到引发好奇心的作用。如：

《不要靠近网红景点，会变得不幸》

《寒露到了，这 5 个部位千万别受凉！》

《别让你的短板毁了你的优势》

《别让网络游戏毁了你的生活》

《请远离身边的“圣人”朋友！》

7. 理由式

理由式标题为读者点明要看这篇推文的理由，能让读者产生不读这篇文章是自己的损失，而读完这篇文章会有所收获的感觉。如：

《2021 年广告人必备的 42 个营销模型》

《这 8 个发票常见误区！肯定有你漏掉的，快自查！》

《20 岁应该学什么本事，才能避免在 40 岁失业？》

《为什么别人不喜欢你？因为你一直都在被动攻击！》

### （五）标题的写作技巧

如图 4－27 所示，标题的写作技巧主要包括：控制字数，精练表达；围绕主题，点睛词汇；理解人性，传递温度；突出差异，展现亮点。

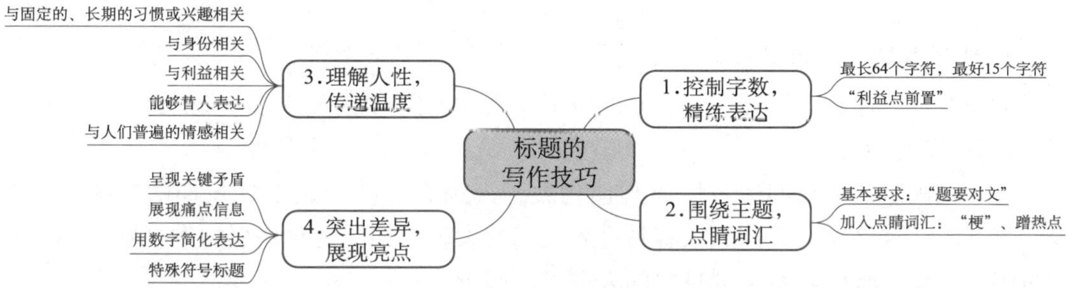


图 4－27　标题的写作技巧

1. 控制字数，精练表达

标题的
写作技巧

推文标题在字数上的限制为 64 个字符，但其实当标题长度超过 38 个字符时，剩余的内容就会被折叠（见图 4－28），所以要考虑到“标题有效展示长度”——如果读者不点进文章，能够看到多少标题中的内容。此外，还要考虑到读者一下子能够捕捉和理解的信息的字符长度是 15 个字符，因此，最好将字符长度控制在 15 字以内。当标题中需要呈现多个信息点时，要尽量把最重要的信息往前放置，以保证读者能捕捉到，即所谓的“利益点前置”，如《9.9 元全场包邮！零食区满 300 减 50，服饰区满 300 减 100……更多优惠等你来！》，标题中有多条优惠信息，但是对大部分人来说，“9.9 元全场包邮”这条信息的利益关联度最高，因此要放在句子的最前面。

图 4-28　超过 38 个字符的标题显示方式

2. 围绕主题，点睛词汇

如果读者通过阅读标题能大概了解文章主旨内容，那就说明标题是合格的。“题要对文”是推文标题的基本要求。此外，还要尽可能地多加入“点睛”词汇，包括时下流行的“梗”、热点事件名称、热点人物名称、热点词汇等，使用户感到有趣，激发其猎奇心理，如图 4-29 所示的标题就是加入了时下流行的梗词“YYDS”“快乐星球”。

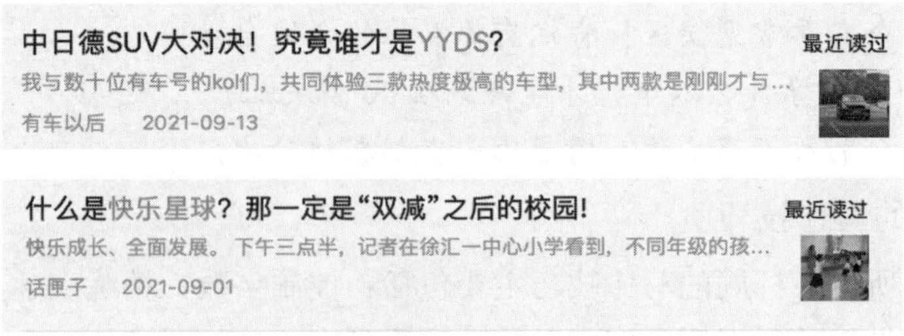


图 4-29　标题中加入“热点词汇”

3. 理解人性，传递温度

标题要把握痛点，呈现人们关心的事情，激发人们的情感共鸣。人们关心的事情主要有以下几种：

（1）与固定的、长期的习惯或兴趣相关。人都有一些固定的、长期的兴趣，如健身、烹饪等，这些相关的信息很容易进入人们的大脑。如《健身房里的潜规则，你也中招过吗?》，就会吸引经常去健身房的人群点击阅读。

（2）与身份相关。在标题中突出与读者目前的身份（如：新手爸妈、全职太太、学生党、职场“小白”等），或者目前从事的职业相关的关键词，能够精准对标目标群体的需求。如《广告文案人值得收藏的 35 个实用网站》，就能迅速地匹配到广告文案人的工作需求，吸引该群体点击。

（3）与利益相关。人们都关心与自己切身利益相关的事情，因此，要在标题中点明读完这篇文章能获得什么，凸显出文章与读者的利害关系。有三种方法能让读者感到这件事与其利益相关：第一，帮用户长知识，如《一年级孩子如何写好铅笔字？教孩子这样练!》。第二，绑定当下任务，体现紧迫感，如《预售 ｜ 最后三天，赶紧冲！来不及了!》。第三，体现地域相关性，自己身边发生的事更能吸引到人们的关注，如《@杭州人，如果你没收到这笔钱，请做好一件事》。

（4）能够替人表达。这需要在标题里使用标签化的词汇，表达观点、立场鲜明，起到替人表达的作用，这类文章很容易被转发到朋友圈。如《亲爱的，对不起，我不想生二胎》，就能替一些被家里人催着生二胎的女性表达她们的态度。

（5）与人们普遍的情感相关。这需要在标题中唤起人们的情感共鸣，传递温度，或激发人们的猎奇心理，或令人感到震惊、恐惧等。如《好好说话究竟有多重要》，就能唤起一些读者的共鸣，人们在与亲近的人交流时，往往不太注意自己说话的方式与态度；《不管你过着怎样的人生，炒饭还是要学会的》，既像一句温暖的叮咛，又让读者感到跃跃欲试。

4. 突出差异，展现亮点

标题要为读者呈现具有差异性的信息，用亮点抓住读者注意力。具体有以下几种方式：

（1）呈现关键矛盾。

抓住事件中的矛盾点，如争论双方的代表观点、身份矛盾、与常理相悖的矛盾等，让读者感到好奇，并补全读者的原有认知。如《中国的“90后”，已经开始立遗嘱了》，就呈现了一种年龄与所做事情的矛盾，“90后”年轻人原本与“立遗嘱”这件事情不相干，读者们自然就想要一探究竟——年轻人为什么要立遗嘱？

（2）展现痛点信息。

标题要展现读者最关心的、最契合读者需求或利益的点，让读者觉得文中能给他提供当下迫切需要的信息。如《如果你读不完〈失控〉，至少可以读完这50条书摘》，有的读者阅读热门书籍《失控》，是想获得社交谈资，但很多人忙于工作、生活，没有时间读完整本书，这篇文章就为读者们整理了50条书摘，方便读者们获取谈资。

（3）用数字简化表达。

在标题中加入数字，能简化表达，提升阅读效率。如《高分通关四六级？你只需要这3本神书》，首先直接为读者建立了预期，告诉读者看完3本书就能够考到高分，读者自然想要点进内文看看是哪3本；其次用数字精确描述比“看完这些书”之类的表达要更有指向性、更准确。

（4）特殊符号标题。

有时标题无须中规中矩，可以在标题中加入一些特殊符号，满足人们的猎奇心理，如图4-30所示。

图4-30 特殊符号标题

## 三、引导图

引导图，是位于公众号正文前的第一张图片，是读者打开正文第一眼就能看到的位置，因此这个位置可谓“价值千金”，一般用来引导关注、关联标题增进读者理解，或者作为公众号信息与正文内容的一个分割。引导图的内容有以下几种类型：

第一，图文结合的、能够引导读者关注公众号的话，如图 4－31 所示。

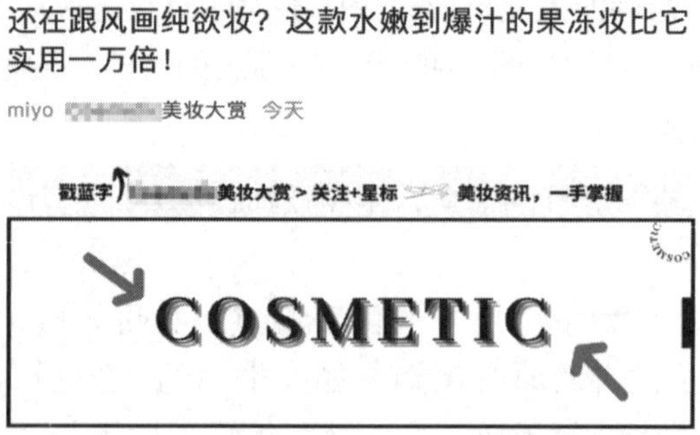


图 4－31　引导图——引导读者关注公众号

第二，公众号的 Slogan，让读者每一次打开文章都更加清晰地知道这个公众号是什么样的定位，能够为其提供什么样的价值，如图 4－32 所示。

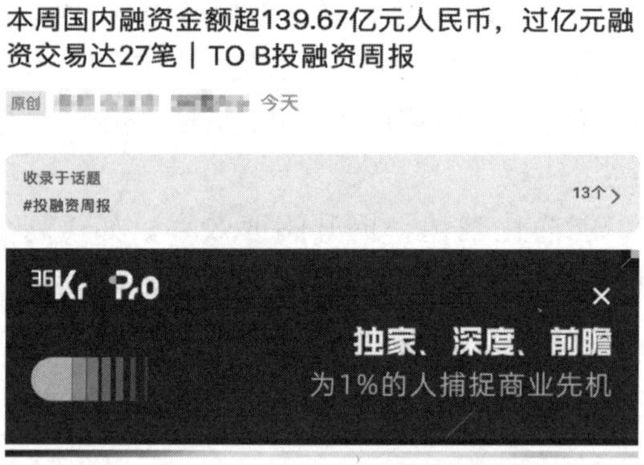


图 4－32　引导图——公众号的 Slogan

第三，与标题相关联的话（如图 4－33 所示），或仅仅是一张与文章内容相关的高清大图（如图 4－34 所示），能够增进读者对标题和正文内容的理解。

图 4－33　引导图——与标题相关联的话

图 4 - 34　引导图——与文章内容相关的高清大图

第四，在引导图位置直接挂上广告信息，如图 4 - 35 所示。

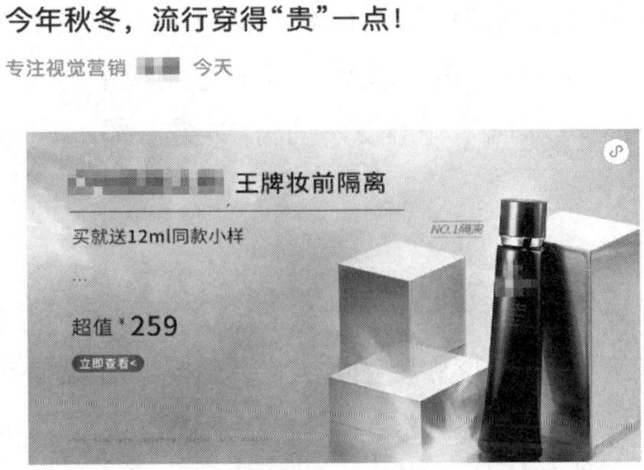


图 4 - 35　引导图——直接展示小程序广告

## 四、摘要

摘要是对全文主题的概括，或者是对全文内容的引领，能够提升读者的阅读效率。摘要需要做到简洁、逻辑清晰，激发读者阅读全文的兴趣。

如某公众号推文《爆火的〈漠河舞厅〉，暴露了年轻人最缺的东西》的摘要，先解释了《漠河舞厅》在哪里火了，再用“漠河舞厅背后的故事”来引发读者的好奇心，使读者能够继续阅读下文。

## 五、正文

正文的写作包括开篇的设计、推文主体的写作、结尾的设计三部分。

### （一）开篇的设计

#### 课堂讨论

什么样的文案开头能吸引你继续阅读下去？

请你想象这样一个场景：一位读者看到一篇推文，被标题和封面图吸引而点开了文章，引导图和摘要进一步激发了读者阅读的兴趣。然后，读者阅读到了文章的开头，可开头却很无趣，此时读者会怎么做呢？

1. 开篇的三个基本要求

开篇决定了读者对正文的第一印象，要能够持续吸引读者目光、保持读者的阅读兴趣。那么，如何才能写出符合读者期待的、进一步激发其阅读兴趣的开篇呢？出彩的开篇有三个基本要求：紧扣文章主题、陈述部分事实、语言风格抓人。

如某公众号推文《书店的二房东死于网红内卷》的开篇告诉读者，标题中所说的书店出现的“致命问题”就是员工欠薪和拖欠货款，做到了“紧扣文章主题”；还告诉读者现在除了国营和学校周边的书店，其余书店都很难，做到了“陈述部分事实”；此外，文章语言风格平实幽默，开篇的表述出人意料，做到了“语言风格抓人”。

此外，如果能够提供具有创意的开头内容，会有更好的吸睛效果。如某公众号的文章开篇总是用十分抓人的图文形式的“互动”强烈地刺激读者们的感官，比如《熟男的emo，谁懂?》开篇采用一段动画，呈现了一个“熟男”的一段旅行剪影，吸引读者继续往下滑动阅读全文。

2. 开篇的四个写作技巧

（1）引发联想，引导思考。

开篇可以通过文字给读者构建想象空间，留下悬念，让读者猜测在文章的下半段是否会发生他们想象中的场景；或者在文章开头抛出问题，引导读者进一步思考；或者在文章开头直接问读者对某件事情的态度、看法，使其有代入感。这种类型的开篇适用于能够唤起读者共鸣的主题，或者具有争议性、科普性的主题。

**对点案例**

我把家里的窗都堵上了，却省下了 1 000 大洋！

如果有一天，你连自由享用窗户都得交税，你会怎么办?

不要以为我在开玩笑，给窗户收税，是真正在人类历史上发生过的事情。这种匪夷所思的事，就发生在 17 世纪末的英法地区。

来吧，跟我一起搭上时光机，降落到 17 世纪的英国，去体验没有窗户的窒息生活。

资料来源：公众号：玩物志．我把家里的窗都堵上了，却省下了 1 000 大洋!.（2021-11-13）[2023-02-15]. https：//mp. weixin. qq. com/s/BAuLwczJ-Czo75OlDuSpKA.

（2）平铺直叙，开门见山。

这种方式就是在文章开篇不卖关子，使用朴实、简洁的语言，直接把一件事情或一个故事有头有尾、一气呵成地讲述出来。这种类型的开篇，通常在文章主题、事件就已经足够吸引人，读者点进文章就想看看事情发展的过程和结果时使用。

（3）诙谐语调，幽默故事。

在公众号推文的轻阅读环境下，“幽默”是沟通时最好的武器。在文章开篇用诙谐的语调、幽默的故事来快速建立起与读者之间的桥梁，为读者提供情绪价值、博其一乐，或者引发读者对相同经历的共鸣，就是这类开篇的目的。

### 对点案例

**没有一个北方人，会承认自己普通话不标准**

先说一个结论，北方人对待普通话的态度，远没有南方人认真。

因为对南方人来说，别管是湘普、闽普还是粤普，讲普通话是实现正常交流的前提。

上大学时宿舍里有4个广东人，但大家平时聊天只能说“粤普”，为啥？因为一个湛江人、一个广州人、一个潮州人和一个梅州人，别看是同省的，但都说方言的话，只会互相听不懂。

而来自新疆的小张和佳木斯的小李，他们的家乡横跨三个时区，即便都说方言，不但能互相理解，还会被方言风格更强烈的一方带跑偏。

资料来源：公众号：有意思报告．没有一个北方人，会承认自己普通话不标准．(2021-11-09)[2023-02-15]. https://mp.weixin.qq.com/s/Mt2iQHlBTMCtYrx_rCyQCw.

（4）引经据典，简明点题。

开篇可以使用紧扣主题的相关名人名言、民间谚语、诗词歌赋，或者文学作品、影视作品中的著名片段、台词，这样能够提升文章开篇的质感、可读性，凸显文章的主旨和情感，迅速吸引读者的视线。

### 对点案例

**“7年了，我还是很爱TA”**

“不知道从什么时候开始，在每个东西上都会有一个日子。

秋刀鱼会过期，肉酱会过期，连保鲜纸都会过期。

我开始怀疑，在这个世界上还有什么东西是不会过期的?”

电影里，阿武对着一堆过期罐头，说出这段经典台词。

时间面前，我们想拥有某些事物，让人还能去相信，去期待。天又冷了，再次站在一年的尾巴上，花光了所有的节日小长假，年轻人还在蹲守这场晚会：被称为“猫晚”的“双11”狂欢夜。

晚会越来越多，我们不缺选择，但“猫晚”只有一个。来到第7年，它仍然是年轻人最爱的晚会。

资料来源：公众号：新周刊．“7年了，我还是很爱TA”．(2021-11-13)[2023-02-15]. https://mp.weixin.qq.com/s/uixh6eVxq-nhoXk66NGIuA.

## （二）推文主体的写作

1. 推文主体的写作步骤

（1）搜集素材。

素材包括同主题文章所用到的配图、数据等，可以将其与自己所知晓的信息重组，再用自己的话表述出来，并且可以适当增加自己的见解和感悟。这一步十分考验信息搜集、筛选与重组能力，这些都是写出一篇原创好文章的关键。

（2）编写提纲。

提纲相当于一篇文章的“骨架”，需要提前把文章中提到的要点信息一一罗列出来，可以去尝试提取同类优秀文章的写作思路，这样可以了解爆文的结构、特点。

（3）撰写简文。

按照一定的框架，把文章的大致内容写出来，最后再去细化、润色文章细节。这一步也是我们接下来要介绍的推文主体的写作思路。

2. 推文主体的写作思路

常用的推文主体写作思路主要有瀑布式、水泵式、沙漏式、盘点式、并列式五种。

（1）瀑布式。

瀑布式架构，可以采用数字化、体验化或历程化标题，突出观点。

瀑布式故事架构：先点明故事核心要素，接着按照顺序，把故事的起因、经过、结果等环节分别讲明白。如某公众号推文《最近全港为这只猪吵翻了！还惊动了香港特首……》，其核心要素是“最近，香港因为一只猪吵起来了”，文中说明了事件起因、经过和结果，最后再抛出问题——“你支持人道毁灭野猪吗?”，引发读者的讨论。

瀑布式观点架构：先提出观点，指出某观点“是什么”，接下来分析“为什么”和“怎么办”，逐层推进，说明问题。如某公众号推文《被“HPV 焦虑”围猎的女孩们》，其观点是“HPV，正在成为年轻人的新型人生之痒”（是什么），并进行了分析——“HPV 给女性带来了双重焦虑——疾病恐惧与信任危机”“大众的审视才是整个社会对 HPV 进行的慢性攻击”（为什么），最后提出“面对 HPV 要抱着积极乐观的态度，同时也要为女性 HPV 去污名化。了解病毒，抛弃古老认知，正视病毒”（怎么办）。

（2）水泵式。

与瀑布式自上而下的架构逻辑相反，水泵式是自下而上，先剖析观点或讲故事，最后提炼出文案核心。

水泵式架构也分为故事、观点两大类别。如某公众号推文《被骂到退网的他，悄悄捐了 37 万：人生若觉无意义，不如看一看罗翔》为水泵式故事架构，开头通过罗翔老师兑现了“捐献全部视频收入”诺言的故事，指出罗翔人生经历中有五次超越是值得普通人学习的，然后在下文细细道出五次超越的故事，最后再提炼出文章的核心“喜欢罗翔，是因为每个人都在罗翔身上看到了自我超越”。某公众号推文《中国城市最宝贵的东西，怎么越来越少》为水泵式观点架构，开篇提出“烟火气正在我们的城市中逐渐消逝”的观点，在下文中层层剖析为什么人们感觉“烟火气”变少了，最后再点出文章核心——人们渴望烟火气，科技使每个人过着奇妙又平凡的一生。

（3）沙漏式。

沙漏式架构，指的是文章首尾呼应，开头提出核心观点，结尾再次强调或升华观点。如某公众号推文《靠“惨”出圈，老牌国货峰花直播间再现“野性消费”》，开篇指出老牌国货靠“惨”引来了一波“野性消费”，并为读者梳理这次品牌营销的来龙去脉，最后再升华开头的观点——靠“惨”出圈，凸显了老品牌不会营销的问题，这需要这些品牌真正地重视起来。

（4）盘点式。

盘点式推文，可以对产品进行盘点，可以对模式进行盘点，也可以对现象进行盘点。盘点式架构可以省去网友“找素材、做总结”的过程，对读者来说有提升效率、节省时间的价值，因此，盘点式是最受读者欢迎的写作架构之一。如某公众号推文《盘点2022大牌秀场，适合普通人的流行元素》，为读者盘点了2022年的大牌秀场中适合普通人的流行元素有哪些。

（5）并列式。

并列式架构，由三个以上相互无联系的部分组成，各部分独立性强，从不同的角度对问题或主题进行描述，提供不同视角来增强文章观点、结论的说服力。如某公众号推文《“双11”疯狂剁手，是“病”吗?》，开篇用一则新闻提出全文需要解答的问题：“‘双11’买了很多东西，是不是病?”接着提出了三个普通人对“购物成瘾障碍”的误解，来增进大家对于“购物成瘾障碍”的理解。

### （三）结尾的设计

推文结尾的内容可以为整篇文章起到点睛升华、概括总结等作用。因此，在推文的结尾，一般会通过以下两种方式来完成内容的结尾。

#### 1. 给出新观点，抛出新问题

作者通过前文的梳理，已经将事件的现状、存在的问题等方面厘清了，在结尾通过给出作者自己具有强烈个人风格的观点，或与众不同的观点，表达立场和态度，能够增强公众号的人格魅力、吸引力；或是通过分析文中未察觉到的问题本质，抛出新问题，来吸引读者在评论区和社交平台展开讨论。

#### 2. 总结梳理，提升立意

这种是最为常见的结尾，对前文所述内容进行总结，列出要点，并升华全文主题。

## 六、文末互动

文末互动主要是通过各种与读者的交互行为，增进账号运营者与读者的沟通，这样的沟通能够进一步在读者心里塑造公众号的IP形象，还可以使读者的表达欲得以释放；通过与读者的互动，运营者可以收集来自读者的宝贵意见，及时调整公众号的运营方向。目前主要的文末互动方式包括：话题互动、产品推荐、投票互动、引导点赞和点“在看”、往期回顾、账号引流。

### （一）话题互动

话题互动是文末设计最为常见的形式之一，可以通过设置与文章相关的话题，激发读者表达欲，吸引部分读者在推文评论区参与文章内容的讨论；其余读者也可以通过为评论点赞的方式，表达自己的立场。

### （二）产品推荐

这种互动方式常用于软文形式的推文，文章的目的是销售产品，因此在文末顺理成章地放上与推文主题相关联的产品，读者可以直接点击小程序链接进行购买。

### （三）投票互动

投票互动是参与率较高的互动形式，评论需要读者根据推文内容进行思考并组织语言，而投票只需动动手指点击一下选项即可，参与门槛较低。而且完成投票后，能显示所有选项的投票数量，读者也会好奇其他人是不是和自己有相同的想法。因此如果在文章末尾放上一个与话题相关的投票链接，读者会有较大意愿参与。

### （四）引导点赞、点“在看”

虽然几乎所有的推文在文末都会设置这两个引导话术，让读者帮忙点赞和点“在看”，但是其实读者们并没有积极的意愿去点击这两个按钮，除非你的推文获得了读者强烈的认同。

### （五）往期回顾

对公众号运营者来说，往期回顾是一个能帮过去的推文重新获得流量和关注的入口；对读者们来说，往期回顾是进一步了解该公众号内容风格、价值观的渠道。因此，如果想让公众号获得良好的运营效果，这是文末必须设置的一个重要互动模块。

### （六）账号引流

在公众号运营初期，公众号之间的账号互推是一个常见的引流方式，能帮助公众号快速地实现涨粉；还有一些公众号建立了自己微信公众平台内的账号矩阵，借此为自己的公众号小号引流。因此，有很多公众号都会在文末留位置给那些互推的公众号。

## 任务四　推文排版

### 情境重现

A同学认为现在的产品都十分注重“颜值”、包装，而推文内容是公众号的产品，好看的排版自然也是十分重要的，能让读者们觉得赏心悦目。最近他也观察到，除了好看之外，排版还应该跟行业风格密切相关，例如，互联网行业的排版强调高效、简洁；时尚行业的排版突出色彩、个性；美食行业的排版以图片为内容主体，文字则作为陪衬……他不禁思考：如果想做好排版工作，需要掌握哪些技巧呢？

## 课堂讨论

请与同学们分享你认为排版特别精美的公众号或文章，并说说它们好在哪。

## 知识准备

在传统媒体时代，排版要服务于推文内容，做好文字内容的“配角”就可以，它主要负责让整篇文章的内容看起来简洁、规整，有可阅读性。而在新媒体时代，排版的地位提升了，它既是文章主体的一员，也成为推文创新性的来源。有的公众号还利用排版编辑器制作 SVG 样式在推文内实现内容与读者的互动，让排版成为推文的亮点。

**知识链接**

SVG 交互图文

SVG 交互图文是在微信公众号限制的 Web 技术环境内，以 HTML 为基础，以 SVG 为核心，主要依靠创造性地使用 SVG SMIL animation 和部分 CSS style 样式，使用户可以通过主动点击、触摸、滑动、长按或自动等常见的人机交互操作，触发一些丰富多彩、令人惊奇的动态效果。SVG 样式这种在编辑器排版中使用到的“黑科技样式”“交互样式”，在日常排版中能够起到良好的与用户互动的作用，提升趣味性，同时还可以帮助打造吸睛的排版，提高用户留存率。如某公众号的文章《你好，北京潮人已经不去三里屯了》。

推文的排版是整个内容创作的重要环节，在完成推文文案的写作后，就要根据账号所在的行业、推文的内容主题、推文的行文逻辑进行排版。好的排版遵循一定的原则，能帮助读者提高阅读效率、提升阅读体验。

### 一、排版的作用

#### （一）减轻压迫感，制造呼吸感

通篇都是文字的推文，对读者来说有很大的阅读压力。大部分人都是在碎片时间看公众号推文，这就意味着读者是无法长时间沉浸和集中注意力的，长篇文稿易制造压迫感，因而被大脑排斥。因此，合理的排版可以为读者减轻阅读文字内容的压力，制造字里行间的呼吸感。

#### （二）梳理文章逻辑，提高阅读效率

当文章内容较长、层次丰富、角度多样时，对于大部分读者来说，很容易丢失重点、模糊顺序，而通过排版，可以为读者梳理阅读逻辑、厘清重点，有效传达文章有价值的信息，提高读者阅读效率。

### （三）美化文章版面，优化阅读体验

排版最直接的作用就是能够美化文章的版面，优化读者的阅读体验。

### （四）明确排版特色，打造品牌个性

出色的排版还能够通过调性来传递品牌的风格、形象，打造品牌个性，吸引粉丝并培养读者的阅读习惯，强化品牌的辨识度。

## 二、排版的原则

排版既要注重全局的统一性，还要照顾到细节部分的设计。排版的原则主要涉及以下几个方面：颜色与风格、排版逻辑、配图要求。

### （一）颜色和谐，风格统一

在全文排版中，要注意配色相衬的问题，没有美术功底的运营者尤其要注意，在排版中不宜使用超过三种色彩。在了解配色的技巧之前，要先了解一下色彩的三要素和不同色彩的情绪含义。

1. 色彩三要素

（1）色相。

色相是色彩的相貌，也是色彩最明显的特征，指的是特定波长的色光呈现出的色彩感觉。每种颜色都有自己独特的色相，区别于其他颜色。色相以不同颜色的名字表示，如红、橙、黄、绿、青、蓝、紫等，是区别各种不同色彩的最佳标准，它和色彩的强弱与明暗都没有关系，只是纯粹表示色彩相貌的差异。图 4－36 所示是色相环（Color Circle），是一种圆形排列的色相光谱（Spectrum），色相环上的色彩是按照光谱在自然中出现的顺序来排列的。暖色（Warm Color）位于包含红色和黄色的半圆之内，冷色则位于包含绿色和紫色的半圆之内。互补色（Complementary Color）出现在彼此相对的位置上。

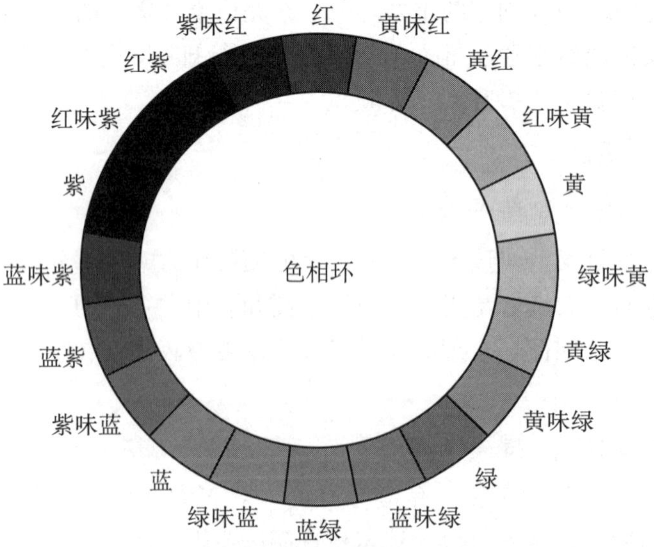


图 4－36　色相环

（2）纯度。

纯度指色彩的纯净程度、饱和程度，又称彩度、饱和度、鲜艳度、含灰度等。如图 4-37 所示，纯净程度越高，色彩越纯；反之则色彩纯度越低。原色的纯度最高，当一种色彩加入黑、白或其他颜色时，纯度就会发生变化。加入其他色越多，纯度越低，越接近灰色。

**图 4-37　红色纯度表（从左至右，纯度由高到低）**

（3）明度。

明度指色彩的明暗、深浅程度，也称光度。明度是眼睛对光源和物体表面的明暗程度的感觉，主要是由光线强弱决定的一种视觉经验。一般来说，光线越强，看上去越亮；光线越弱，看上去越暗。如图 4-38 所示，明度越高，越接近白色；明度越低，越接近黑色。色调相同的颜色，明暗可能不同。

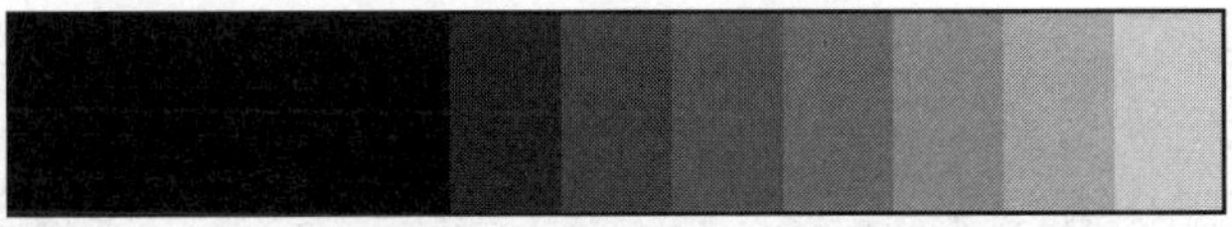

**图 4-38　红色明度表（从左至右，明度由低到高）**

2. 不同色彩的情绪含义

不同的颜色能传递不同的情绪，图 4-39 所示是常见色彩的情绪含义。暖色调的色彩总体适合餐饮、时尚、情感等领域的公众号，能传递幸福、热闹的感觉；而冷色调的色彩则适合科技、商业、医学等领域的公众号，能传递简洁、高效、理智的感觉。

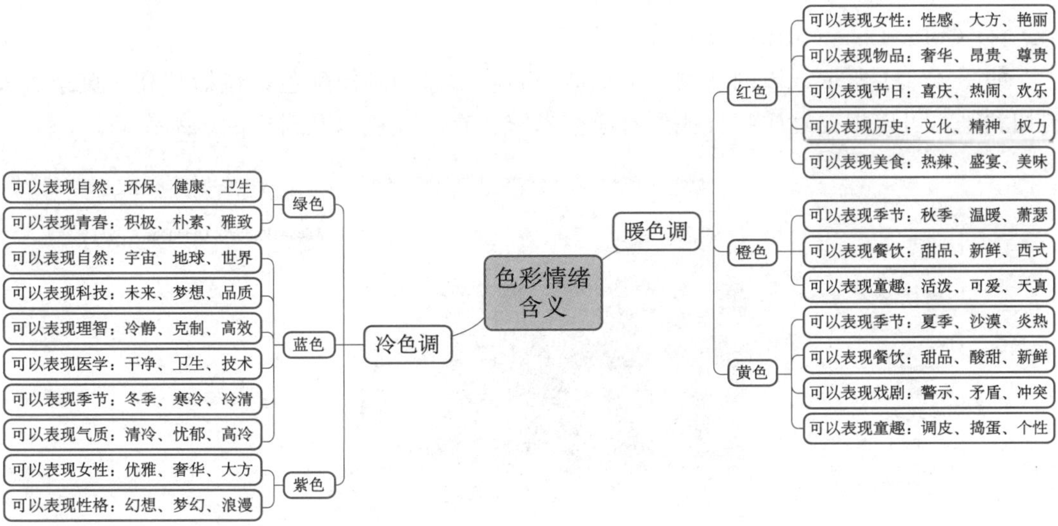


**图 4-39　常见色彩的情绪含义**

## 课堂讨论

你的公众号适合以什么颜色作为“主题色”？为什么？

3. 配色网站的运用

排版时可以运用以下配色网站来操作，提高排版效率。

（1）步骤一：选择配色网站。

1）Palettable（https：//www. palettable. io）。

图 4－40 所示是该网站首页，可以直接通过单击“喜欢”和“不喜欢”来自动生成配色，系统会根据你的喜好调整颜色，最多可以生成 5 个颜色的配色，在每个色彩的中间都能看到该色彩对应的代码。

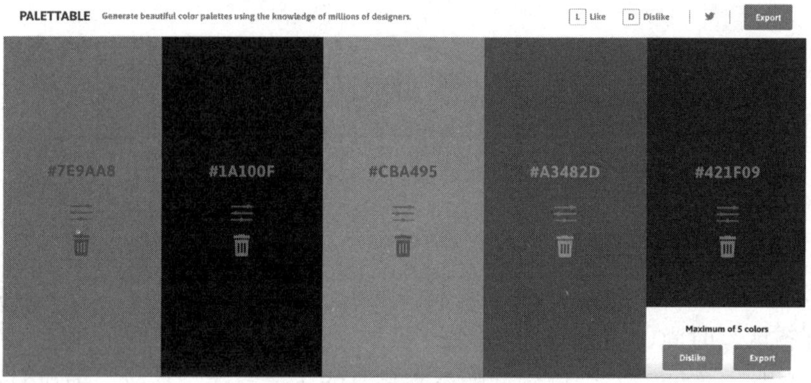


图 4－40　Palettable 网站首页

2）Color Lisa（http：//www. colorlisa. com）。

如图 4－41 所示，该网站收录了全球知名艺术家的画作配色，包括梵高、莫奈、波提切利等，可以根据姓氏字母找到对应艺术家，查看配色以及对应的艺术作品。

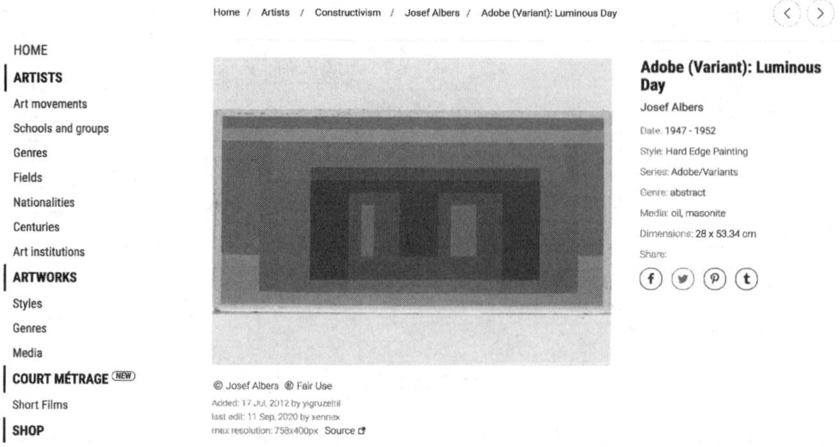


图 4－41　Color Lisa 网站

3）中国色（http：//zhongguose. com）。

1957 年，中科院科技情报编委会名词室推出了一版《色谱》，并通过“中国色”的网站共享出来（如图 4 - 42 所示），网站中收录了 500 多种中国传统色，颜色信息相当完整，包括色值、色名、色谱及中国色名综览等；而且当你点击相应颜色的名称后，整个页面会呈现出该颜色的色彩，极具视觉冲击力，如图 4 - 43、图 4 - 44 所示。该网站特别适合想要尝试中国风排版的推文。

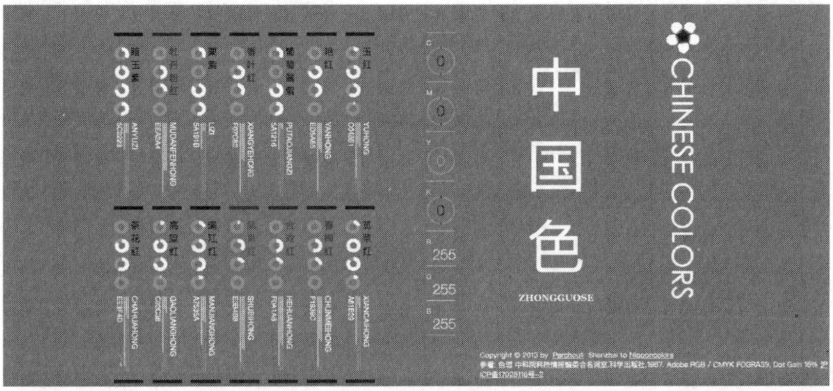


图 4 - 42　中国色网站首页

图 4 - 43　“满江红”色页面

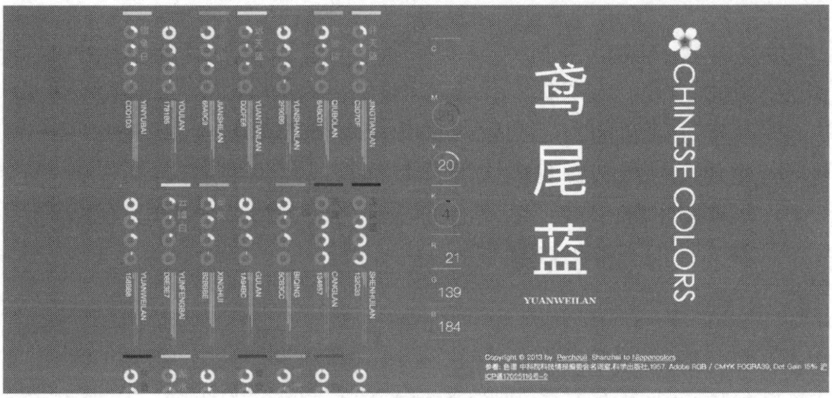


图 4 - 44　“鸢尾蓝”色页面

（2）步骤二：选择颜色代码并复制使用。

上述配色网站中都能找到颜色对应的代码，如“鸢尾蓝”的颜色代码为“＃158bb8”，可以直接在公众号后台更改字体颜色（如图 4－45 所示），或者复制到对应的编辑器（如 135 编辑器）中，双击选定模板，即可更改为对应的颜色（如图 4－46 所示）。

图 4－45　在公众号后台更改字体颜色

图 4－46　在编辑器的模板中更改颜色

此外，还要注意全篇文章的风格统一问题，主要包括每篇推文之间的风格统一度，以及推文内的风格统一度。风格统一具体表现在：排版要与账号所在的行业、账号的定位风格相符，要与本篇推文的主题内容风格相符。例如某公众号的主要内容是提供互联网商业资讯，因此公众号从头像到内文的排版都是以蓝色为主，给人一种简洁、高效的视觉感受，建立了账号的辨识度；而某时尚行业公众号整体的排版风格活泼、跳跃、精致，颜色多样，给人梦幻、浪漫的感觉。

### （二）呈现逻辑，突出重点

推文的排版要与内容相辅相成，顺应及梳理推文的内容，如可以通过小标题的形式，将一篇文章分成若干互有联系的部分，分散读者阅读的压力；还要在文章中突出重点内容，如可以通过文字变色、加粗、放大等形式，快速抓住读者注意力。现在常用的

"一图读懂"的推文形式就是完全符合本原则的一种形式，常运用于政策性、纲领性文件的宣传告知中，将原本枯燥、冗长的文字内容，用图文形式梳理成海报，将重点内容提炼出来，极大地提升了读者的阅读体验，也让重要的文件内容能够更有效、更及时地传递给全社会。例如，某公众号将《浙江省人才发展"十四五"规划》做成了"一图读懂"的形式，梳理了文件逻辑，列出了重点，也使整个文件"可视化"了，提升了阅读的效率和体验。

### （三）图片清晰，注意版权

清晰的配图能体现推文的质感，也能辅助读者理解上下文。同时，要注意图片的版权问题，不是所有网上搜索的图片都可以直接拿来使用，否则会为账号带来不小的损失——轻则删稿，重则赔偿。一般来说，除了自己创作图片外，运营者还需要付费购买图片，或者从无版权图片网站中下载图片来使用。

#### 1. 素材的常见标注

如何辨别网络图片是否涉及版权的问题呢？下文列举了素材的常见标注。

（1）标注"版权所有，转载请注明出处"的图片。

一般而言，针对标注"版权所有，转载请注明出处"，无须专门许可的图片，可以视为著作权人对其转载许可及著作权报酬问题已经做出了放弃声明，只需要注明出处即可转载。

（2）标注"未经许可谢绝转载""转载请联系许可"的图片。

这可以视作在具体的沟通与协商过程中双方针对转载许可、著作权报酬所达成的合意。一般来说，需在联系创作者后转载内容。有时，转载内容并非用于商业营利目的，可以在取得创作者许可后，标明创作者姓名、转载来源后有偿或无偿使用。

（3）标注"禁止转载"的图片。

著作权人已经采取明示的方式拒绝转载，自然不涉及后续著作权报酬问题。标明"禁止转载"的内容，请不要使用。

#### 2. 无版权图片网站

建议运营者们尽量使用有 CC0 协议或者进入公有领域（Public Domain）的素材。下面提供几个无版权图片网站，以供运营者们选择。

**知识链接**

CC0 协议

CC0 是知识共享组织（Creative Commons）于 2009 年发布的一种版权声明工具。作者或创作者对特定作品声明 CC0，意味着在法律允许的最大范围内，放弃其在该作品上的全部著作权和邻接权，将作品贡献于公共领域。可以这样通俗地理解：标记有"CC0"的文字、图片、音频、视频等作品，无须著作权人同意，无须顾虑著作权风险，就可以复制、修改、发行和演绎，甚至可用于商业性目的。

需要注意的是，一定要看清素材的版权协议是"CC0"还是只有"CC"，因为标记 CC 的，一般还会有一些限制条件，而并非无条件分享给所有人使用。说是限制条件，其实无非是署名（BY）、禁止商用（NC）、禁止修改（ND）和相同方式分享（SA）四种条款的单项或者组合，而 CCO 就相当于是放弃以上四种权利的 CC 授权。

（1）Unsplash（https：//unsplash. com）。

Unsplash 是一家非常知名的无版权图片网站，提供大量优质的、无水印的无版权图片。图片以风景类为主，很多图片的滤镜感很强，能够烘托文章氛围感。可以直接在网站中间的搜索栏中填入中文关键词，或者直接点击导航栏的图片分类，挑选心仪的图片，并选择不同尺寸来下载。

（2）Pixabay（https：//pixabay. com/zh/）。

Pixabay 拥有上百万张免费正版高清照片素材，在图片的数量上远大于 Unsplash，涵盖了风景、人物、动态、静物等多种图片分类，是一个免费正版高清照片素材库，可以搜索照片、矢量图、插画和视频，所有的素材都是无版权可商用的。

（3）Pexels（https：//www. pexels. com/zh-cn/）。

Pexels 是一个免费可商用的图片素材网站，使用时不需要注明归属，可用作个人和企业的项目。它将许多大大小小的图库及素材来源整合在同一网站，加入搜寻、分类及标签等功能，可以按照关键词进行搜索，也可以根据人气、热门主题、作者寻找相关图片。除了具有丰富的高清图片素材，还提供免费视频素材，实用性很强。

排版工具的选择

## 三、排版的常用工具

排版常用工具包括各种推文排版编辑器，如秀米、135 编辑器、新榜编辑器，以及新媒体图片编辑工具，如创客贴、我拉网 GIF 在线生成器。下面简单介绍几款编辑器及图片编辑工具的使用方法。

### （一）推文排版编辑器

使用排版编辑器可以节省排版设计的时间，能够直接在编辑器上挑选心仪的模板套用到推文中。

1. 秀米编辑器（https：//xiumi. us/#/）

秀米编辑器的素材风格清新统一，可进行风格化排版，样式统一，整体效果好；而且排版灵活，可以随意拖动，支持团队设计。秀米这款编辑工具的初心，是协助编辑用户梳理内容结构，让用户更好地去思考怎么向他们的读者展现内容的层次。因此，秀米所设计的图文排版系统，可称为结构化编辑。

**知识链接**

结构化编辑

结构化编辑的意思是，在图文编辑的过程中，文字、图片或者是系统提供的模板，都可以看成是一块一块像积木一样的结构，每个结构都可以单独编辑，同时各结构间也可以进行复制、粘贴、调换位置等各项操作。

2. 135 编辑器（https：//www. 135editor. com）

135 编辑器是一款零门槛、简单易上手的在线图文排版工具，拥有海量优质版权样式和模板，具备各种基本的排版功能，可以让你的文章美观吸睛，有助于提高阅读量。排版好的文章不仅可用于公众号推文，还可用于各种自媒体渠道传播（如小红书），瞬间提升文章美观度和档次。

3. 新榜编辑器（https：//edit. newrank. cn）

新榜编辑器是专门为微信公众号和一些新媒体平台（如微博、今日头条等）文章提供文本内容美化功能的一款在线工具。编辑器的主界面分为五大功能区，最左侧一区为导航栏，二区为样式展示区，三区为编辑区，四区为文章整体信息展示区，最顶上第五区为内容管理区。

### （二）新媒体图片编辑工具

公众号文章通常需要使用各种配图、封面图等，这就需要小编具备一定的图片编辑和设计能力，操作简单、样式丰富的新媒体专用的图片编辑工具也就应运而生了，使用这些工具可以大大提升小编的图片编辑能力。

1. 创客贴（https：//www. chuangkit. com）

创客贴是一个在线设计平台，一站式覆盖创意全场景、全流程，有大量图片、字体、模板等设计元素供用户使用。同时，创客贴还提供在线印刷定制业务，设计定稿后即可下单印刷。创客贴已涵盖包括营销海报、新媒体配图、印刷物料、PPT 及简历等在内的办公文档、电商设计、定制设计等百余种设计场景。例如，推文的封面图、账号形象图、首图等新媒体用图，都可以使用创客贴来进行设计。

2. 我拉网 GIF 在线生成器（https：//gif. 55. la）

我拉网支持多张静态图制作动图。打开我拉网后，普通会员最多能选择 3 张要合成动图的静态图片（如图 4－47 所示），可调整图片的切换速度，以及尺寸，最后单击“生成 GIF”并下载（如图 4－48 所示）；另外，下载“我拉网”客户端后，还能将 30 秒内视频转成 GIF 格式。

图 4－47　选择图片并上传

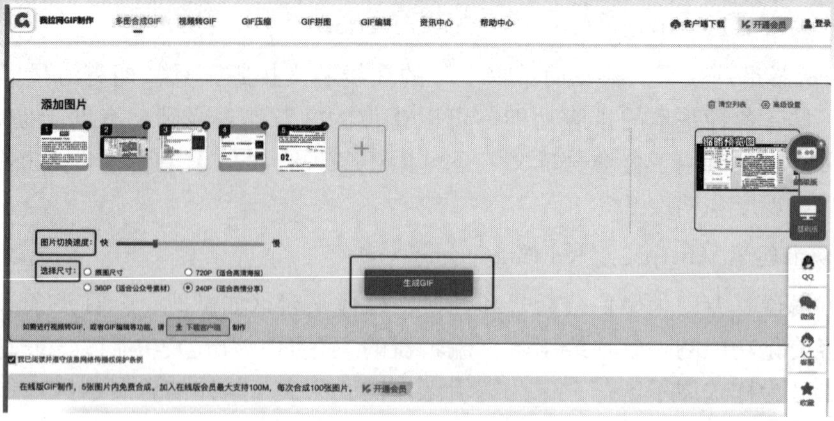


图 4－48　调整速度、选择尺寸、生成 GIF

## 四、排版的要素

推文的排版有两大要素，即文字与段落。其中文字部分的排版包括字体、字号、文字颜色；段落部分的排版包括形态、对齐方式、间距。

### （一）文字的排版

1. 字体

目前，更改字体无法直接在公众号后台编辑器实现，但可以通过 135 等编辑器来更改字体，这也是现在最常用的方法（如图 4－49 所示）。还可以打开 Word，输入文本并调整好字体，再复制过来。如果你很喜欢某篇推文的字体，也可以直接复制该篇文章的文字到微信后台编辑器，这样能一并将该篇文章的字体样式复制过来。

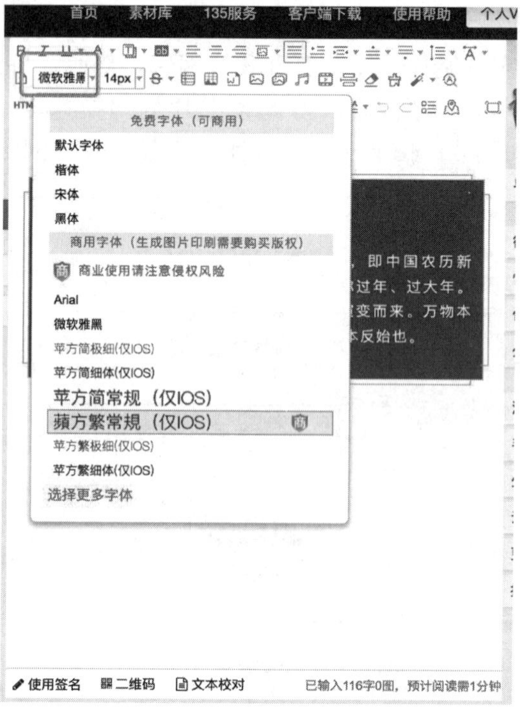


图 4－49　在 135 编辑器中更改字体

2. 字号

如图 4－50 所示，可以直接在微信公众号后台编辑器中更改字号，也可以通过 135 等编辑器实现。通常推文正文的字号为 14 至 16px，微信公众号后台默认的字号大小是 16px。需要注意的是，14px 适合清新、文艺型的内容，15px 适合任意类型的推文，16px 适合官方的公众号。另外，批注性文字一般设置为 12px，对于需要强调的内容、突出显示的词语，可以适当地放大一些。不同字号的对比如图 4－51 所示。

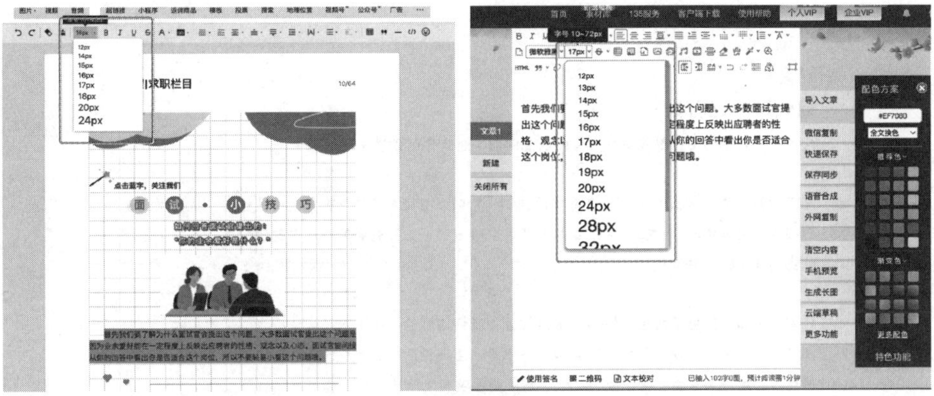

**图 4－50** 在公众号后台修改字号和在编辑器中修改字号

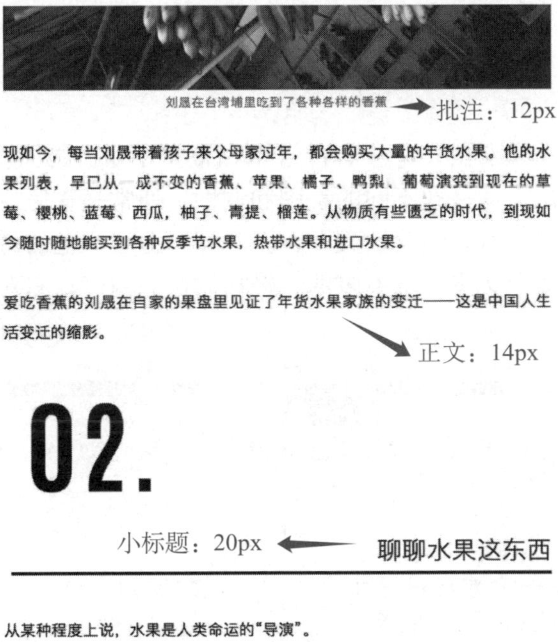


**图 4－51** 不同字号的对比

3. 文字颜色

文字的排版要注意颜色搭配，主要遵循两个原则：推文整体颜色保持统一、重点内容使用特殊色强调。字体颜色尽量不超过三种，不要选取太亮的颜色。关于配色的知识，在本任务前文中已有所涉及，这里就不再赘述。

## （二）段落的排版

1. 形态

和在 Word 中编辑一样，公众号推文的文字形态也可以设计一些基本变化，例如底色填充、加粗、斜体、下划线、删除线等，常用的是加粗，以及有趣的删除线。适当利用形态的改变，可以使枯燥单一的排版变得更加丰富。如图 4－52 所示，利用加粗，对字体形态进行改变，有效地突出了重点信息，梳理了文章的逻辑。

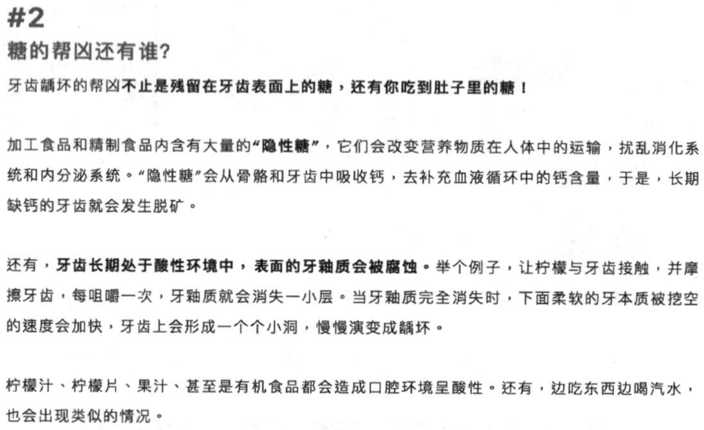
#2

**糖的帮凶还有谁？**

牙齿龋坏的帮凶**不止是残留在牙齿表面上的糖，还有你吃到肚子里的糖！**

加工食品和精制食品内含有大量的**“隐性糖”**，它们会改变营养物质在人体中的运输，扰乱消化系统和内分泌系统。“隐性糖”会从骨骼和牙齿中吸收钙，去补充血液循环中的钙含量，于是，长期缺钙的牙齿就会发生脱矿。

还有，**牙齿长期处于酸性环境中，表面的牙釉质会被腐蚀。**举个例子，让柠檬与牙齿接触，并摩擦牙齿，每咀嚼一次，牙釉质就会消失一小层。当牙釉质完全消失时，下面柔软的牙本质被挖空的速度会加快，牙齿上会形成一个个小洞，慢慢演变成龋坏。

柠檬汁、柠檬片、果汁、甚至是有机食品都会造成口腔环境呈酸性。还有，边吃东西边喝汽水，也会出现类似的情况。

图 4－52　形态更改——加粗、变色

2. 对齐方式

如图 4－53 所示，可以在公众号后台直接调整文字对齐方式为两端对齐、左对齐、居中对齐或右对齐，让文章呈现不同的氛围和调性，通常是在完成全文写作之后再统一调整。两端对齐，适用于所有阅读性文章；左对齐，适合文艺的诗歌类推文及辅助性语句标注；居中对齐，适合文本信息不多的、轻松愉快的内容；右对齐，适合批注性语句装饰。

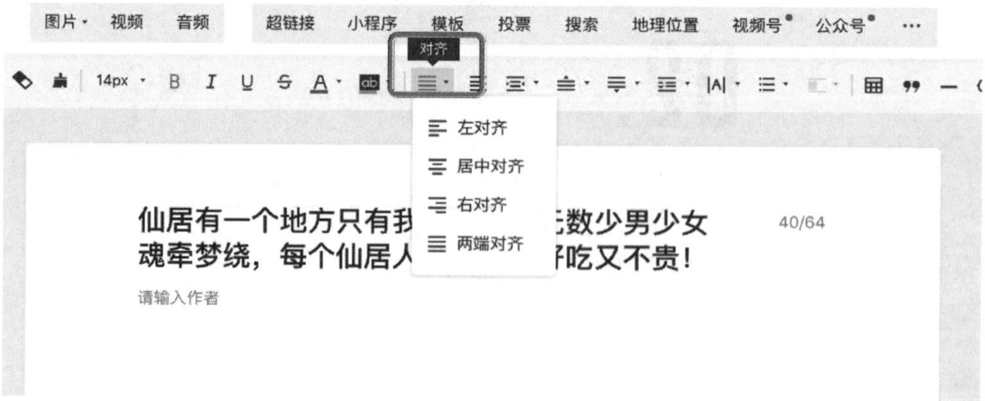


图 4－53　在微信公众号后台中调整对齐方式

3. 间距

（1）页边距。

页边距是指文段与手机屏幕两边的距离，适当留白能够提升阅读的舒适感。如图 4－54 所示，可以直接在微信公众号后台编辑器中设置“两端缩进”相应数值。

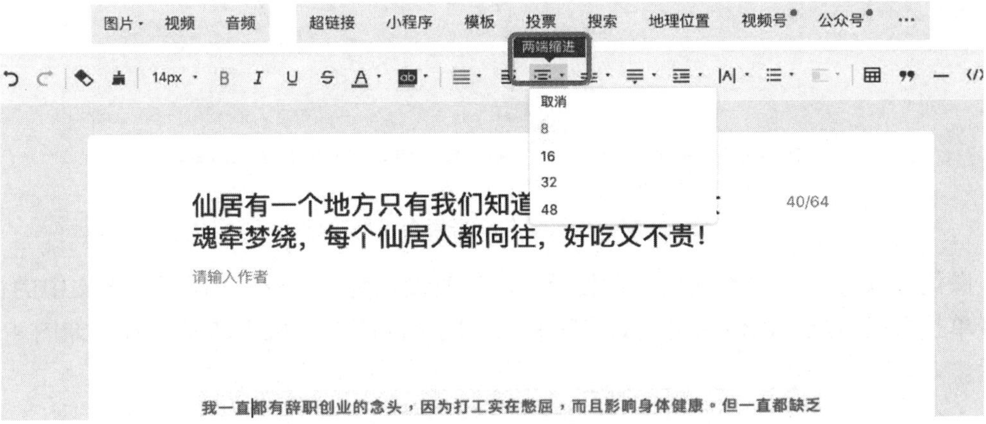


图 4－54　在微信公众号后台调整页边距

微信公众号后台中的页边距默认比例为 0，而在很多编辑器这种第三方工具中，页边距的尺寸默认为 0～4，我们一般将其设置为 8 或 16。不同页边距在手机上的不同观感如图 4－55 所示。

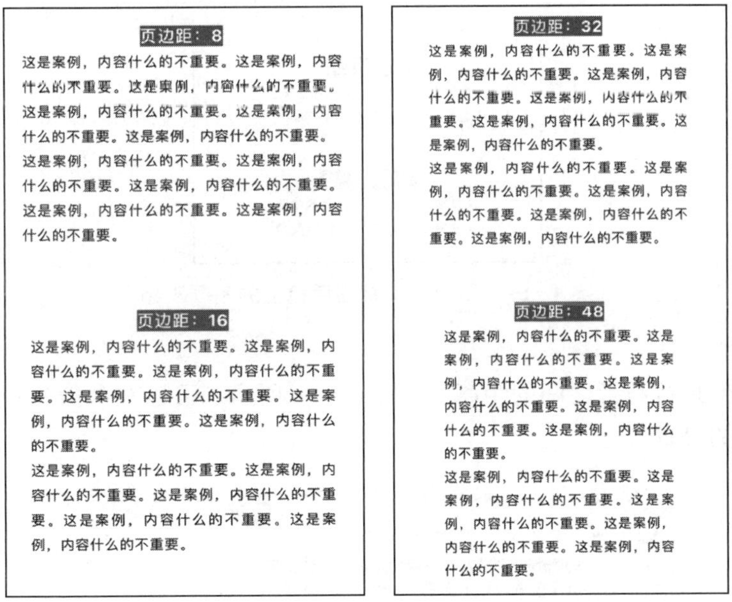


图 4－55　不同页边距在手机上的不同观感

（2）字间距。

字间距指的是文字之间的距离。如图 4－56 所示，可以直接在微信公众号后台编辑器中进行字间距的设置。

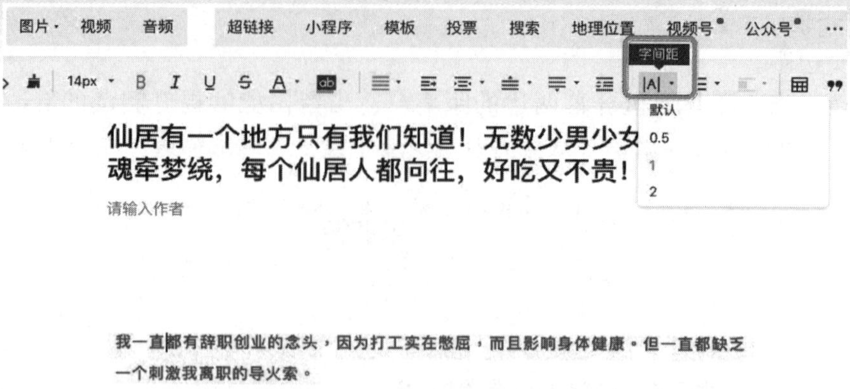


图 4-56　在微信公众号后台设置字间距

微信公众号后台中默认的字间距是 0，一般设置为 0.5～1.5 即可；推文中的标题或者单独文段信息可以使用更大的字间距。不同字间距在手机上的不同观感如图 4-57 所示。

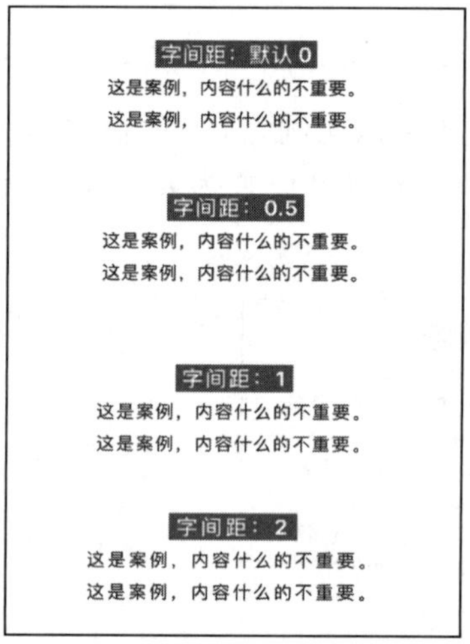


图 4-57　不同字间距在手机上的不同观感

（3）行间距。

行间距指的是行与行之间的距离。如图 4-58 所示，可以在微信公众号后台编辑器中进行行间距的设置。

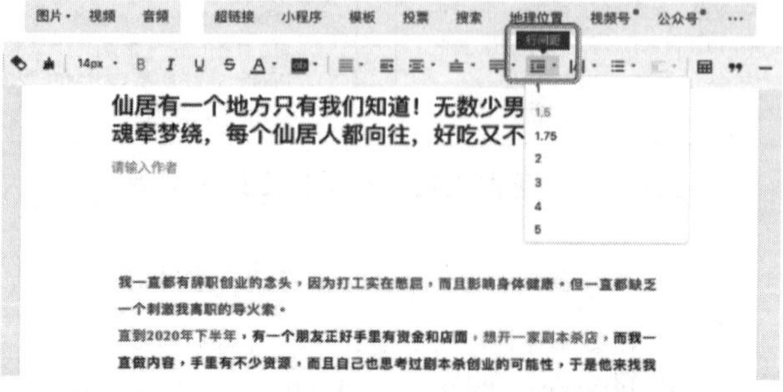


图 4-58　在微信公众号后台设置行间距

行间距为 1 的文段不宜过长，否则文字间会过于紧迫，行间距最多可以设置到 5，一般设置为 1.5～1.75 比较适合。不同行间距在手机上的不同观感如图 4－59 所示。

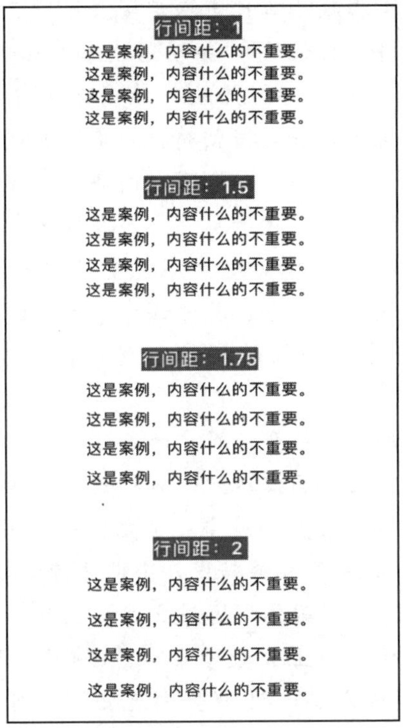


图 **4－59**　不同行间距在手机上的不同观感

掌握以上排版的要素之后，就可以开始试着为一篇公众号推文进行排版并推送了。

## 素养提升

### 高校公众号的“红色选题”与思政育人

互联网时代，新媒体对大学生的思维和行为都产生了影响，这必然会引领高校思想政治教育工作的改革和创新。新媒体时代的悄然到来，与高校思想政治教育工作的开展发生了碰撞。为充分发挥新媒体平台对高校思想政治工作的促进作用，推动高校公众号成为思政教育有效载体，聚焦高校思政工作时代特点和高校师生现实需求，中央宣传部、中央网信办、教育部、共青团中央近日对重点建设一批优质高校思政类公众号工作进行了安排部署。网络空间是大学生学习生活的“第一环境”，为贴近学生需求，教育部门不断扩展渠道资源，强化优质内容供给。为提供坚强阵地保障，重点建设了 200 个优质高校思政类公众号，充分发挥示范引领作用。截至 2021 年 5 月，200 个公众号共拥有粉丝 6 119 万人，阅读量超 8.6 亿次。

这批公众号在内容建设方面，要深入开展习近平新时代中国特色社会主义思想学习宣传教育，深入开展党史、新中国史、改革开放史、社会主义发展史宣传教育，有机融入思想政治理论课教学，宣传推介各地区、各部门、各高校思想政治教育的有益经验和做法，达到展示成果、交流经验、提升水平的效果。要准确把握高校思政类公众号发布内容的政治方向，推动各高校规范信息采集、审核发布流程。要加强部门协作，做好统筹协调，细化分工配合，努力建设一批导向正确、师生关注的公众号，打造一批形式新颖、参与广泛的网络思政品牌项目，推出一批通俗易懂、广受欢迎的新媒体产品，以网络思政的创新发展推动高校思想政治工作走深走实。

一、华中科技大学：讲好新时代故事 推动思政工作落地生根

2021 年国庆期间，电影《长津湖》热映，带领观众回顾抗美援朝保家卫国的峥嵘岁月，感受“最可爱的人”的伟大抗美援朝精神。华中科技大学深入挖掘校史中的红色宝藏，了解到 1951 年 1 月至 1952 年 3 月期间，同济医学院及附属同济医院师生组成的志愿手术大队，奔赴抗美援朝前线，救治负伤志愿军战士，谱写了一段可歌可泣的战地救死扶伤故事。10 月 12 日，华中科技大学公众号以“一卷珍藏的档案！看完《长津湖》忍不住又破防”为题发表原创文章，其他媒体平台跟进报道。通过一段段翔实的文字、一张张珍贵的图片、一件件斑驳的实物，为读者原汁原味地展现了一段珍贵的历史。

该报道发布后迅速受到师生及社会各界广泛关注。《中国青年报》、光明网以此为素材补充采访，分别在其官微发文《高校曝光一卷档案！太珍贵了，全是〈长津湖〉没拍的故事》；人民网以“《长津湖》没拍的故事：医生把白衣穿成了军人的铠甲”为题进行了报道。近 30 个中央、省市级媒体相继转发，全网阅读量超千万。

华中科技大学积极探索、创新载体，通过文字、图片、视频等多种形式，将鲜活生动的红色故事和身边的红色榜样推上公众号平台“C 位”，形成了具有华中科技大学特色的“红色思政课”，其中《朱九思，21 岁奔向延安》、“网上抗疫图片展”等多篇新媒体报道均引发热烈反响。

二、华东师范大学：真情引领 融媒实践

在高校思政类公众号优秀原创内容评选中，华东师范大学 2022 年 4、5 月申报的两篇推文均获奖，价值引领和育人实效显著。其中，4 月申报内容《真让人瞬间破防，赞华东师大勇敢的“逆行者”们！》获评“十佳”原创内容，5 月申报内容《“圆”来“薯”于你！华东师大这届毕业花已种下》获评“优秀”原创内容。

《真让人瞬间破防，赞华东师大勇敢的“逆行者”们！》将刷屏朋友圈的辅导员视频作为引入线索，以抗疫一线故事为“小切口”，细致还原基层辅导员、宿舍管理员真实抗疫工作生活，动人动情，赞扬了师生员工共同守护校园的“大作为”，不仅为全校师生鼓舞士气，也为青年学子传达榜样力量；《“圆”来“薯”于你！华东师大这届毕业花已种下》讲述了学校第九年种毕业花，因为疫情一再延期，终于克服困难种下的故事，同时，学校将土豆花新增为毕业花，成为毕业生青春理想的引领，体现“环境育人”的不言之教，引发在校师生、校友的情感共振。

此前，华东师大 2022 年 2 月申报的《中国首位！华东师大姑娘！冬奥裁判！》也获评“优秀”原创内容。

作为首批教育系统官微联盟成员，华东师大顺应技术变革，先试先行，连续多年荣获教育部新媒体应用奖项，学校入选教育部教育融媒体建设试点单位。作为融媒体平台阵营的中坚力量，官微团队有效聚合育人资源，主动探索话语方式创新和技术手段革新，尤其是疫情防控期间，在课程思政、校园文化、教育扶贫等领域开展了生动的融媒实践。

三、构建微信公众号“小”平台 做好思政育人“大”文章

随着社会步入互联网时代，微信社交软件成了高校学生必备的社交软件，微信公众号作为微信软件的应用类别，承担着网络信息传播的重要职能，其中微信公众号的文章和视频所附带的文化属性和价值观，潜移默化地改变着高校学生的生活方式和行为方式，高校在思想政治教育中要深度剖析传统思政教育中存在的问题，利用微信公众号的优势特点来改善思想教育质量，将思政元素融入微信公众号中，通过学生的日常生活来潜移默化地进行思政教育，同时利用微信公众号的即时性掌控学生的思想动态，有助于思政教师对学生进行差异化思政教育和心理辅导，帮助学生调整心态，树立正确的思想观和价值观。

高校思政类公众号建设，要坚持以习近平新时代中国特色社会主义思想为指导，深入贯彻落实习近平总书记关于加强和改进高校思想政治工作的重要论述，加大扶持力度，提升内容质量，构建传播矩阵，发挥示范作用，推动高校思想政治工作传统优势与信息技术高度融合，增强思政工作的时代感和实效性，培养德智体美劳全面发展的社会主义建设者和接班人，培养担当民族复兴大任的时代新人。

资料来源：新华社．中央宣传部等部署重点建设高校思政类公众号．(2021-05-28)[2023-02-15]. http://www.cac.gov.cn/2021-05/28/c_1623784688679325.htm；高校思政网．公众号谈育人 | 华中科技大学：讲好新时代故事 推动思政工作落地生根．(2022-07-29) [2023-02-15]. https://mp.weixin.qq.com/s?__biz=MzU0ODQ5MTg0OQ==&mid=2247539308&idx=2&sn=b269a5ee1ed0d72fbc4dc5151b70aac4&chksm=fbbc5d4acccbd45cb8e1f64dbb3d6fbd27e77ed44c092b9c62223fe9d30df72990482400775a&scene=27；华东师范大学党委宣传部．华东师大原创推文获评思政类公众号十佳原创内容．(2022-08-02) [2023-02-15]. http://xcb.ecnu.edu.cn/7e/70/c35305a425584/page.htm.

请思考：搜索公众号“高校思政网”，并观察各高校思政类公众号的选题特点有哪些。

## 项目检测

### 知识训练

#### 一、单项选择题

1. 对于各类行业平台来说，(　　)推文主要用于更新行业新闻讯息，以早晚报、日报、周报、月报等形式使其受众能迅速获取行业资讯，总结行业变化趋势。

A. 主题观点类　　B. 情感故事类　　C. 新闻消息类　　D. 娱乐搞笑类

2. (　　)推文需要满足读者日常的娱乐消遣需求，信息体量应尽量“轻盈”，多使用图片来减轻读者阅读负担。

A. 新闻消息类　　B. 娱乐搞笑类　　C. 软文带货类　　D. 主题观点类

3. “(　　)”的过程，本质上就是思考用户想看什么的过程。

A. 运营　　B. 定位　　C. 写作　　D. 选题

4. (　　)相当于给用户“贴标签”，而将这些标签组合起来，就可以大致描述出用户群体的特征，从而形成“用户画像”。

A. 用户定位　　B. 用户运营　　C. 用户沟通　　D. 打标签

5.（　　）就是在公众号内，将推文分为转载、科普、盘点、行业资讯、话题互动等内容板块，不仅方便小编做好内容规划和选题策划，更方便读者按需阅读内容。

A. 定位好用户　　B. 内容栏目化　　C. 建立选题库　　D. 内容运营

6. 选题方法不包括以下哪一种？（　　）

A. 账号分析法　　B. 热点排期法　　C. 灵感记录法　　D. 系列专题法

7.（　　）的好处在于可以围绕一个主题展开叙述，帮助受众对该主题进行深入了解，拓宽视野，形成系统认知。

A. 账号分析法　　B. 热点排期法　　C. 灵感记录法　　D. 系列专题法

8. 封面图的类别不包括以下哪一项？（　　）

A. 图文并茂型　　B. 热点型　　C. 文艺型　　D. 固定元素型

9. 想要建立公众号的辨识度，提升公众号的品质，首先要注意（　　）的一致。

A. 标题格式　　B. 封面图　　C. 字体　　D. 色系

10.（　　）标题通常简洁明了地直接点出事情的核心，不玩文字游戏，不使用修辞手法等。大部分标题都是这一类。

A. 命令式　　B. 悬念式　　C. 如何式　　D. 直言式

**二、思考题**

1. 比较能够表现思想深度的推文类型是哪一种？

2. 请用一句话概括“选题”与“标题”的区别。

3. 做好新媒体账号选题的前提是什么？

4. 推文的结构包含哪几个部分？

5. 什么样的标题是“好标题”？

6. 标题的类型有哪几种？

7. 标题的写作技巧有哪些？

**三、知识强化题**

1. 填空题：请总结本项目任务一中六大类型推文的特点，填入表 4－6 中。

**表 4－6　总结六大类型推文的特点**

| 推文类型 | 特点 |
| --- | --- |
| | |
| | |
| | |
| | |
| | |
| | |

2. 填空题：请说说下列选题具备“话题讨论度”中可操作性、时效性、争议性、延展性、传播性的哪一个特性。

表 4-7　话题讨论度的特性

| 公众号类别 | 选题 | 对应特性 |
|---|---|---|
| 爱情故事 | 为什么男人总喜欢说“陪”老婆? | |
| 文案干货 | 文案岗位快速提升薪资待遇 | |
| 电子产品资讯 | iPhone15 与 iPhone14 的 10 大对比 | |

3. 填空题：请在下方“（　　）”处填入相应的内容。

（1）公众号的字体可以在（　　）中修改。

（2）公众号后台默认字号大小为（　　）px。

（3）正文字体的字号大小通常为（　　）至（　　）px。

（4）排版时，要注意颜色不要超过（　　）种。

（5）排版的两个原则：（　　　　　　　　）、（　　　　　　　　）。

（6）公众号的文字形态可以设计一些变化，使排版变得更有趣，例如：（　　）、（　　）、（　　）、（　　）等。

（7）适合所有阅读性文章的对齐方式是：（　　）。

（8）一般将页边距设置为：（　　）或（　　）。

（9）一般将字间距设置为：（　　）至（　　）。

（10）一般将行间距设置为：（　　）至（　　）。

技能训练

**实训一：完成“公众号自我介绍”**

某企业招聘新媒体专员为该企业运营微信公众号，主要负责内容运营与会员服务。企业要求查看应聘者曾经运营过的微信公众号，请制作一份曾运营过的公众号的自我介绍，向该企业介绍你运营的公众号的名称及其含义、头像与简介设计、自动回复设计、菜单栏设计，以及你最满意的一篇推文（它的写作思路、阅读量，以及达成的效果等）。

| 公众号自我介绍 |
|---|
| 公众号名称： |
| 含义： |
| 头像： |
| 简介设计： |
| 自动回复设计： |
| 菜单栏设计： |
| 最满意的一篇推文介绍： |

**实训二：创建年度选题日历**

组建新媒体小组，以小组为单位，结合各行业、各领域可以通用的热点事件和重大事件纪念日、节假日等重要日子，创建来年的年度选题日历。

**实训三：创客贴封面图设计**

请使用“创客贴”设计一张封面图，要求：

1. 在左侧导航栏中单击“推荐”，接着单击“公众号封面首图”。

2. 单击“行业”中的“教育培训”行业，勾选“价格”中的“免费”选项。

3. 任意选择一个模板，更改封面文字内容为“开学新生特辑”，并将字体改为“站酷庆科黄油体”，并调整字号为合适大小。

4. 下载设计好的图片为 jpg 格式，尺寸为（原图）900px×383px，使用类型为个人商业使用。

**实训四：推文写作练习**

查阅“2021 年乌镇互联网大会”相关资料，发布一篇推文，邀请社会各界人士来参与盛会。

提示：

1. 相关资料可登录官网（http：//www.wicwuzhen.cn/）查阅。

2. 推文发布的主体可以是大会组织方、政府、自媒体机构等，可以任选其一，应考虑到不同主体的立场不同，观察事物的角度也应呈现出差异。

3. 既然是“邀请参会”，就应在推文中呈现出本次大会具有吸引力的点，并贴心地为与会者提供参会须知。

**实训五：推文排版练习**

查阅《习近平：高举中国特色社会主义伟大旗帜 为全面建设社会主义现代化国家而团结奋斗——在中国共产党第二十次全国代表大会上的报告》，要求：

1. 使用排版工具，对该篇文章进行排版；

2. 运用本项目排版相关知识点；

3. 可使用“一图读懂”形式。

项目五

# 新媒体营销

**【知识目标】**

- 了解新媒体营销的概念、特征；
- 了解新媒体营销的类型；
- 理解不同类型新媒体营销方法的特点、运用场景及优劣势；
- 理解社群的概念及社群对企业的价值；
- 理解新媒体营销方案的内涵；
- 理解新媒体营销文案的类型、创作思维与写作技巧；
- 理解数据复盘的意义；
- 了解新媒体营销需关注的数据指标。

**【技能目标】**

- 能够举例说明不同新媒体营销类型有何优势；
- 掌握新媒体营销的框架；
- 能够使用任意一种新媒体营销方法策划主题营销活动；
- 能够把握新媒体营销的发展趋势；
- 掌握新媒体营销方案的准备步骤；
- 能够根据营销方案的创作思路写出营销方案；
- 能写出不同类型的新媒体营销文案；
- 能够熟练运用数据采集网站并观察热点的发展趋势；
- 能够撰写数据分析报告。

**【素养目标】**

- 培养新媒体营销道德底线意识；
- 培养新媒体营销创意思维；
- 培养数据复盘的思维。

## 思维导图

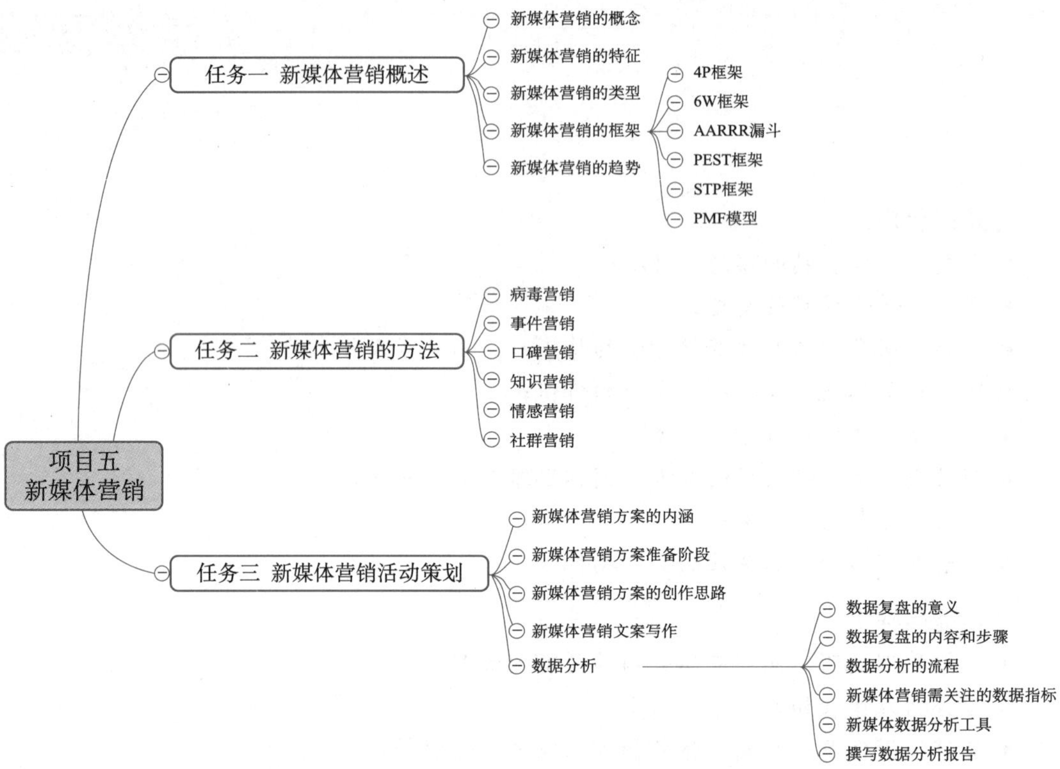


## 项目引例

### 传统文化的新媒体营销："出圈"的《洛神水赋》

国家崛起带来的文化自信、民族自豪，一定程度上体现在消费者对本土品牌更高的接受度上。河南卫视的"奇妙游"系列节目捧红了《唐宫夜宴》《洛神水赋》《龙门金刚》等文化 IP，从憨态可掬的"唐宫小姐姐"到"翩若惊鸿，婉若游龙"的"洛神"，从"元宵奇妙夜""清明奇妙游"到"端午奇妙游"，河南台持续出圈。2021 年春晚以来，河南卫视以精彩鲜活的艺术创新，打造出一个又一个现象级节目，网友纷纷为河南台立足优秀中华文化打造的精彩节目点赞。

此后，河南广播电视台迅速行动，5 天内成立河南唐宫文创传媒有限公司，负责唐宫夜宴及系列 IP 的运营。三个多月来，唐宫文创联合盲盒、手办、收藏玩具、汉服、游戏等行业头部企业，进行了一系列文创开发尝试。例如在中秋节、国庆节时，与沃尔玛、雀巢、饿了么等合作的节日营销；与十三余（汉服品牌）、泡泡玛特、名创优品等推出 IP 联名产品等；与阿里文娱达成战略合作，陆续推出"中国节日系列"、《隐秘的细节》等文化综艺。

将现代技术融入传统文化，通过故事化呈现，持续输出文化价值，打造文化 IP，并带动文创周边产业发展——实际上，河南卫视的这一套是典型的数字文创玩法。文化是资源，背后更具价值的是文化与实体产业的结合，这也是数字文创最为重要的部分。

资料来源：唐宫文创．洛神水赋出圈 唐宫文创上新．(2021-06-15) [2023-02-15]. https://mp.weixin.qq.com/s/u8EJQdAgt2uVwboVLy3gAg.

**分析提示**

从渠道角度而言，跨平台、新媒体和全媒体的传播是《洛神水赋》等节目成为爆款的重要原因。河南广播电视台充分利用了新媒体平台的资源，在微信、微博、B站、快手、抖音等平台做了先于大屏端的首发；此外还设置了系列话题，吸引网民围绕话题展开热议，为节目的成功做好了铺垫。

## 任务一　新媒体营销概述

### 情境重现

新年即将来临，某罐装奶茶饮品企业推出了新产品，想要借春节团聚之时，吸引消费者购买该款新产品，使其成为消费者居家、聚会必备的饮品，并以此扩大企业的知名度。因此，企业要求新媒体运营专员制作一份新媒体营销方案，目标是扩大品牌知名度、宣传新品。那么，什么是新媒体营销？新媒体营销有哪些类型？有哪些新媒体营销框架可供选择呢？

### 课堂讨论

请在表5-1中填入各新媒体平台的营销优势。

**表5-1　各新媒体平台的营销优势**

| 新媒体平台 | 营销优势 |
| --- | --- |
| 微信公众号 | |
| 微博 | |
| 抖音、快手 | |
| 知乎 | |
| 小红书 | |
| B站 | |

### 知识准备

随着新媒体的快速发展，我们的衣食住行仿佛被提前“支配”了一般，互联网中总有各种声音告诉我们，这个很好吃、那个很好玩，殊不知，新媒体营销已悄然与我们的生活发生关联，并且正在潜移默化地影响着我们的选择……在本任务中我们将学习新媒体营销的概念、特征、类型、框架及趋势。

## 一、新媒体营销的概念

新媒体营销

新媒体营销，是指以内容为核心，借助移动互联网技术，通过各类社交平台、网站、短视频和直播平台等新媒体平台为营销活动铺设渠道，为企业提供服务、产品、内容等宣传，并传播企业品牌、企业价值。简而言之，新媒体营销就是借助各新媒体平台，通过丰富的内容形式帮助企业或个人获取用户、推广宣传产品的一种营销手段。

新媒体营销是基于特定产品的概念诉求与问题分析，对消费者进行具有针对性的心理引导的一种营销模式。从本质上看它是企业软性渗透的商业策略在新媒体形式上的实现，通常借助媒介载体与舆论传播使消费者认同某种概念、观点和思考模式，从而达到企业品牌宣传、产品销售的目的。现在，新媒体营销已成为企业营销战略的关键环节。传统营销相对而言更加注重用户的到达率，如报纸杂志的发行量、电视广播的收视（听）率，而这些在新媒体营销中则是以“访问量”的形式来体现的。

## 二、新媒体营销的特征

如图 5－1 所示，新媒体营销以其传播高效化、成本低廉化、渠道多元化、模式多样化、交互即时化、触达精准化的特征，逐渐发展成为当下主要的营销方式，并取得了较好的效果。

图 5－1　新媒体营销的特征

### （一）传播高效化

随着互联网的发展以及移动设备的广泛应用，信息传播的速度大幅提升，人们能够在最短的时间内收到最新的信息。新媒体的出现使信息进一步突破了时间和地理的限制，降低了营销成本，使信息传播更加高效。

### （二）成本低廉化

新媒体营销的固定成本和流动成本低廉，可以通过固有平台如微博、微信来进行营销，减少固定资金投入。同时得益于智能设备的普及，消费者能更快速、更精准地接收到营销信息，从而节约了产品推广的时间，提升了产品转化的效率。

### （三）渠道多元化

随着新媒体的发展，新媒体营销渠道趋于多元化，从博客、微博、微信公众号、网络购物平台等多种新媒体平台，扩展到社交集群平台、短视频、网络直播等四维深入体验式的新媒体平台。在渠道多元化的发展趋势下，营销内容的承载方式也趋于多元化，通过文字、图片、音乐、视频等多种媒介来传递内容，使用户获得更丰富、深入的体验感。

#### 对点案例

**完美日记的新媒体营销**

新媒体营销快速发展的这几年来，很多国货美妆品牌也通过各大新媒体平台，结合品牌营销手段，一跃成为国人心目中的“国货之光”，例如成立于2017年的美妆品牌“完美日记”，定位为新时尚彩妆，主打高品质、有创意和高性价比，自品牌成立以来收获了不少亮眼的成绩：

- 2018年天猫“双11”，仅用90分钟便突破1亿元销售额（首次参加“双11”）；
- 2019年1—4月，稳居天猫美妆销量第一；
- 2019年天猫“618”，第一小时就荣登天猫彩妆Top1；
- 2020年“双11”，蝉联彩妆线上销售冠军，并打破了自己2019年的销售纪录；
- 2020年11月19日，完美日记的母公司逸仙电商在美国纽约证券交易所上市，上市当天股价一度暴涨96%，当天收盘市值为767亿美元。

…………

完美日记的成功，很大程度上归功于其目标清晰的新媒体营销模式。与其他本土老牌美妆品牌的发展路径不同，完美日记从一开始就比较擅长进行全方位裂变式的新媒体营销，如图5-2所示。完美日记自2018年2月起，将小红书平台作为最重要的营销渠道，随后开启B站、抖音、微博等多平台矩阵运营，同时采取多量级KOL玩转裂变式营销。完美日记在小红书上投放少量的名人及头部KOL（约占5%），专门负责打造产品与品牌声势；而大量腰部、初级美妆达人则专门负责引导产品的种草、推广；还通过投放大量的素人分享使用心得，对产品进行二次传播，从而达到路人自主跟风分享的效果。

同时，完美日记通过签约演艺人员进行“粉丝经济”营销，将娱乐流量转化为商业购买力。完美日记擅长洞悉消费者需求，与其他品牌联名进行营销，打造爆款。自2018年起，完美日记先后与大英博物馆、大都会艺术博物馆、探索频道、中国国家地理和岩井俊二导演合作推出联名产品。探险家十二色动物眼影在某主播直播间首发10万件库存瞬间售罄。完美日记还通过打造私域流量，提升用户复购率。此外，完美日记还通过做公益树立良好的品牌形象。

小红书
◆KOL矩阵式测评，并转发到品牌号分享；
◆鼓励素人购买晒单，转载到品牌号裂变

抖音
◆美妆种草、剧情等全品类KOL投放，选择CPM单价低的博主投放、复投；
◆官方账号巧设商品橱窗和Link插件实现导流转化

bilibili
◆美妆频道博主测评、推荐；
◆围绕“国货之光”、IP联合定制等进行内容宣传

◆与众多KOL合作，KOL们通过博文、视频、图文等方式，在微博上带动话题

图 5－2　完美日记新媒体营销渠道汇总

资料来源：前瞻研究院．十张图解读中国美妆独角兽品牌“完美日记”发家史．(2020－12－09)[2023－02－15]. https://www.niuxuan.cn/redian/74625.html.

**分析提示**

完美日记主要是利用各大新媒体平台，做全网内容营销，包括素人推广、KOL推广和名人推广等方式。但要记得，无论选择什么样的平台去宣传品牌和产品，前提都是做好优质的内容。

### （四）模式多样化

新媒体营销模式多样，如“话题营销”是新媒体营销中常见的一种方法，企业根据受众感兴趣的内容，结合企业产品通过微博、抖音、知乎创建或参与话题，引起受众自发的转发与评论，在话题上不断丰富见解，再次创新内容，形成集群效应，扩大声量。此外，新媒体支持多种文件格式，可以将文字、图片、声音、视频等多种形式融为一体，声情并茂，让用户更深刻地感受到发布的信息内容，产生身临其境的感觉。不同的营销方式具有不同的特征，可根据产品的类型、适用的人群选择最合适的营销方式。

### （五）交互即时化

交互即时是新媒体营销最有利的特点。企业在借助互联网技术开展新媒体营销活动时，不仅是企业主动向消费者传播营销信息，同时消费者也可以对大量信息进行自主选择，通过转发、点赞、评论、问答等方式和企业进行无障碍互动。

### （六）触达精准化

新媒体营销中的信息传播是建立在对消费者的精准定位之上的。消费者在互联网上的娱乐、消费等行为习惯被记录之后，以大数据的形式被平台、商家掌握并分析，商家就可以根据消费者的特点，为其推荐可能需要、喜欢的产品。未来，消费会越来越强调个性，消费者将主动选择他们想要的方式，并在他们想要的时间和地点获得他们喜欢的产品或服务。

## 三、新媒体营销的类型

新媒体营销主要有以下几种类型：社交媒体营销、音视频营销、直播营销、软文营销、搜索引擎营销。

### （一）社交媒体营销

社交媒体营销，是指基于社交平台这类新媒体开展的营销活动，如微信营销、微博营销、QQ营销等。社交平台上用户数量庞大，内容传播的自由度较高，社交平台的关键价值之一就是使人们的社交关系可视化和工具化，使人际信息的传递数字化、实时化和可追溯化。显然，人类的社交活动具备扩散某件事情的能力。如果这件事情恰好是关于某个商品的，这种扩散也就成了企业所期望的“营销”或“推广”行为，能达成“口口相传”的营销目标。如果有意识地利用他人的社交活动开展营销活动，就形成了所谓的“社交媒体营销”。

基于社交关系开展的营销，如果设计得比较巧妙的话，会取得很好的效果，而且被影响者还不会排斥，甚至会喜欢上营销的内容、产品。

对点案例

社交媒体营销：“Z世代”年轻群体的消费观

“Z世代”，泛指1995年后到2010年前出生的一代人。

如今国内有约2.6亿的“Z世代”人口，他们正在接棒成为中国市场的消费担当。“00后”是移动互联网的原住民，他们的出生和成长伴随着移动互联网、智能手机以及社交网络的高速发展。相较于“90后”是由PC端向移动端迁入的一代，“00后”则是通过手机学会与世界打交道的一代。随着“Z世代”接过接力棒，消费的内涵也发生了翻天覆地的变化。消费不再是经济学意义上价值交换的简单概念，而成为人与人之间至关重要的深刻联结，消费形态也开始由传统的家庭消费、个体消费演化成部落消费：盲盒成堆、角色扮演、游戏氪金……

那么，“Z世代”是一群怎样的年轻人？他们到底喜欢什么？

- 社交：他们认为消费是寻获认同的表达，能够帮助他们维护社交关系。
- 人设：“Z世代”愿意通过购买不同的产品，来探索更符合自己需求的产品，并打造专属人设。
- 悦己：“颜值即正义”的现象越来越明显。

总之，“Z世代”带来的消费影响力，体现在消费方式上，是不满足于单向的商品购买和使用，更乐意开展互动性消费，网红经济、粉丝经济、二次元经济都是“Z世代”在推动；体现在消费模式上，则是线上消费领域进一步拓展，实物消费和服务消费都在经历轻型升级；体现在消费观念上，则是思路前卫、观念开放、喜欢新潮和猎奇，他们的消费欲望更强，形成了内外兼顾、乐于尝鲜、国货自强等特点。对他们而言，消费不仅是为了满足日常生活需要，也是追求个性化的方式；消费追求的不仅是物美价廉，还有产品“颜值”、品质以及科技感等附加体验。

那么，品牌该如何融入“Z世代”的社交圈呢？“Z世代”热衷于社交分享，同时容错率低，将会使品牌的马太效应更加显著，对于品牌而言，既是机遇也是挑战。目前来看，品牌希望融入“Z世代”社交圈的“基本功”无非可以归结于三点：“颜值”、创意、黑科技。

“颜值”自然是指能够帮助“Z世代”人群实现社交目标的外在表现，无论是包装、工业设计、室内软装，都需要有可见性及可拍性，这样才能吸引“Z世代”人群使用及转发；创意不仅仅局限于营销内容创意，还包括产品设计、营销与技术相结合的体验；黑科技一方面是形式上的创新，另一方面是产品技术上的突破，不过对于大多数中小品牌而言，黑科技的感知更多在于营销表现。

资料来源：搜图网．“Z世代”的消费特征解密．(2022-04-07)[2023-02-15]. https://www.aisoutu.com/a/2382682.



**分析提示**

对内容的强需求和对社交媒体的依赖是“Z世代”与生俱来的特点，为了更精准地触达“Z世代”消费者，品牌要做到：第一，讲述具有传播性、社交性的品牌故事，这样不仅更容易传播，引起话题讨论，也更容易让消费者内心与品牌产生共鸣；第二，品牌可选择从KOL、KOC入手，对产品进行全域种草，提高社交舆论活跃度，打造“网红”产品；第三，适时使用回馈机制或奖励机制，让消费者获得新鲜感与刺激感。总之，“Z世代”的品牌应更加契合“Z世代”个性化的消费观，更加重视在传播中与用户进行沟通，并向其传递独特的生活态度。

### （二）音视频营销

音视频营销就是以音频或视频为载体，以内容为核心，以创意为导向，通过精细的策划进行产品营销与品牌传播的营销方式。音频平台主要包括喜马拉雅FM、荔枝FM等，视频平台主要包括哔哩哔哩、优酷、爱奇艺等中长视频平台和抖音、快手等短视频平台。其中，短视频营销以其感染力强、形式内容多样、富有创意等特点，能够在短时间内实现大范围、低成本、精准化的快速传播，从而逐渐成为企业的主要营销模式。

### （三）直播营销

直播营销是指以现场展示的直播为主要内容形式来传递企业品牌、产品信息，并以直播平台为载体，通过在PC端或移动端进行直播，与用户进行互动的营销模式，具有直观、真实、互动性强的特点。一般来说，直播营销有四个要素，分别是场景、人物、产品、创意。场景是指直播的氛围，要有生动感，让用户有身临其境的感觉；人物是指直播的主体，可以是主播或者直播嘉宾，主要的任务是展示营销内容、营销产品，并积极与用户互动；产品是贯穿直播的主角，通过主播展示、介绍与互动的形式达到营销产品的目的；创意是指提升直播效果、吸引用户观看的创新方式，如剧情创意类、名人访谈类、互动节目类等形式，能更多地吸引用户进入直播间。

直播营销凭借媒介设备简单、营销覆盖广、直达用户、沉浸感强、营销效果与营销反馈直接和有效等优势，展现出了巨大的营销价值，因而成为目前主流的营销方式之一。

## （四）软文营销

狭义的软文是指企业花钱在报纸、杂志等媒介上刊登的纯文字性的广告，这是早期的一种定义，也就是所谓的付费文字广告；广义的软文指的是企业通过策划，在传统媒体及新媒体宣传载体上刊登的可以提升企业品牌形象和知名度，或者可以促进企业销售的一些宣传性、阐释性的文章，包括特定的新闻报道、深度文章、付费短文广告、案例分析等。

新媒体软文是相对于硬性广告而言的一种广告方式。软文营销能够通过文字、图片内容为产品赋能，打动用户，引导用户产生心理需求，培育用户的信任感与认同感，最终达到品牌宣传与产品销售的目的。软文营销有较强的广告效应，有助于企业树立企业形象、传递口碑效应、快速打开市场。

## （五）搜索引擎营销

搜索引擎营销（Search Engine Marketing，SEM）是指利用用户对搜索引擎的依赖和使用习惯，将符合用户需求的信息展示给用户，从而达到营销的目的。搜索引擎营销的基本营销思路是让用户发现信息，并通过点击进入网页，进一步了解所需要的信息。SEM 追求的是以较小的投入获得较大的来自搜索引擎的访问量，并产生商业价值。其具有目标精准、竞争性强、动态更新、门槛低但投资回报率高等优势。

目前，搜索引擎营销的方式主要包括竞价排名、网盟推广以及搜索引擎优化三种。其中，竞价排名的效果是最显著的，但这种方式需要大量的资金支持，适合资金实力雄厚的大企业；而对于中小企业来说，通过网盟推广和搜索引擎优化来进行营销则更符合实际情况。

### 1. 竞价排名

竞价排名是指由营销策划人员为自己的网页购买关键词排名，并按点击次数计费的一种服务方式。竞价排名按照付费最高者排名靠前的原则，对购买了同一个关键词的网页进行排名。营销策划人员可以通过调整每次点击付费的价格，控制自己的网页在特定关键词搜索结果中的排名次序，并可以通过设定不同的关键词来捕捉不同类型的目标访问者。例如，图 5-3 所示是在百度中分别搜索“凉鞋”“雨伞”关键词之后的页面结果，排在最前且末尾有“广告”字样的几项搜索结果就是参与了竞价排名的网页。

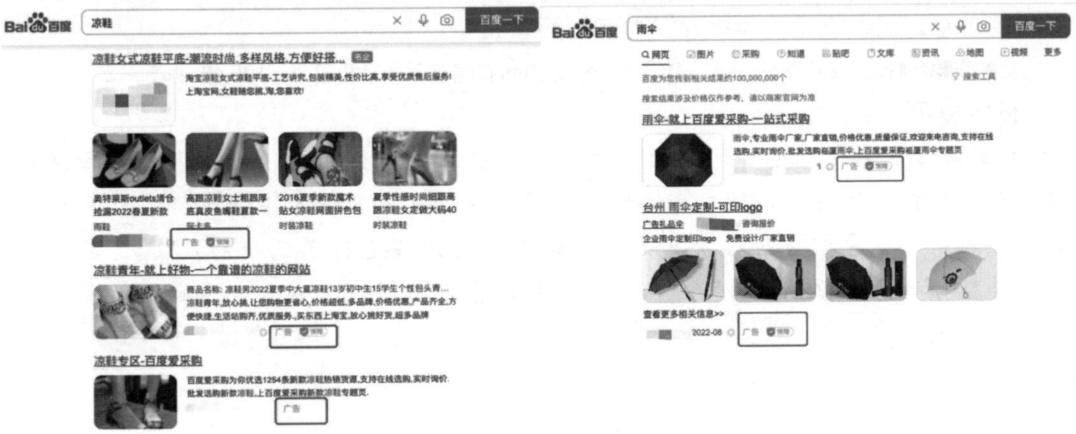


图 5-3　竞价排名

对点案例

### 搜索引擎竞价排名乱象

当人们使用搜索引擎搜索某一疾病关键词时，排名最靠前的往往是一些医院的广告，点击后直接出现聊天界面，患者和“医生”可以通过网络交流。而所谓的“医生”却可能是一个没有任何医学知识的人，这类医院的目标非常明确：把搜索者忽悠到医院，并设法掏出他们口袋里的钱。这就是靠竞价排名来办医的典型案例。

而魏则西，就是竞价排名规则下的受害者。2014 年，西安电子科技大学计算机专业大学生魏则西被查出患了滑膜肉瘤，他通过搜索引擎搜索到关于“滑膜肉瘤”的广告信息，在武警北京总队第二医院接受了与美国斯坦福大学合作的肿瘤生物免疫疗法的治疗，花费了 20 多万元医疗费后，才得知这个疗法在美国早已宣布无效被停止临床。这期间，肿瘤已经扩散至肺部，一个年轻的生命就这样终结了。

魏则西生病期间，鼓励、开导同患恶性肿瘤的病友，给他们提供建议，防止他们被骗。魏则西的父亲魏海全接受媒体采访时说，儿子是伟大的，儿子的死推动了国家很多政策的出台。

“魏则西事件”调查结果发布一个多月后，国家网信办和国家工商总局分别制定的《互联网信息搜索服务管理规定》和《互联网广告管理暂行办法》发布，其中首次明确将搜索引擎的竞价排名定义为互联网广告，纳入监管范畴，还提出要把付费搜索和自然搜索结果醒目区分开，明确付费搜索信息在搜索结果页面中所占的比例上限。

对此，《人民日报》点评道：靠竞价排名办医、靠虚假宣传办医，这是一条邪路，绝对不能走。近些年，不少社会资本进入医疗领域，很多民营医院靠优良的医疗服务赢得了口碑；但是，另外一些医院却走上了“挣快钱”的“捷径”。夸大疗效，虚假宣传，花钱买版面、买时段、买竞价排名，吸引患者群体的注意；然后利用大数据法则，骗着一个是一个。往轻了说，骗患者花尽冤枉钱乃至救命钱；往重了说，耽误患者的病情，甚至越治越糟。这种医院必须严查，这种黑路是断头路。社会办医应该走正路。正路，同时也是大路，发展空间大得很。

资料来源：杜玮．魏则西去世将满4年 搜索引擎竞价排名被曝仍乱象重重．中国新闻周刊，2020（3）.

**分析提示**

“魏则西事件”引起了巨大的社会反响，它让正在公示的《互联网广告管理办法》获得了更多的关注，让广告法的漏洞再一次暴露在世人的目光之下。之后颁布的《互联网广告管理暂行办法》第三条对互联网广告进行了明确的定义，“推销商品或者服务的付费搜索广告”赫然在列，将搜索竞价排名列入了互联网广告的管理范围。

2．网盟推广

网盟推广是指营销策划人员将广告信息投放到有联盟关系的多家网站上的一种营销

方式，如投放到中小网站、个人网站、WAP 站点等，投放形式有文字、图片、动画、贴片等。营销策划人员可以在后台设置广告信息的投放区域、人群、网站、主题词等信息，从而将广告信息精确地投放到潜在用户面前。网盟推广的收费模式有以下两种：按点击收费和按展现量收费。目前，常见的网盟有百度网盟、淘宝网盟、搜狗网盟等。

#### 3. 搜索引擎优化

搜索引擎优化（Search Engine Optimization，SEO），就是对网站进行优化设计，提高网站在搜索引擎中的自然排名，吸引更多的用户访问网站，增加网站的访问量，提高网站的销售能力和宣传能力，从而提升网站的品牌效应。SEO 的优化通常包括网站内容优化、关键词优化、外部链接优化、内部链接优化、代码优化、图片优化等。SEO 作为一种免费的营销方式，在搜索引擎营销中占有重要地位。

## 四、新媒体营销的框架

营销框架是营销思维的具体体现，是营销策划人员为企业及客户进行营销的方法论，能够体现出营销策划人员的思维方式。合理使用营销框架，能让营销方案更有逻辑性、目的性，提高营销的效率。如图 5－4 所示，常用的营销框架有：4P 框架、6W 框架、AARRR 漏斗、PEST 框架、STP 框架、PMF 模型。需要注意的是，使用这些框架都要提前了解目标用户、熟悉产品与服务。

**01 4P 框架**
产品（Product）
价格（Price）
渠道（Place）
促销（Promotion）

**02 6W 框架**
何物（What）
何人（Who）
何时（When）
何处（Where）
为何（Why）
如何（How）

**03 AARRR漏斗**
获取（Acquisition）
激活（Activation）
留存（Retention）
收益（Revenue）
推荐（Referral）

**04 PEST框架**
政治环境（Political）
经济环境（Economic）
社会环境（Social）
技术环境（Technological）

**05 STP框架**
市场细分（Market Segmenting）
目标市场（Market Targeting）
市场定位（Market Positioning）

**06 PMF模型**
产品（Product）
市场（Market）
契合点（Fit）

图 5－4　常用的营销框架

### （一）4P 框架（4P 营销理论）

4P 营销理论（The Marketing Theory of 4Ps）产生于 20 世纪 60 年代的美国，4P 营销策略是传统市场营销的主要营销策略。1960 年，美国密歇根州立大学的杰罗姆·麦卡锡教授（Jerome McCarthy）在其《基础营销》一书中将一般的营销要素概括为四类，如图 5－5 所示，即产品（Product）、价格（Price）、渠道（Place）、促销（Promotion）。1967 年，现代营销学大师菲利普·科特勒（Philip Kotler）在他的畅销书《营销管理：

分析、规划与控制》中，进一步阐释了杰罗姆·麦卡锡的理论，他认为要做好营销，就应该将产品、价格、渠道和促销进行有效组合。

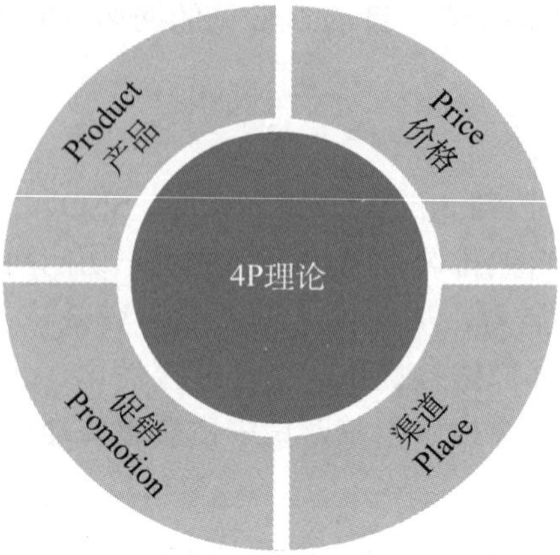


图 5-5　4P 理论



1. 产品

产品就是企业提供给市场的产品或者服务，如服务、工业产品、科技、产品设计等。产品是一切的核心，是为了满足消费者需求而诞生的。企业在制定经营战略时，首先要明确的就是产品策略的问题，即产品组合策略和产品生命周期策略，企业要根据实际需要来调整和实施产品策略。

（1）产品组合策略。

产品组合策略是指企业为面向市场，对所生产经营的多种产品进行最佳组合的谋略。恰当的产品组合策略可以使产品组合的广度、深度及关联性处于最佳结构，以提高企业竞争能力，取得最好的经济效益。如表 5-2 所示是宝洁公司的产品组合策略，从中可以看到不同的品牌对应着不同的产品线，能满足不同收入人群不同场景的需求。

表 5-2　宝洁公司的产品组合策略

| 洗发护发 | 护肤美容 | 个人清洁 | 口腔护理 | 妇女保健婴儿护理 | 织物和家居护理 | 食品 |
|---|---|---|---|---|---|---|
| 飘柔、海飞丝、潘婷、沙宣、伊卡璐 | SK-Ⅱ、玉兰油、封面女郎 | 舒肤佳、玉兰油、激爽 | 佳洁士、欧乐 B | 护舒宝、帮宝适 | 碧浪、汰渍、熊猫 | 品客 |

（2）产品生命周期策略。

产品生命周期一般可以分成四个阶段：引入期、成长期、成熟期和衰退期。企业不能期望自己的产品永远畅销，因为一种产品在市场上的销售情况和获利能力并不是一成不变的，而是随着时间的推移逐渐变化的，会经历从诞生、成长、成熟到衰退的过程，就像生物的生命历程一样，所以称为产品生命周期。研究产品生命周期的目的，就是要针对产品生命周期各个阶段的特征，采取相应的市场营销策略，以更快地占据市场，提高产品的市场地位。产品生命周期各阶段的特点、营销目标和营销手段如表 5-3 所示。

表 5-3　产品生命周期各阶段的特点、营销目标和营销手段

| | 引入期 | 成长期 | 成熟期 | 衰退期 |
|---|---|---|---|---|
| 特点 | 产量低，销量低，成本高，费用高，价格高，风险大，竞争少 | 产量增加，销量增加，成本下降，利润增加，竞争者出现。成长期是产品发展的关键时期 | 生产能力过剩，竞争加剧，广告增加，研究开发经费增加，企业利润下降，行业优胜劣汰 | 消费者对产品已经没有兴趣，市场上出现了改进型产品，市场需求减少，同行业为减少存货损失，竞相降价销售，竞争激烈，企业利润不断降低 |
| 营销目标 | 尽快拓展市场，打开销路，取得一定市场占有率 | 扩大市场，尽可能长时期地维持市场增长速度，并留意增长速度何时开始下降 | 稳定市场占有率，维护已有的市场地位，通过各种改进措施延长产品生命周期，以获得尽可能高的收益率 | 尽快退出市场，尽量减少因存货过多给企业造成的亏损 |
| 营销手段 | 实施有力的促销，广泛传递产品信息给消费者，引导他们试用产品；努力争取中间商的支持，通过零售网点进行分销；合理定价 | 提高产品质量，增加消费者选择；推出侧翼产品；进入新的细分市场；使用新的分销渠道；广告宣传从提高知名度转移到产品偏好上；适时降低价格 | 从广度和深度上拓展市场，争取新顾客，刺激老顾客增加购买；提高产品质量，创造新的产品特色，增加产品的使用价值；改进营销组合策略 | 实施淘汰策略，即企业停止生产衰退期产品，上市新产品或转产其他产品；或实施持续营销策略，即企业继续生产衰退期产品，通过提高服务质量、降低价格等方法维持销售 |

2. 价格

价格就是企业在市场中设定的产品基本价格或者折扣价格以及其他各种付款手段。企业要懂得根据不同的市场定位，制定不同的价格策略，需要选定一种既能够吸引消费者，又能实现市场营销组合价格的策略。产品的定价是企业品牌战略的体现，能够反映品牌的含金量，需要考虑到市场需求、成本、市场竞争三个方面的因素，可以通过需求定价法、成本导向定价法、竞争导向定价法三种方式来确定价格。

（1）需求定价法。

商品的价格由商品的价值决定，而市场需求决定了商品的价值，根据商品的市场需求情况可以灵活地进行定价。

（2）成本导向定价法。

定价的目的是盈利，成本是影响盈利的一个重要因素，根据商品的成本可以制定商品的市场价。

（3）竞争导向定价法。

商品定价者可以根据竞争对手同类商品价格的高低对商品的价格进行调整。

3. 渠道

渠道就是各个厂商或者企业将自己的产品或者服务输送到客户手中的方法，不同的产品往往有不同的销售渠道，企业需要找到最适合的渠道，比如销售玩具的厂商可以通过批发市场卖货，外贸商家可以通过线上电商平台来销售产品。但渠道不是一成不变

的，而是哪里有用户就去哪里销售，它对降低企业成本和提高企业竞争力具有重要意义。渠道策略主要有以下几种分类方法：

（1）直接渠道和间接渠道。

直接渠道指的是没有任何中间商参与其中，由生产者直接将产品销售给消费者，是最常见的营销渠道；间接渠道是指产品要通过中间商才能到达消费者手中。

（2）长渠道和短渠道。

长渠道指的是产品需要经过至少两道中间环节才能送达消费者手中；短渠道指的是产品不用经过过多环节，一般只经过一道中间环节即可送达消费者手中。

（3）宽渠道和窄渠道。

宽渠道指的是在某个环节生产者选择至少两个同类中间商销售自身产品；窄渠道指的是在销售产品时只选择一个中间商。

（4）单一营销渠道和多营销渠道。

单一营销渠道指的是只使用一种渠道营销；多营销渠道指的是选择两种以上的营销渠道。

（5）传统营销渠道和垂直营销渠道。

传统营销渠道指的是由生产者、批发商以及零售商共同组成的渠道，它们之间关系松散，各为其利；垂直营销渠道是指由制造商、批发商、零售商组成一个统一体，其中一个成员拥有其他成员的所有权，或实行特许经营，或它有足够的实力使其他成员愿意合作，能有效控制渠道行为，消除渠道冲突。

渠道策略主要包括以上这些，企业在具体运作过程中一定要结合实际情况做出合理选择。

4．促销

促销是指向消费者传递产品信息，引起他们的注意和兴趣，激发他们的购买欲望和购买行为，以达到扩大销售成效的策略，包括推销、广告、公共关系和营销推广等各种促销手段。一个好的促销策略，往往能起到多方面作用，如提供产品信息，及时引导采购；激发购买欲望，扩大产品需求；突出产品特点，建立产品形象；维持市场份额，巩固市场地位；等等。企业将在适当地点、以适当的价格出售合适的产品的信息传递到目标市场上，一般通过以下两种方式：

（1）人员推销，即推销员面对面地向顾客进行推销。

（2）非人员推销，即通过大众传播媒介在同一时间向大量消费者传递信息，主要包括广告、公共关系和营销推广等多种方式。

这两种推销方式各有利弊，起着相互补充的作用。此外，目录、通告、赠品、店标、陈列、示范、展销等也都属于促销策略范围。

对点案例

4P 与 4C 营销策略的区别

与传统的“以产品为导向”的 4P 营销策略相对应的是“以消费者需求为导向”的 4C 营销策略。4C 营销策略是由美国营销专家劳特朋（R. F. Lauterborn）教授在

1990 年提出的，他重新设定了市场营销组合的四个基本要素，即消费者(Consumer)、成本（Cost)、便利（Convenience）和沟通（Communication)，如图 5－6 所示。

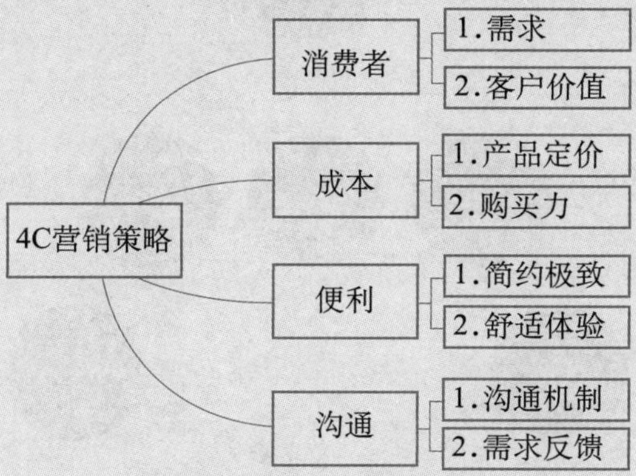


图 5－6　4C 营销策略

4C 营销策略强调企业应该把追求顾客满意放在第一位，其次是努力降低顾客的购买成本，然后要充分注意到顾客购买过程中的便利性，而不是从企业的角度来决定销售渠道策略，最后还应以消费者为中心实施有效的营销沟通。

4P 与 4C 营销策略的区别主要包括以下几点：

1. 营销理念不同

4P 营销策略是通过产品来实现企业价值，以产品为基础，在产品被使用之后才能收到消费者反馈，是一种滞后的营销策略；而 4C 营销策略能为企业提供更直接的与消费者交流的方式，企业能及时掌握消费者需求并能预测未来一段时间内的需求，与消费者建立一种长期的需求关注和伙伴关系。简而言之，4P 是一种推动型的营销策略，而 4C 是一种拉动型的营销策略。

2. 营销目标不同

4P 营销策略的核心是产品、价格、渠道和促销，注重企业利润的最大化；4C 营销策略的核心则是消费者、成本、便利和沟通，强调以消费者为中心，通过预知和满足消费者需求，为消费者提供更优质、更便利的服务来实现企业价值。

3. 消费者关系不同

4P 营销策略的推销者主要是销售者本身，这种推销方式容易使企业和消费者之间的关系僵化，不利于企业长期发展；而 4C 营销策略着重强调为消费者提供优质、便利的服务，让消费者在需求的驱动下主动关注、购买产品，在消费者和企业之间建立一种合作关系，消费者不再是单向地、被动地接收营销信息。

资料来源：田玲．网络营销策划与推广．北京：人民邮电出版社，2021.

### （二）6W 框架

如图 5－7 所示，6W 营销框架主要包括：何物（What)、何人（Who)、何时(When)、何处（Where)、为何（Why)、如何（How)，以及在营销全过程中涉及的数据监测和营销方案优化（Measure & Optimize)。

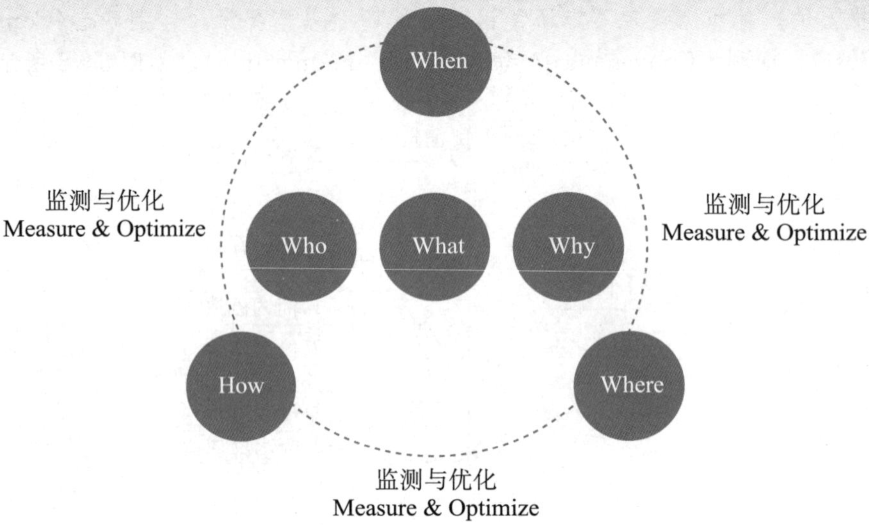


图 5-7　6W 框架

1. 何物：产品和服务

首先，要了解企业自身，包括：企业现状、能提供什么样的产品和服务、核心竞争力、与竞品的差异化程度、盈利分析等；其次，需要了解商业模式的分类，包括：B2C、B2B、C2C；再次，需要了解企业的商业模式画布（见表 5-4），包括企业的价值主张、客户关系、关键活动和关键伙伴等要素，营销的基础是营销策划人员对于企业商业模式中各个组成要素的理解。

表 5-4　商业模式画布

| 要素 | 1. 关键伙伴 | 2. 关键活动 | 3. 关键资源 | 4. 价值主张 | 5. 客户关系 |
|---|---|---|---|---|---|
| 含义 | 企业为了让商业模式有效运作所需要的供应商及合作伙伴，简而言之，企业和关键伙伴是一起挣钱的 | 企业为了让商业模式有效运作所需要执行的关键业务活动，也就是能为企业带来盈利的活动 | 企业为了让商业模式有效运作所需要的成本，包括物力、人力、财力、知识性资源等 | 企业为目标客户创造价值的产品或服务，包括目标客户、痛点问题、产品和服务、用户利益、竞争对手、竞争优势六大要素 | 企业和客户建立的关系以及如何维护关系 |
| 要素 | 6. 渠道通路 | 7. 客户细分 | 8. 成本结构 | 9. 收入来源 | |
| 含义 | 企业服务流程中的客户接触点，包括分销渠道、路径、平台等 | 企业所服务的客户群体分类，产品要有清晰的目标用户群 | 商业模式运作所需要的成本，包括固定成本和可变成本 | 企业向客户提供价值所获得的收入 | |

2. 何人：目标客户

市场细分指的是营销者通过市场调研，以消费者的需要和欲望、购买行为和购买习惯的差异为依据，把某一产品的市场整体划分为若干消费群的市场分类过程。企业可以通过市场细分，来确定企业的产品大概针对的是哪一类型的目标用户。

3. 何时：营销的时机

营销的时机是流动的，如图 5－8 所示，用户购买行为可以用一个销售漏斗模型来概括，是从一个漏斗上面往下不断推进的行为过程，不同的阶段、不同的时机，营销的侧重点都有所不同。

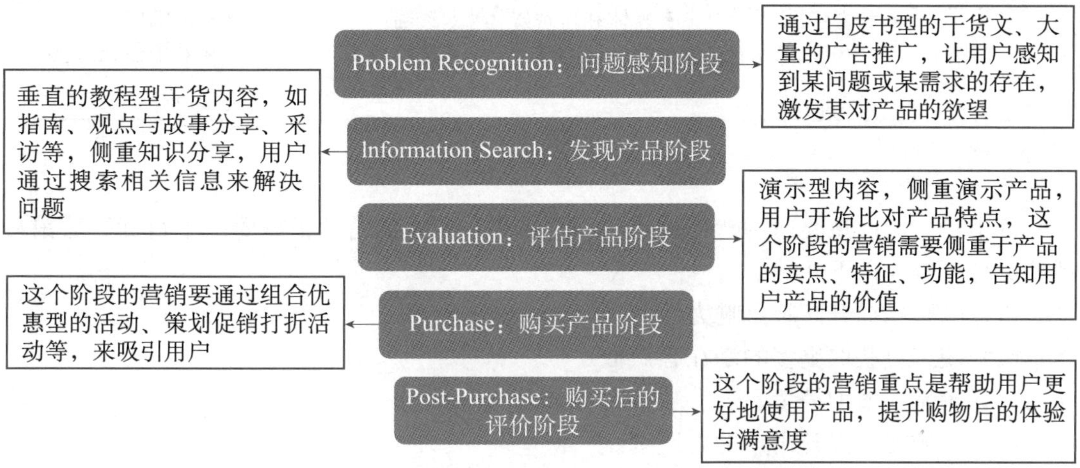


图 5－8　用户购买行为阶段（销售漏斗模型）

4. 何处：选择营销渠道

（1）营销渠道的类别。

1）广播（Broadcast）：品牌广告，如软件开屏广告、网页上下侧等。

2）1 对 1（1V1）：直接广告，如手机短信、邮箱等。

3）搜索（Search）：搜索广告，如百度搜索广告等。

4）社交（Social）：社交广告，如朋友圈广告、微博等社交平台。

（2）媒体类型。

1）自有媒体（Owned Media）：企业自己控制的媒体渠道。

2）付费媒体（Paid Media）：企业付钱购买的媒体渠道。

3）赚得媒体（Earned Media）：企业既不需要付费购买，也不归企业拥有，而是因为客户或合作伙伴的口碑传播、二次传播而让企业受益的媒体。

如表 5－5 所示，不同媒体类型具有不同的定位、优势及挑战。

**表 5－5　不同媒体类型的定位、优势及挑战**

| 媒体类型 | 例子 | 定位 | 优势 | 挑战 |
|---|---|---|---|---|
| 自有媒体 | • 企业网站<br>• 企业移动网站<br>• 企业微博<br>• 企业微信公众号 | 与直接用户、潜在用户以及赚得媒体建立长期的联系 | • 企业控制<br>• 成本低<br>• 长期效果<br>• 用途广<br>• 受众精准 | • 效果无保证<br>• 不被信任<br>• 需要花时间长期维护 |
| 付费媒体 | • 电视、杂志广告<br>• 互联网搜索、展示广告<br>• 其他赞助 | 吸引眼球，激发讨论 | • 按需<br>• 迅速<br>• 范围大<br>• 可控 | • 嘈杂<br>• 可信度低<br>• 效果每况愈下<br>• 花费昂贵 |

续表

| 媒体类型 | 例子 | 价值定位 | 优势 | 挑战 |
| --- | --- | --- | --- | --- |
| 赚得媒体 | • 用户口碑<br>• 病毒传播 | 倾听和反馈——是执行良好、企业自有媒体和付费媒体系统良好的结果 | • 可信度高<br>• 形成销售的关键因素<br>• 透明<br>• 栩栩如生<br>• 花费相对低廉 | • 不可控<br>• 可能有负面评论<br>• 范围广<br>• 效果很难衡量 |

5. 为何：营销目标

营销目标，即想要通过营销达到的一个结果，所有的营销都需要一个目标。营销目标的类型可分为以下几种：

（1）品牌：提升品牌影响力。

（2）获客：获取更多的潜在客户数。

（3）销量：增加销量。

（4）忠诚度：提升用户的忠诚度。

6. 如何：营销方法

营销方法是指为实现目标而制订的一系列策划和计划。营销方法有以下几种：文章策划、视频策划、活动策划、广告策划等。

（三）**AARRR 漏斗**

AARRR 漏斗是一个用于研究用户增长的数据分析模型，又称海盗模型，由美国著名风险投资机构的创始人戴夫·麦克卢尔（Dave McClure）在 2007 年提出，是 Acquisition、Activation、Retention、Revenue、Referral 五个单词首字母的缩写，分别对应用户生命周期中的“用户获取”“用户激活”“用户留存”“获得收益”“推荐传播（病毒式传播）”这五个重要环节，如图 5-9 所示。

**图 5-9　AARRR 漏斗**

区别于传统的市场营销人员广告投放或者品牌营销的焦点在于获取用户，AARRR 漏斗让人们意识到了企业业务的增长需要关注整个用户生命周期，不仅仅需要通过广告投放获取用户，还需要通过产品优化或运营手段等来实现用户的激活、留存、变现和推荐传播。AARRR 漏斗可以帮助企业衡量用户运营的增长目标，在营销中帮助企业把握方向，做好运营优化和数据增长，关注生命周期各阶段的关键指标。如图 5－10 所示，在不同的用户运营阶段会有不同的关键问题，以及对应的措施。

| 阶段 | 问题 | 对应措施 |
| --- | --- | --- |
| 用户获取 | 怎么让用户找到你？ | 曝光，拉新：<br>选择曝光渠道（哪个渠道引来的客户更优质），设计曝光内容 |
| 用户激活 | 怎么让用户有一个良好的第一印象？ | 内容引导：<br>官方网站设计吸引人的着陆点；微信公众号设计新粉丝48小时客户路径，根据客户的行为判断客户的兴趣偏好 |
| 用户留存 | 怎么让用户回来？ | 减少客户流失：<br>识别不同客户需求，持续提供有价值的内容/服务；客户价值分层，对高价值沉睡客户制定出相应的解决方案 |
| 获得收益 | 怎么让用户消费？ | 引导客户购买：<br>根据客户的购物行为、购物动机发放优惠券，制定专项优惠价等，通过这些促销方式促进客户购买，缩短交易转化的客户路径 |
| 推荐传播 | 怎么让用户分享给其他人？ | 引导客户分享传播：<br>客户影响力价值分层，找到头部用户，通过奖励鼓励其分享 |

图 5－10　不同运营阶段的问题及对应的措施

资料来源：51CTO 博客.

### 1. 用户获取：获取新用户

运营的第一步是获取新用户，即通过推广的手段，来吸引用户关注。如果没有用户，就谈不上运营。对企业来说，在这一阶段要注意以下几个问题：用户能在哪里发现我？用户怎样才能注意到我？我第一时间想告诉用户什么事情？如图 5－11 所示，可以通过企业/品牌 Slogan 来实现市场匹配，通过运营渠道来实现产品匹配，通过关注关键指标等方法来高效获取用户。

### 2. 用户激活：用户与产品的互动

用户激活是紧跟在用户获取之后的环节，此时更需要关注的是用户对于平台的第一印象以及基础体验。要通过用户引导来激活用户，并且在产品中向用户传递“Aha Moment”，即产品特点、优势让用户眼前一亮的时刻，这是用户真正发现产品核心价值的时刻。让用户第一次体验到产品的价值，完成关键的转化，这样才能让用户留下来。如图 5－12 所示，让用户留下来（促进用户转化）的技巧有：提供用户价值、让用户立刻行动、调整行动门槛等。激活用户需关注的指标有：日活跃用户数（DAU）、周活跃用户数（WAU）、月活跃用户数（MAU）、日均使用时长（DAOT）。

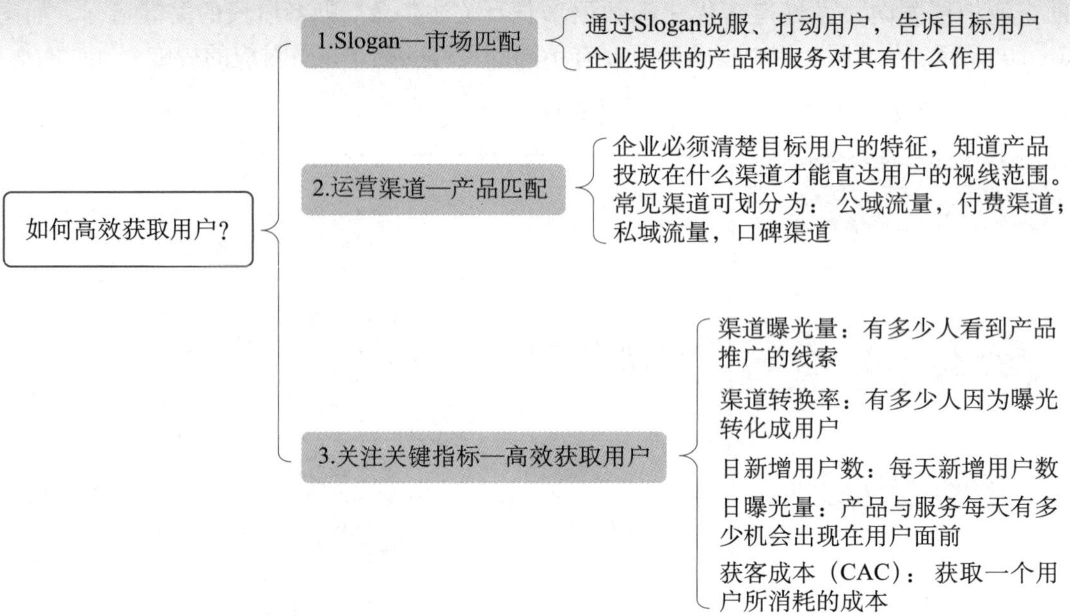


**图 5－11　高效获取用户的方式及关注的指标**

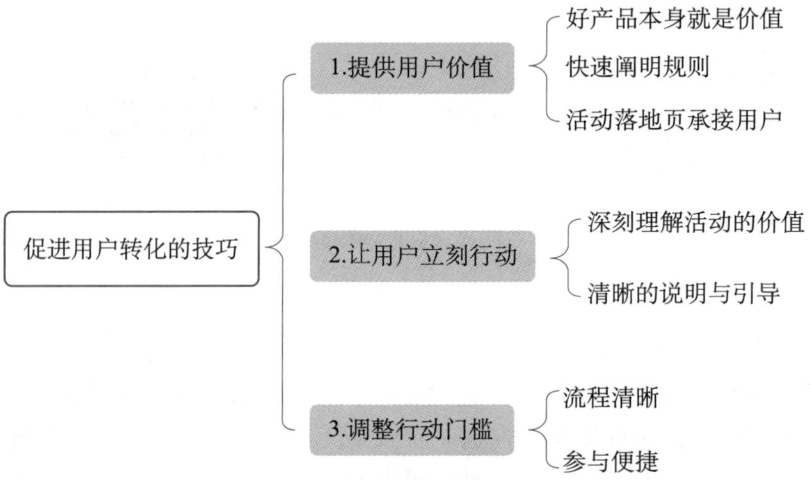


**图 5－12　促进用户转化的技巧**

新用户在激活之后（比如下了第一单），对产品来说还是非常脆弱、很容易流失的，一般需要引导用户多次使用产品，尽量让用户养成一定的使用习惯。在这一阶段，为了能够给后续的留存带来提升，一方面要通过数据的分析来发掘问题继而做出改进（如表 5－6 所示），另一方面在产品设计上加入适当的新人引导以及新人福利信息，可能会有正向的效果。

**表 5－6　新用户流失的常见原因及解决方案**

| 流失原因 | 具体说明 | 解决方案 |
| --- | --- | --- |
| 产品功能问题 | 产品无法满足用户需求或用户需求不强烈 | 改进产品 |
| 产品价值发现问题 | 产品对用户有价值，但没做好引导，用户未发现价值就流失了 | 新用户激活 |
| 渠道用户匹配问题 | 拉新渠道有问题，引入的用户不是目标用户 | 精准拉新渠道 |

**对点案例**

拼多多是如何激活用户的?

淘宝搜索式的购物流程有 6 个环节，浏览式的购物流程有 7 个环节，而拼多多为了去掉中间反复的页面跳转，提高转化率，从首页进入支付界面的流程只有 4 个环节，拼多多是如何做到的呢?

(1) 拼多多首页直接推荐产品，不放无效信息，不需要点击多次才能到达产品页面。

(2) 没有设置购物车，一键直接支付。

(3) 所有产品都包邮，减少与客服的沟通时间。

(4) 先付款后拼团，让消费者提前用团购价完成支付之后再找人拼团，拼团成功之后发货，不成功就退款，将支付环节提前，尽快锁定消费者。

(5) 利用消费者厌恶损失的心理，激发消费者拼团的积极性。

资料来源：财讯网．私域流量获客之道 AARRR 增长模型.(2021-05-07) [2023-02-15]. https://tech. china. com/article/20210507/052021 _ 770933. html.

**分析提示**

拼多多通过简化产品的购买流程，减小了用户在购买产品时中途放弃的可能性，提升了用户的体验与留存率。

3. 用户留存：让产品留住用户

当用户被激活并开始活跃后，接下来需要考虑的就是用户留存了。用户留存，就是把同一时期加入的用户放在一起，追踪他们在接下来的几天、几个月有多大比例的用户还在持续使用产品，也叫同期群分析。

众所周知，保留一个老客户的成本通常要远远低于获取一个新客户的成本。因此，如果一边花费巨大成本获取新用户，另一边却罔顾老用户的流失，那么最终还是很难为企业带来预想的收益。解决这个问题首先需要通过日留存率、周留存率、月留存率等指标监控已有用户的流失情况，并在用户流失之前采取相应的手段，激励老用户留下来。留存阶段的核心目标是让用户养成使用习惯，让用户变成回头客。

用户增长

提升用户留存率的技巧如图 5-13 所示，主要包括：为用户提供价值和服务、为用户提供高效连接的渠道、让用户保持活跃。在此过程中也需要关注一系列指标，包括：次日留存率（当天新增的用户中，在第 2 天使用过产品的用户数/第 1 天新增的总用户数）；3 日留存率（第 1 天新增的用户中，在第 3 天使用过产品的用户数/第 1 天新增的总用户数）；7 日留存率（第 1 天新增的用户中，在第 7 天使用过产品的用户数/第 1 天新增的总用户数）；30 日留存率（第 1 天新增的用户中，在第 30 天使用过产品的用户数/第 1 天新增的总用户数）。不一定每个产品都需要看所有的日留存率指标，需要根据产品的用户平均活跃周期来选择是按日计算留存率、按周计算留存率还是按月计算留存率。比如游戏产品、社交产品的用户基本每天都会玩，就可以看次日留存率、第 7 日留存率等，而某些电商平台的用户活跃频率可能是按周计算的，就需要看次周留存率等。

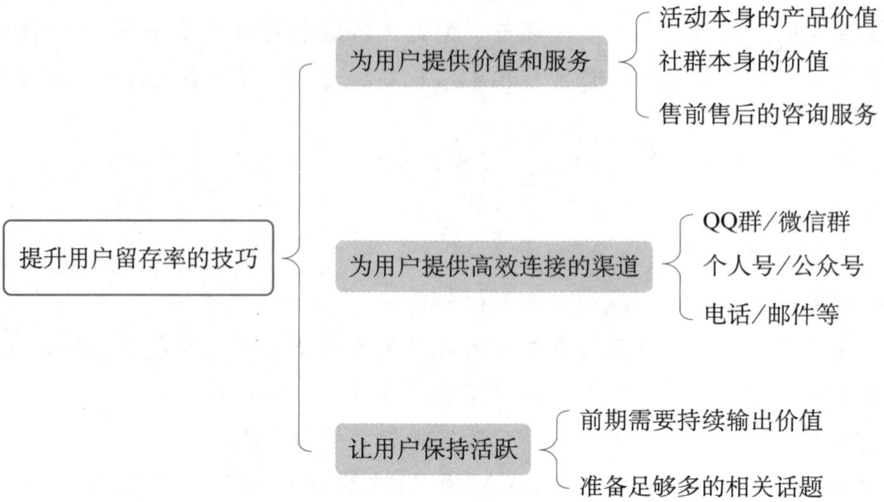


图 5-13　提升用户留存率的技巧

4. 获得收益：让用户产生购买行为

如果用户已经形成了使用产品的习惯，那就可以考虑将这些用户转化为品牌的付费用户，实现盈利。我们要注意“用户”和“付费用户”的区分，这也将影响收入的计算。增加收入需要关注的指标有以下几个：

（1）客单价：每位用户平均购买商品的金额，客单价＝销售总额/顾客总数。

（2）PUR（Pay User Rate）：付费用户占比。

（3）复购率：复购率＝一定时间内消费两次以上的用户/总购买用户数。如果 10 个用户购买了商品，其中 5 个用户产生了重复购买，则复购率为 50%。

5. 推荐传播：让用户自发宣传产品

发展到一定的阶段后，企业自身除了要不断拓展渠道来拉新，还要让老用户形成自发的口碑式病毒传播，这样能为企业带来成本控制及品牌推广方面的积极影响。如果没有这种用户自发传播，企业的用户传播信息流就会中断，也就无法实现自增长。

在这个过程中，用户的忠诚度以及跟用户传播相关的数据就成为我们需要关注的重点，比如：

（1）转发率：转发率＝转发的用户数/曝光的用户数。

（2）转化率：转化率（以淘宝为例）＝某段时间产生购买行为的用户数/所有到达店铺的访客人数。比如“双 11”，看到店铺某个产品的访客有 100 个，最后下单的人数有 10 个，则转化率为 10%。

（3）K 因子（K-factor）：用来衡量推荐的效果。K 因子＝每个用户向他的朋友发出请求的数量×接收到邀请的人转化为新用户的转化率。

K>1，用户群会像滚雪球一样扩大；K<1，用户群到某个规模时就会停止通过自发传播增长。

### （四）PEST 框架

PEST 框架是指用于对企业所处的宏观环境进行分析的一种工具，也就是对政治（Political）、经济（Economic）、社会（Social）和技术（Technological）这四大类影响企业的主要外部环境因素进行分析。不同行业和企业要根据自身特点和经营需要，对宏观环境因素做具体的分析。PEST 框架能帮助企业厘清外部环境因素，做出更好的营销决策。影响行业的宏观环境因素一般情况下不会发生剧烈变化，会有一个循序渐进的变化过程。

1. 政治环境

政治环境包括一个国家的社会制度、执政党的性质，以及政府的方针、政策、法令等。不同国家社会性质的差异，导致对企业的经营活动有着不同的限制和要求。而市场运作需要有一套能够保障市场秩序的游戏规则和奖惩制度，这就形成了市场的法律系统，其对于规范市场和企业行为有着直接的作用。因此，企业在制定经营战略时，既要关注国家既有的法律规定，还要特别关注那些正在酝酿之中的法律，这是企业在市场中生存、参与竞争的重要前提。重要的政治环境变量因素，如表 5 - 7 所示。

2. 经济环境

经济环境从宏观角度来讲，主要指一个国家的人口数量及其增长趋势，主要依靠国民收入、国民生产总值的数据来判断国民经济的发展水平和发展速度；从微观角度来讲，主要指企业所在地区或所服务地区消费者的收入水平、消费偏好、储蓄情况、就业程度等因素。这些因素直接决定着企业目前及未来的市场大小。重要的经济环境变量因素，如表 5 - 8 所示。

3. 社会环境

社会环境指一个国家或地区的居民受教育程度和文化水平、宗教信仰、风俗习惯、价值观念、审美观点等，这些都会影响到用户的需求、用户对待企业的态度，以及用户是否给予关注和认同，并愿意为之消费。居民受教育程度和文化水平会影响居民的需求层次；宗教信仰和风俗习惯会使人们禁止或抵制某些活动的进行；价值观念会影响居民对组织目标、组织活动以及组织存在本身认可与否；审美观点则会影响人们对组织活动内容、活动方式以及活动成果的态度。重要的社会环境变量因素，如表 5 - 9 所示。

4. 技术环境

技术环境是指社会技术总水平及变化趋势、技术变迁、技术突破，以及技术与政治、经济、社会环境之间的相互作用。科技不仅是全球化的驱动力，也是企业的竞争优势所在。技术环境除了要考察与企业所处领域的活动直接相关的技术手段的发展变化外，还应及时了解表 5 - 10 所涉要素。

进行 PEST 分析，不需要每天频繁地追数据。因为其本身指标变化不是很大，采集数据难度又很高。只需要在月度、季度复盘的时候，把握变化趋势，发现变化的苗头，再单独列数据进行分析即可。

**表 5-7　重要的政治环境变量因素**

| 类别 | 一级因素 | 二级因素 | 分析要点 |
| --- | --- | --- | --- |
| 政治环境分析因素 | 政治制度 | 政治体制 | 企业经营范围所在国家和地区的立法、司法、行政权力格局 |
| | | 政党制度 | 企业经营范围所在国家和地区的政党力量、政党的政治主张、执政党的施政纲领 |
| | | 选举制度 | 企业经营范围所在国家和地区的政治选举周期、选举带来的政策延续性风险及新政策影响 |
| | 经济体制 | 市场机制 | 所属行业的市场化程度、政府对经济的干预程度 |
| | | 政府管制 | 所属行业的准入资质、条件、门槛 |
| | 安全政策 | 安全生产 | 安全生产类法律法规的修订和变动，及其对本企业管理制度、费用预算的影响 |
| | | 应急管理 | 结合最近发生的重大突发事件，政府监管部门对企业应急工作的指导意见是什么；本企业在应急能力建设方面需要做哪些工作 |
| | 资环政策 | 资源政策 | 政府对本行业相关的自然资源开发、可持续发展的指导政策 |
| | | 环境政策 | 节能减排、治理污染、生态保护等环保政策的相关要求对本企业的影响 |
| | 国际环境 | 外交关系 | 本国政府与特定国家或地区的外交关系变化，及其对本企业市场份额或供应链带来的机会和威胁 |
| | 政局稳定情况 | 政策延续性 | 所在国的各项政策是否会随执政者变化而产生根本性的变化，对本企业的机会和威胁是什么 |
| | | 利益集团 | 影响所在国政策制定的利益主体或其力量格局是否发生了变化，可能对本行业产生的影响是什么 |
| | 法律法规 | 立法动向 | 与本行业相关的法律法规提案、审议动向如何，其主要内容对本企业的影响是什么 |
| | 标准体系 | 强制标准 | 本行业相关的强制标准（国家标准、行业标准）的变化，及其对本企业的影响 |
| | | 推荐标准 | 本行业相关的推荐标准（国家标准、行业标准）的变化，及其对本企业的影响 |

**表 5-8　重要的经济环境变量因素**

| 类别 | 一级因素 | 二级因素 | 分析要点 |
| --- | --- | --- | --- |
| 经济环境分析因素 | 经济政策 | 经济规划 | 经营范围所在国家或地区的中长期发展规划、“五年计划”等 |
| | | 产业政策 | 政府对哪些特定产业出台了扶植政策或限制政策，这些产业与本企业有何种关联，对本企业发展可能带来哪些影响 |
| | | 货币政策 | 当年的货币政策是积极的还是稳健的，对本行业的影响是什么 |
| | | 财政政策 | 当年的财政政策是扩张性的、紧缩性的还是稳健性的，对本行业的影响是什么 |
| | | 税收政策 | 本企业相关的税收政策的变化，及其对本企业税负和现金流的影响 |
| | | 用工政策 | 当年各级政府对劳动用工的指导意见是什么，本行业和本地区在落实用工政策方面有哪些重点 |
| | | 创新政策 | 各级政府对企业创新研发的激励政策是什么，有关知识产权、区域经济产业升级的新政策可能给本企业带来哪些机会或威胁 |

续表

| 类别 | 一级因素 | 二级因素 | 分析要点 |
|---|---|---|---|
| 经济环境分析因素 | 外贸环境 | 关税政策 | 目标市场国的关税政策，本国的出口退税政策、区域经济一体化情况 |
| | | 汇率 | 本国与贸易对象国的汇率变化 |
| | | 经济增速 | 世界经济增长趋势、贸易对象国的经济增长趋势 |
| | 经济发展水平 | 经济增速 | 所在国的经济增长趋势、增长动力变化情况；所在国的物价变化情况（居民消费物价、工业原材料物价）、变化原因；目标市场国民收入增长情况 |
| | 经济结构 | 产业结构 | 产业结构的变化情况 |
| | | 企业类型 | 目标市场所在地的主体企业类型（规模、性质） |
| | | 产业集群 | 目标市场所在地的产业集聚情况 |
| | 基础设施 | 城市化程度 | 所在国的城市化程度 |
| | | 基建配套 | 目标市场基础设施的配套完善程度 |
| | 要素市场 | 储蓄与信贷 | 居民储蓄余额变化情况、变化原因；信贷余额变化情况、变化原因 |
| | | 资本市场 | 股市、债市、VC 等资本市场走势 |
| | | 原材料价格 | 产业链相关企业的原材料价格变化趋势。 |
| | | 就业情况 | 失业率、劳动力市场供应情况、行业薪资水平与变化趋势 |

**表 5－9　重要的社会环境变量因素**

| 类别 | 一级因素 | 二级因素 | 分析要点 |
|---|---|---|---|
| 社会环境分析因素 | 人口因素 | 人口总量 | 人口总量和人口增长率、人口出生率和死亡率、性别比例、结婚离婚数量、地区人口迁徙变化情况 |
| | | 年龄 | 不同年龄阶段人员数量与变化趋势、老龄化水平、预期寿命 |
| | 社会结构 | 收入结构 | 不同收入水平的人员占比，及其对本企业而言意味着什么样的机会 |
| | | 受教育水平 | 国民受教育水平、目标用户平均受教育水平，及其对商品差异化的影响 |
| | | 城市化水平 | 城乡人口比例、消费偏好及城市化进程 |
| | 心态观念 | 职业心态 | 对待工作的态度、择业偏好、工作生活平衡的选择等 |
| | | 休闲方式 | 目标客户的主流休闲方式，及其对业务模式可能带来的影响 |
| | 社会文化 | 民族文化 | 民族文化的多元性、差异性、包容性，及其对经营管理策略（如本土化）的影响 |
| | | 宗教 | 宗教种类及其对当地民众的影响 |
| | | 潮流与风尚 | 当地有哪些风俗风尚、最新的潮流趋势是什么 |
| | 社会文化 | 社会福利 | 当地的社会保障机制是否健全、对消费和安全感的提振是否显著 |
| | | 可支配收入 | 目标用户的可支配收入变化趋势 |
| | | 消费意愿 | 目标用户的刚性需求、弹性需求的消费意愿 |

**表 5-10　重要的技术环境变量因素**

| 类别 | 一级因素 | 二级因素 | 分析要点 |
| --- | --- | --- | --- |
| 技术环境分析因素 | 研发投入 | 政府投入 | 政府在研究开发方面的预算和投入项目 |
| | | 企业投入 | 企业的研发投入 |
| | | 科研机构投入 | 本领域相关科研机构的研发投入 |
| | 新技术 | 创新能力 | 本企业相关领域的技术人才在何处、对企业的影响是什么 |
| | | 技术迭代 | 技术发展动态、技术更新速度与生命周期 |
| | 技术产业化 | 产业化水平 | 本企业相关领域的高技术产业水平、应用场景以及有哪些创新 |
| | | 产业化能力 | 与本企业相关的技术、谁拥有最高的产业化能力 |
| | 知识产权 | 技术壁垒 | 本企业相关核心技术的知识产权掌握在谁的手中 |
| | 基建性技术发展 | 能源技术 | 输电、新能源技术的发展动态及商用情况 |
| | | 材料技术 | 新材料技术的发展动态及商用情况 |
| | | TMT 技术 | 通信、媒体、信息技术的发展动态及商用情况 |
| | | 生物医药技术 | 生物、制药、医疗、基因工程等技术的发展动态及商用情况 |

### （五）STP 框架

在现代市场营销理论中，市场细分（Market Segmenting）、目标市场（Market Targeting）、市场定位（Market Positioning）是构成企业营销战略的核心三要素。由三者组成的 STP 营销框架（如图 5-14 所示），是指企业在市场细分的基础上，确定目标市场后把产品或服务定位在目标市场中，这三者是产品营销方向性、全局性的关键因素，影响着产品组合策划，也影响着企业的价格、渠道选择、促销方案的制定。STP 适合企业在了解内外部环境及优劣势的情况下，依据自身情况有针对性地去做细化业务的精准决策。

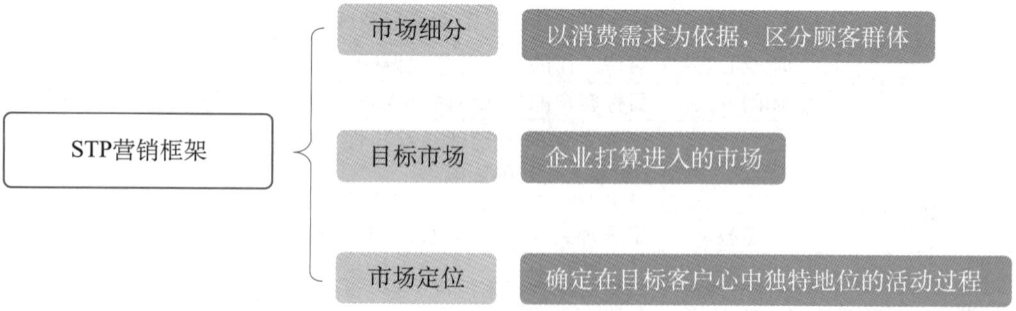


**图 5-14　STP 营销框架**

1. 市场细分：按照各种标准建立子市场的过程

市场细分的概念是美国市场学家温德尔·史密斯（Wendell R. Smith）于 20 世纪 50 年代中期提出来的。市场细分就是按照细分标准，通过市场调研，依据消费者的特征、需要和欲望、购买行为和购买习惯等方面的差异，将一个产品的整个市场划分为若干个需要不同标准的产品和服务的消费者群的市场分类过程。需要注意的是，分类针对的是不同需求的消费者，而不是产品，一个消费者群就是一个细分市场（子市场）。市场细分的变量及内容如表 5 - 11 所示。

划分用户群

**表 5 - 11　市场细分的变量及内容**

| 细分变量 | 内容 |
| --- | --- |
| 地理细分 | 国家、地区、城市、农村、气候、地形等 |
| 人口细分 | 年龄、性别、职业、收入、教育、家庭人口、家庭类型、家庭生命周期、国籍、民族、宗教、社会阶层等 |
| 心理细分 | 社会阶层、生活方式、个性等 |
| 行为细分 | 时机、追求利益、使用者地位、产品使用率、忠诚程度、购买准备阶段、态度等 |
| 市场细分的基本原理：市场是商品交换关系的总和，本身可以细分 | |
| 市场细分依据：消费者异质需求的存在 | |

市场细分对企业的生产、营销起着极其重要的作用，主要表现为：有利于选择合适的目标市场并制定市场营销策略；有利于发掘市场机会，开拓新市场；有利于集中人力、物力投入目标市场；有利于企业提高经济效益。

市场细分的步骤主要包括：选定产品市场范围、列举潜在顾客的需求、分析潜在顾客的不同需求、制定相应的营销策略。

2. 目标市场：决定了企业应该追求和服务的群体

企业在市场中寻找和选择与自身实力相匹配的市场作为经营的主要市场，这个市场就称为目标市场。选择目标市场，明确企业应为哪一类用户服务，满足他们的哪一种需求，是企业在营销活动中的一项重要策略。目标市场是企业长期经营并持之以恒发展的市场，是企业业务战略的一部分，代表了企业长期的发展方向。

选择目标市场一般运用以下三种策略：

（1）无差别性市场策略。

这种策略就是企业把整个市场作为自己的目标市场，只考虑市场需求的共性，而不考虑其差异，运用一种产品、一种价格、一种推销方法，尽可能多地吸引消费者。这种策略的优点是产品单一，容易保证质量，能大批量生产，降低生产和销售成本。但如果同类企业也采用这种策略，必然要形成激烈竞争。所以，面对竞争强手时，无差别策略也有其局限性。

（2）差别性市场策略。

这种策略就是企业把整个市场细分为若干子市场，针对不同的子市场，设计不同的产品，制定不同的营销策略，满足不同的消费需求。这种策略的优点是能满足不同消费者的差异化需求，有利于扩大销售、占领市场、提高企业声誉。缺点是由于产品差异化、促销方式差异化，管理难度有所增加，生产和销售费用也较高。一般只有实力雄厚的大公司采用这种策略。

（3）集中性市场策略。

这种策略就是企业在细分后的市场上，选择两个或少数几个细分市场作为目标市场，实行专业化生产和销售。集中性市场策略的优势是能集中优势力量，有利于产品适销对路，降低成本，提高企业和产品的知名度。缺点是有较大的经营风险，因为它的目标市场范围小，产品品种单一，无法应对消费者需求和爱好的变化，也无法与强有力的竞争者抗衡。采用这种策略的企业对目标市场有较深的了解，这是大部分中小型企业应当采用的策略。

三种目标市场策略各有利弊。在选择目标市场时，必须考虑企业面临的各种因素和条件。

3. 市场定位：企业能向目标市场提供的有竞争力和差异化的价值

市场定位是 20 世纪 70 年代由美国学者阿尔·赖斯提出的一个重要的营销学概念，根据其观点，定位就是在对本产品和竞争产品进行深入分析后，基于对消费者需求的准确判断，确定产品与众不同的优势，确立在消费者心中的独特地位，并将产品价值传递给目标消费者的动态过程。菲利普·科特勒认为，市场定位是对企业的产品进行设计，使其能在目标顾客心目中占有一个独特的、有价值的地位的行动。总之，市场定位就是根据产品的关键特征及卖点对产品进行包装，确立自己的产品在市场上的竞争地位。市场定位的方法如图 5－15 所示。

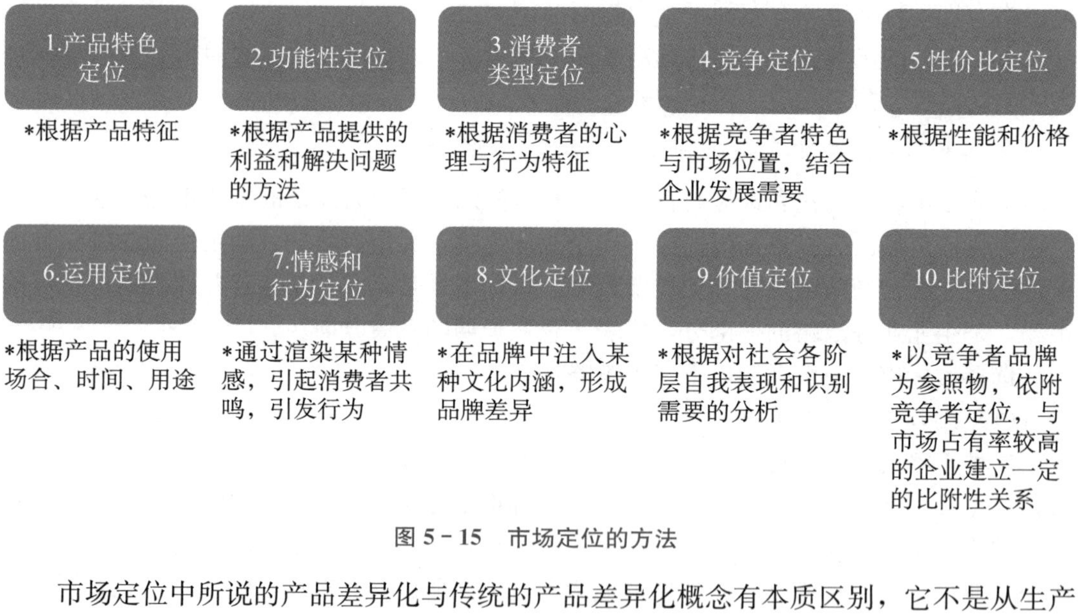


**图 5－15　市场定位的方法**

市场定位中所说的产品差异化与传统的产品差异化概念有本质区别，它不是从生产者角度出发单纯追求产品变异，而是在对市场进行分析和细分的基础上，寻求建立某种产品特色，因而它是现代市场营销观念的体现。

**（六）PMF 模型**

PMF（Product-Market Fit），即产品和市场达到最佳的契合点，所提供的产品正好满足用户的需求，令客户满意。产品市场匹配的概念在 2007 年由网景公司的联合创始人马克·安德森（Marc Andreessen）提出。当某个产品正好符合市场的需求，并且能够被市场消费时，就叫作 PMF。

“PMF 金字塔模型”是一个可操作性的模型，它用五个关键要素定义了产品与市场相匹配的问题。在这个层级模型中，每一个要素就是金字塔的一层，并且直接与它上下层相关联，从下到上，这五层依次是：目标用户、用户未被满足的需求、价值主张、产品功能集合、用户体验，如图 5-16 所示。

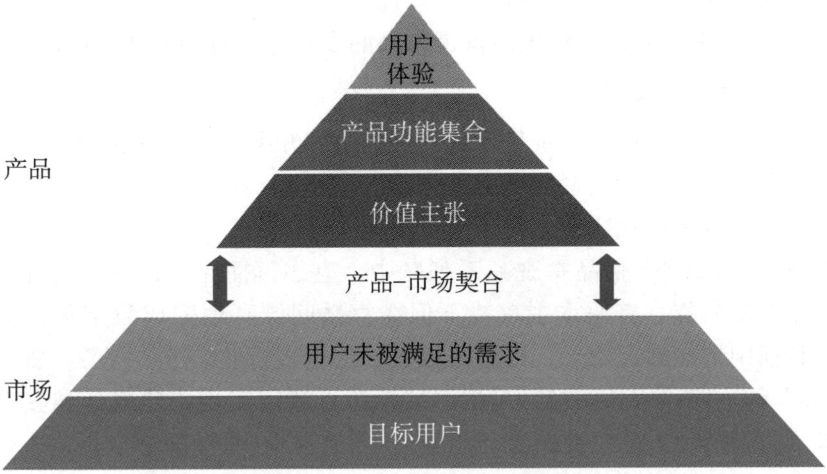


图 5-16　PMF 金字塔模型

（1）目标用户（Target Customer）：明确目标用户。

（2）用户未被满足的需求（Underserved Needs）：需求分为已有需求、潜在需求、未来需求，分析用户属于哪种需求。

（3）价值主张（Value Proposition）：明确产品的价值主张，确定产品为用户提供的核心价值。

（4）产品功能集合（Feature Set）：根据需求梳理产品功能点，确定核心需求和关键功能。

（5）用户体验（User Experience）：制作产品模型，目标用户验证是否满足需求，获取用户体验。

产品生存的根本在于满足用户的需求，因此，在整个 PMF 的过程中，产品和市场衔接的契合部分是一个动态校正的过程，所以要不断洞察市场，调整产品和营销的方向，来找到最佳的契合点。

## 五、新媒体营销的趋势

目前，新媒体营销的现状主要有以下四个方面：新媒体成为营销活动主阵地，营销比重将继续加大；新媒体营销广告用户接受度逐渐提高，内容真实性和趣味性将成为发展要点；5G 助推视频行业发展，短视频将成为未来新媒体营销主流；新媒体营销行业环境待净化，数据透明化促进市场健康发展。

企业新媒体运营现状

在未来，新媒体营销的主要问题及挑战有以下几点：

（1）营销环境变化及差异：线上线下消费人群本身的差异性。

（2）信息透明与品牌安全暗藏漏洞：信息贫乏的品牌营销主在选择营销平台和合作对象时会处于不利的位置。加上数据造假、注水刷量、

企业如何运营新媒体

创意被盗、物料泄露等问题，亦会给品牌带来威胁。

（3）人才匮乏：当前专业的新媒体营销人才仍十分匮乏，且人们对营销的重视程度普遍较低。

（4）全球化营销进程缓慢：企业普遍缺乏国际营销意识，加上专业的全球化营销人才缺乏，全球化营销进程缓慢。

综合来说，新媒体营销未来的发展趋势将主要体现在以下几个方面。

### （一）“播品牌”强势崛起

“播品牌”，指的是通过直播带货形成较高的品牌知名度和品牌势能，直播带货贡献的当下销售额和连带销售额占总销售额的比重超20%，并保持高速增长的品牌。现在越来越多的品牌广告主将直播作为营销重点。

在2021年“淘榜单·播品牌观察系列”中，有靠直播起步、逐步培育消费者心智进而站稳脚跟的新品牌，有原本主攻线下但在直播间漂亮地完成数字化转型的成熟品牌，也有在直播中精准圈定用户、高速高效成长的垂直行业品牌，等等。如表5-12所示，“播品牌”的这四种成长路径，是根据品牌在直播间实现快速成长和突破的关键时期的直播模式所归纳出来的主要路径。事实上，品牌们在直播间通常是达人带货和品牌自播并行，实施矩阵化运营。

**表5-12 “播品牌”的四种成长路径及特征**

| | 投放头部主播 | 投放腰部、素人主播 | 签约孵化主播带货 | 店铺自播 |
|---|---|---|---|---|
| 投入 | 单位时间内投放成本高 | 投放成本相对低 | 投放成本转化为内部运营成本 | 提供讲解、答疑、售后服务，投放成本为人力 |
| 产出 | 品宣和销量打爆的效果都非常明显，适用于大促和上新造势 | 具备深度讲解产品的能力，适合深度种草、销售转化 | 直播排期、选品可更密集、灵活 | 线上店铺运营的新渠道、新手段，甚至是标配；也是一种更深度的店铺客服 |
| 价值 | 有助于打造爆品、清扫库存 | 通过信任关系促成黏性粉丝购买 | MCN业务可为其他品牌带货并获得收入 | 门店直播，可强化线上体验感 |

### （二）品牌将更重视数字化营销

在全面来临的5G时代，AIoT（智能互联）将变为现实，品牌将越来越重视平台数字化营销，追求长效ROI（投资回报率），打造IP，长、短视频+直播融合，媒体卖场合二为一。在AIoT时代，信息传播会进一步数字化，例如现在品牌开直播已然普及，且在未来将进一步高清化。直播间对品牌来说既是宣发渠道，也是销售转化的途径。

### （三）品牌内容营销成为主流

做内容营销是品牌进行营销升级的必然选择。一方面，品牌通过内容传播使用户获取品牌信息，促进信息交互；另一方面，用户作为信息接收者，在碎片化的互联时代，对信息内容价值的要求越来越高，反感直接生硬的营销信息，更愿意接受有趣、有价值、愿意分享的品牌内容。越来越多的品牌主向内容营销投入和增加预算，开展品牌植入营销、原生内容营销和互动内容营销等。

### （四）企业“自播”成趋势

直播带货在快速发展的同时也暴露出许多问题，使消费者对直播带货的信任一降再降。头部主播垄断平台流量导致直播成本日益高涨，品牌不堪重负。对于品牌来说，直播带货将成为营销基础工具，要努力摆脱对头部主播或者单一渠道的依赖，培养“品牌自播力”。企业CEO天团、名人组团、县长抱团……直播间迎来了来自四面八方各行各业的“主播”，围绕直播带货的MCN、主播孵化、供应链等上下游呈现出蓬勃发展的气象。

### （五）私域流量成品牌增量场

随着品牌们扎堆抖音、快手，中心化流量越来越贵，私域流量成为价值洼地。相对于传统流量模型的“一竿子买卖”而言，私域流量意味着可沉淀的粉丝资产。

## 任务二　新媒体营销的方法

### 情境重现

在实施新媒体营销之前，需要了解新媒体营销的不同方法各有何优势。营销方法除了要与营销目标密切相关之外，还要考虑到企业的实力、目标人群、渠道等因素。该罐装奶茶饮品企业上新了产品，想要在春节即将到来之际，借助新媒体营销，打开年轻人市场，你会为其选择何种新媒体营销方法呢？说说原因。

### 课堂讨论

请选出表5－13中你认为更依赖于口碑营销的产品，在产品后打“√”，并说说原因。

**表5－13　依赖“口碑营销”的产品**

| | | | |
|---|---|---|---|
| 鲜花店 | | 大米 | |
| 餐厅 | | 醋 | |
| 英语培训班 | | 辣椒酱 | |
| 手机 | | 方便面 | |
| 某款游戏 | | 某款新果汁 | |

### 知识准备

新媒体平台的传播以其时效快、涉及广、影响大等优势受到个人、企业的青睐。很多企业与品牌开始利用新媒体平台的特性开展品牌营销，并获得了巨大的成功。新媒体营销有很多方法，但从效果方面来看，关键在于传播效率和传播结果。在本任务中我们将学习新媒体营销的方法，包括：病毒营销、事件营销、口碑营销、知识营销、情感营销以及社群营销。

## 一、病毒营销

病毒营销是新媒体营销中最为常见的一种方法，具备和“病毒”类似的特点：传染性强、传播速度快、传播范围广。病毒营销通过公众的人际关系网和主观能动性，将信息快速复制、传播，如同“滚雪球”一般不断扩大辐射范围，使产品迅速得到推广。这种营销方式具备极快的更新速度、传播速度和接收速度，影响力短而快，需要抓住营销的“爆发期”。淘宝这几年在“双 11”和“618”期间的盖楼、叠猫猫等活动，以及拉亲友入股抢红包大战，都是很典型的病毒营销案例。

对点案例

病毒营销：淘宝“‘双 11’盖楼大挑战”

所谓的“盖楼”，简单来说是淘宝在“双 11”之前投放的一项预热玩法“盖楼大挑战”，参与进来的玩家可以做任务、领喵币、盖楼，同时通过社交分享助力，让楼层盖得更高，在比赛过程中取得胜利者可以瓜分更多的红包（如图 5－17 所示）。

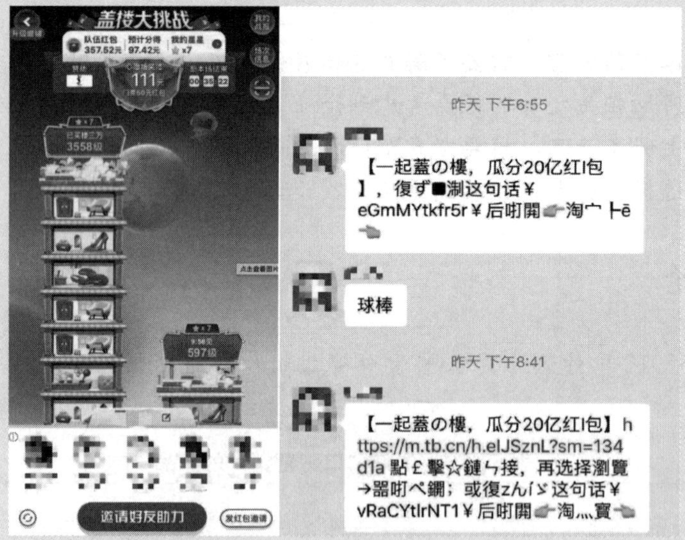


图 5－17　盖楼大挑战

在引发大规模传播的同时，关于“淘宝盖楼”套路式捆绑用户、压榨用户时间的讨论也在增多，其中不乏针对游戏设计的批评声音。一定程度上，这将游戏推到了风口浪尖。这种声音主要认为，官方过于捆绑用户。如上文提到的组队玩法，玩家不能无缘无故离队，否则分不到应有的奖励，为了最终奖励硬着头皮也要留队；同时，玩家每天会被强制扣门票参赛，如果中途暂时离开，则有可能导致战队失败、红包减少、降级、奖池资金减少、收益减少，最终薅羊毛没薅成，自己却心力交瘁。正是这些玩家眼中的强制性内容，让他们产生了被牵着鼻子走的感觉，要么不去参与，要么就一条路走到底，动员人脉提升实力，赢到最后。

当然也有一部分用户耗费的不仅仅是精力，还有财力。在盖楼游戏中，队员可以发红包拉人，尤其在两方势均力敌的备战阶段，红包拉人显得格外奏效。不可否认，许多用户对“淘宝盖楼”抱着一种玩休闲游戏的预期，但对其重度化的游戏内容有些不太适应。而当玩游戏变成了一种负担，那么质疑声就在所难免。

随着电商平台激烈的竞争发展，游戏也早已成为平台方想要利用的“武器”之一。在未来，我们可能还会见到更多类似的产品出现。值得一提的是，淘宝还发布了一份声明，每位参与盖楼的玩家，所盖的每一层楼将对应一块爱心砖，为乡村图书馆添砖加瓦。收获流量的同时，淘宝这个做法又收获了口碑。

淘宝凭借着盖楼等小游戏吸引用户留在平台，继续刷新着自己的销售额记录，病毒营销在整个过程中居功至伟。

资料来源：游戏葡萄．这个游戏化的“双 11”营销活动，竟然让淘宝一周吸引了 3 亿用户参与．(2019－11－09) [2023－02－15]. https://www.sohu.com/a/352764394_204824.

**分析提示**

传统的营销做到了广而告之，让消费者在被动的重复中加深了印象，营销的效果很难衡量。而互联网时代注重用户体验，讲求互动。病毒营销抓住了受众的感性心理，利用其易于陷入冲动、乐于在分享中得到心理上的某种满足的特点，唤起情感共鸣。

病毒营销成功的基础在于内容的可传播性，同时需要具备以下特点：

(1) 内容要求是独创的，满足公众的好奇心和炫耀心。

(2) 内容中植入营销利益点，体现产品优势，满足公众基本需求。

(3) 选择利于酝酿和传播的平台，确定核心传播人群，通过平台与目标人群使信息快速传播。

(4) 找合适的人讲述，找有影响力的人传播。

(5) 掌握舆论发展导向，对信息的传播进行跟踪管理。

## 二、事件营销

事件营销（Event Marketing）是指在真实和不损害公众利益的前提下，企业通过策划、组织和利用具有新闻价值、社会影响以及名人效应的人物或事件，吸引媒体、社会团体和消费者的兴趣与关注，以求提高企业或产品的知名度、美誉度，树立良好品牌形象，并最终促成产品或服务销售目的的手段和方式。简单地说，事件营销就是通过把握新闻的规律，制造具有新闻价值的事件，并通过具体的操作，让这一新闻事件得以传播，从而达到广告的效果。事件营销能极大地扩大营销的受众面，提升宣传的效果，节约宣传的成本。

### （一）事件营销的特点

如图 5－18 所示，事件营销具有低成本、目的性、风险性、多样性、新颖性、效果明显、求真务实、以善为本、全面系统化的特点。

事件营销的特点

- 1.低成本 —— 事件营销一般通过软文形式来表现，然后通过媒介裂变达到传播的目的，所花费用较少
- 2.目的性 —— 事件营销策划的第一步就是要确定自己的目的，然后明确通过何样的新闻可以达到自己的目的
- 3.风险性 —— 事件营销的风险来自媒体的不可控性和新闻接收者对新闻的理解程度
- 4.多样性 —— 事件营销是国内外十分流行的一种公关传播与市场推广手段，它具有多样性，集新闻效应、广告效应、公共关系、形象传播、客户关系于一体
- 5.新颖性 —— 事件营销往往是通过当下的热点事件来进行营销，它不像过剩的垃圾宣传广告一样引起用户反感
- 6.效果明显 —— 一般通过一次事件营销就可以聚集到很多用户，具有话题性，然后很多门户网站都会进行转载，效果显而易见
- 7.求真务实 —— 事件营销必须首先做到实事求是，不弄虚作假，这是对企业网络事件营销最基本的要求。这里既包括事件策划本身要“真”，还包括由“事件”衍生的网络传播也要“真”
- 8.以善为本 —— 事件营销的策划和网络传播都要做到：自觉维护公众利益，勇于承担社会责任
- 9.全面系统化 —— 网络事件策划要注重企业、组织行为的自我完善，要注意网络传播时沟通的风度，要展现策划创意人员的智慧

图 5－18　事件营销的特点

### （二）事件营销的方式

事件营销的方式主要包括：名人效应与特别事件结合、“发烧友”的证言类事件、叠加社会热点。

1. 名人效应与特别事件结合

名人效应与不寻常的事件相结合，可以使本身就极具讨论度的事件更受关注，有影响力的人做了特别的事就能加大传播的力度。

## 对点案例

### 法国队夺冠，华帝退全款

2018 年 7 月 6 日凌晨，在世界杯决赛中法国队以 4∶2战胜克罗地亚夺冠，距离上次捧起大力神杯已经相隔了 20 年。随后，法国队的赞助商华帝宣布“法国队夺冠退全款”的活动正式开始。世界杯开幕前，华帝就通过微博公布了董事长的签名文件，表示了对这次活动的重视程度。微博各大 V 账号纷纷转发引起第一波宣传热潮。

6 月 14—30 日，华帝利用 H5 广告，在微信、朋友圈、贴吧全面推广，使这次宣传达到高潮。在宣传期间，不仅仅是线上传播，线下全国 40 个城市的分众框架广告、网易广告等也在非常积极地配合宣传。在世界杯中，随着法国队高歌猛进，特别是在淘汰赛中连克强队，夺冠呼声不断高涨。“法国队夺冠 华帝退全款”被广大受众所熟知，并引起大家的热议（如图 5－19 所示）。虽然不是官方赞助商，但是华帝的微博和微信，不仅自身传播力度巨大，而且带动了全网参与狂欢。7 月 16 日凌晨，华帝官方微博发出公告，正式启动“退全款”流程，宣布只要是 6 月 1 日 0 时至 7 月 3 日 22 时购买华帝“夺冠套餐”的消费者都可以退还全款。华帝不仅公告退款，而且公示了退款的整个流程。

图 5－19 华帝新媒体平台宣传海报

7 月 4 日，在营销活动截止后，华帝发布了一则公告，根据华帝初步统计，活动期间“夺冠退全款”指定产品的线下渠道销售额约为 5 000 万元，线上则约为 2 900 万元。按照营销方案，华帝总部只承担线上自营的免单退款，而线下售出产品的免单退款则由经销商负责。因此，此次“退全款”活动销售总额约为 7 900 万元，华帝总部及各级经销商需要承担的是生产成本、进货成本和部分促销费用，实际支出金额应该低于 7 900 万元。

对华帝来说，活动所带来的销售增长是它们最为关注的。

据统计，活动期间，华帝线下渠道总零售额预计超过 7 亿元，同比增长 20%，其中夺冠套餐零售额占总零售额的 7%；线上渠道总零售额预计超过 3 亿元，同比增长 30%，其中夺冠套餐零售额占总零售额的 9.67%。

以此计算，6 月 1 日至 7 月 3 日期间，华帝的营业利润约为 4.3 亿元，营销所带来的营业利润增长约为 0.99 亿元，足以覆盖“退全款”营销活动的支出，还多赚了

2 000多万元。

资料来源：蓝河 LIN. 事件营销经典案例分享：原来广告也可以做成这样！(2019-11-28)[2023-02-15]. https://baijiahao.baidu.com/s?id=1651436692945640452&wfr=spider&for=pc.

**分析提示**

事件营销最主要的特点就是针对性。从某种意义上说，事件营销就是在每一个时间段最热门的事件中捕捉商机，然后利用这件事情产生新的创意，创造与这件事完全相关的事件。除此之外还有另外一种方式，就是自创事件，进而开展有针对性的营销。

2. “发烧友”的证言类事件

这里的“发烧友”指的是使用产品后，为其无偿宣传的用户。发烧友的证言容易形成话题事件并不断讨论、翻新。如图 5-20 所示，2019 年某服装品牌发售了与某美国潮牌合作的联名系列——最高售价仅 99 元的 T 恤，此次跨界引燃抢购热潮，这个系列的 T 恤基本上在 3 秒内就被抢光。如图 5-21 所示，某咖啡品牌推出的樱花季限定产品“猫爪杯”，遭到了消费者的疯抢。有人为了它凌晨排队，有人搭帐篷排队抢购，有人甚至把原价 199 元的杯子炒到了 1 000 多元……

图 5-20　某服装品牌与某美国潮牌联名 T 恤抢购现场

图 5-21　某咖啡品牌“猫爪杯”

3. 叠加社会热点

这是指在已有热点上不断叠加新的社会热点，引发更大范围的发酵，实现出圈。需要注意的是，不要单纯地“蹭流量”，更重要的是学会审时度势、依势而行，预判热点与内容的结合，实现锦上添花。

对点案例

鸿星尔克迎来网友“野性消费”

河南省遭遇特大暴雨灾情，受到各界关注与支援，其中一家捐款献爱心企业受到网友的关注。

7 月 22 日晚，刚刚向河南捐款 5 000 万元物资的鸿星尔克淘宝直播间涌进大量粉丝。超过 200 万人参与扫货，上架一款抢空一款。网友齐刷刷点赞留言，并呼吁“上最贵的!”。截至 7 月 23 日，鸿星尔克淘宝直播间粉丝量已增至 752.6 万，获赞 38.9 万，数据大幅增长。

同时，“鸿星尔克的微博评论好心酸”相关话题持续登上热搜，这家老牌运动服饰鞋袜品牌也重新出现在大众视野。在该话题下，鸿星尔克被认为是“快倒闭了还默默向河南灾区捐款”，围观网友纷纷向该公司表达“心疼”和致敬之情。

相关话题上热搜后，网友大量购买鸿星尔克相关产品，其带货直播间关注度飙升。有意思的是，在销售额猛增时，鸿星尔克总裁于 23 日凌晨 1 点出现在直播间，向消费者致谢的同时呼吁网友“理性消费”。

资料来源：中国网推荐．鸿星尔克捐款5 000 万被心疼，网友：我们给你充会员．(2021-07-23)[2023-02-15]. https://baijiahao.baidu.com/s?id=1706078354104998202&wfr=spider&for=pc.

**分析提示**

出现社会热点话题时，新闻媒体往往都是闻风而动，四处收集相关信息素材。这些社会热点，往往也是群众关心的焦点，如果能恰当围绕这些社会热点策划营销事件，则会收到事半功倍的营销效果。如果在事件过程中展现了品牌正面、积极的形象，还能为品牌博得消费者们的好感，提升品牌形象。

### （三）事件营销的运作流程

如图 5-22 所示，事件营销的运作流程主要包括事件策划、媒介选择、事件引爆、事件传播、事件发酵、事件升级、事件落地七个步骤。

## 三、口碑营销

口碑营销是指企业将产品融入用户生活，通过受众亲友间的交流来传播产品信息。亲友指广义上的亲友，除了传统意义上的亲人、朋友，还包括网络上喜爱的博主。口碑营销的转化率较高，通过熟人推荐容易建立消费者对产品的信任，可以使其持续关注品牌，再影响周边其他人，因此，口碑营销最大的特点就是“可信度高”。不过，这种营销模式需要先引导消费者购买产品，再进行二次传播和营销。

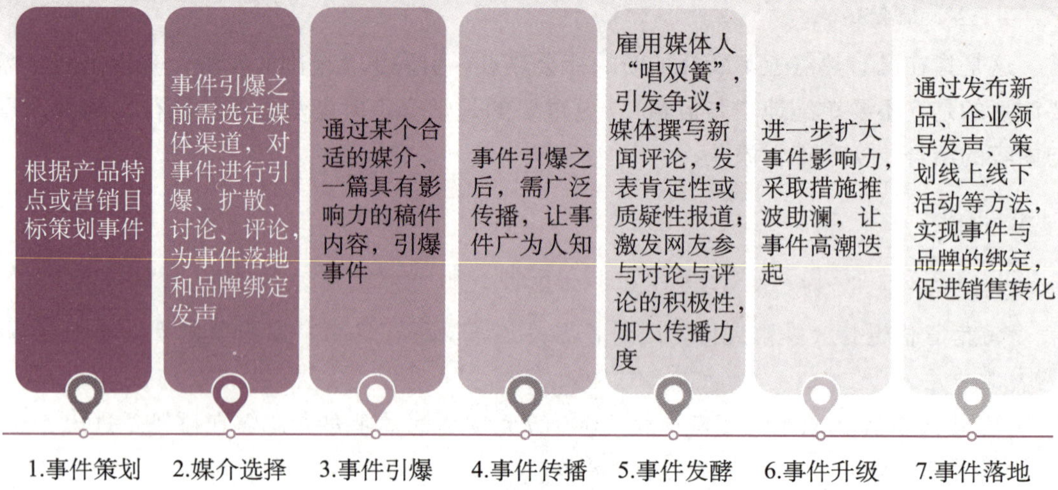


图 5-22　事件营销的运作流程

### （一）口碑营销的特点

口碑营销有以下九个特点：宣传费用低、可信任度高、针对性强、具有团队性、发掘潜在用户成功率高、能避开对手锋芒、能影响消费者决策、能建立品牌忠诚度、能展现正面形象与亲和力。

### （二）口碑营销成功的基础

#### 1. 确定核心人群，通过核心人群开展口碑营销

核心人群主要分布在社交媒体上，如微博、小红书的大 V 博主，都是企业可以聚类投放的人群。通过核心人群的产品使用和分享，激发粉丝的购买欲望。

#### 2. 明确产品核心价值，避免频繁“刷屏”

新媒体营销产品众多，想要在各类产品中脱颖而出，就要求产品价值简单、突出，更容易被转化和试用。要珍惜每次分享的机会，言简意赅、直击人心，切忌频繁营销，引起消费者反感。

#### 3. 产品与故事相结合，关注消费者

要学会为产品赋予故事性并且学会讲故事，为产品赋予故事性的同时，企业或品牌也成了消费者的朋友。例如，某音乐平台通过用户的乐评分享营造氛围感，在 App 内的评论区展示用户的故事，使平台也成了用户的朋友。

### （三）口碑营销的模式

口碑营销是一个从发声、传播到接收的循环过程。企业进行口碑营销可根据这一过程来操作。口碑营销的目标就是使搜索者接收到企业或产品信息并获得其认可，所以口碑营销的操作过程可分为以下几步：选择发声身份、确定形式内容、选择传播渠道、客户接收信息后维护。

#### 1. 选择发声身份

大量的调查报告显示，人们想了解某种产品或服务的信息时，更倾向于咨询朋友、专家，或者在互联网上搜索等，此时人们所寻求的就是第三方对其的评价与看

法。如图 5－23 所示，不同的发声身份代表了不同的立场，也能带来不同的发声效果。

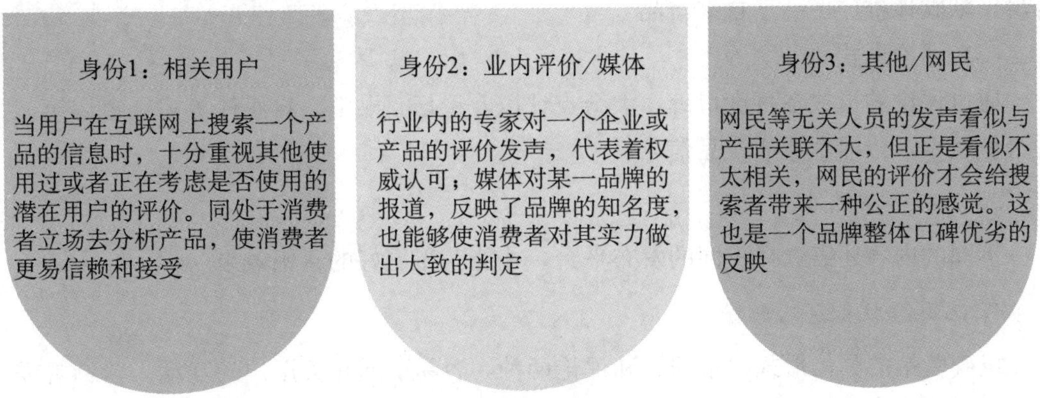


图 5－23　不同身份的发声效果

2. 确定形式内容

口碑营销的形式内容有多种，不同的形式会对客户产生不同的效果，具体有两种典型可操作的形式。

（1）问答形式。

以问答的形式通过问答平台（如知乎、百度知道）、论坛、贴吧等，以第三方的身份进行发声。一个完整的问答，有提问，有回答，还有企业官方、相关用户、同行形成的互动讨论。通过平等的交流互动，无形之中将产品和品牌信息输出，更易获得客户的信任。图 5－24 所示为“小米有品”针对知乎问题“5 000 元以内海缸解决方案有哪些?”

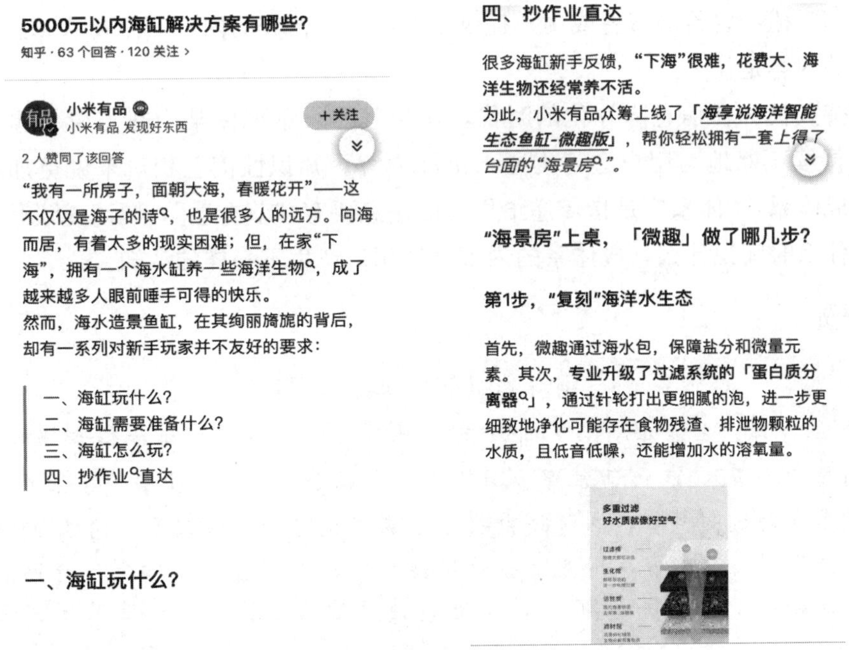


图 5－24　“小米有品”在知乎的问答

的回答，不仅科普及回答了海缸玩什么、需要准备什么、怎么玩等问题，还给用户提供了解决方案——购买小米有品的海享说海洋智能生态浴缸-微趣版，利用专业的态度和身份，默默地推广了一下自家产品。

（2）评论形式。

通过评论的形式在百度口碑、大众点评以及论坛、贴吧、自媒体等多渠道以第三方的身份发声，传播企业或产品信息。

3. 选择传播渠道

不同的内容还需选择不同的发布平台，才能获得更好的营销效果。

4. 客户接收信息后维护

口碑营销的具体形式包括问答和评论两种，容易引起相关用户的互动。营销者需要在互动中完善企业产品信息输出，在保持内容热度的同时抓住潜在用户，提升口碑营销的效果。

## 四、知识营销

随着用户内容偏好的转变，他们越来越喜欢看对工作、学习、日常生活有帮助的内容，与切身利益相关的、有思想深度的内容更能吸引用户。知识营销指的是向大众传播新的科学技术以及它们对人们生活的影响，通过科普宣传，让消费者不仅知其然，而且知其所以然，重新建立新的产品概念，进而使消费者萌发对新产品的需要，达到拓宽市场的目的。简而言之，就是品牌以知识性的信息与用户进行沟通，使用户在获取知识的同时建立起对品牌的信任感。知识营销具有高门槛、持久性、成体系的特点。

（1）高门槛：要给消费者或用户提供专业的、有营养的内容，需要认真思考消费者真正需要的内容是什么。

（2）持久性：在信息碎片化的时代，用户其实很难记住某个热点营销事件，这就要求品牌持续不断地与用户进行沟通，沉淀内容。知识性信息相对来说更加持久。

（3）成体系："体系"是指传递给用户的信息要有"节奏感"，厘清先说什么、后说什么、在什么时间说什么，成体系的内容会使用户产生不一样的认知。

**对点案例**

用发动机煎牛排靠谱吗？

2017年8月，奥迪在知乎上回答了"用汽车发动机煎牛排这事靠谱吗？"的提问（如图5-25所示）。该话题源于国外的一本美食书，而奥迪借此在知乎上做了一次关于汽车发动机的科普，同时隆重推出了自己的新车，从鸡蛋、牛排到龙虾……图片与视频都很有冲击力，用实验和数据摆事实、讲道理，再加上优秀回答者参与讨论，使话题浏览量达到近40万，同时也使这次话题讨论成为奥迪新车营销的引爆点。

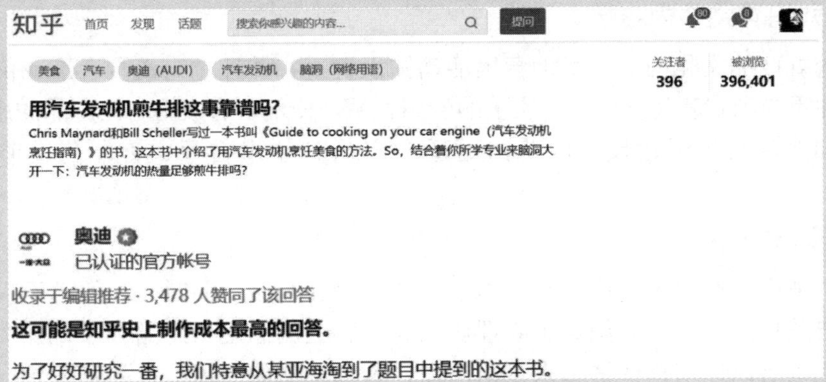


图 5-25　奥迪回答知乎相关问题

资料来源：知乎．用汽车发动机煎牛排这事靠谱吗？.（2017-08-21）[2023-02-15]. https://www.zhihu.com/question/62550008/answer/215157330.

**分析提示**

知识营销的应用十分广泛，大到企业的大型广告、公关活动，小到个体商贩的销售行为。一种产品，营销者不仅要宣传其用处、好处，要介绍其使用方法和维修的技巧，还要科普有关这种产品系列未来发展趋势方面的知识，引导人们的生活方式与消费理念，从而达到提高销售量的目的。

### （一）知识营销的优势

1. 满足用户的求知欲，为品牌积累口碑与人气

知识营销既可以满足用户的求知欲，又可以在传递知识的同时将品牌的核心价值和产品的性质、特色传达出去，加强新消费者对品牌、产品的认知，从而提高品牌知名度，提升品牌的人气与口碑。

2. 科学、专业地介绍产品的利益点和优势，更具有说服力

首先，品牌通过专业、系统的知识讲解，可以使用户更深入、更全面地理解产品的原理和功效。其次，品牌通过知识营销可以令品牌的文化氛围更加浓厚，树立更加专业的形象。最后，知识营销的强互动性能够让消费者产生信任感，增强购买欲，可以提升用户的活跃度和黏性。

3. 精准营销，提供针对性的全套服务

知识营销传播的知识一般与品牌和产品有关，对这些知识感兴趣的用户必然是产品的潜在消费者，品牌可以通过内容来分辨和筛选出目标用户，从而减少营销资源和成本的投入，让有需求的用户主动前来咨询；从挖掘潜在用户到用户完成交易乃至售后，知识营销能够贯穿其中，使用户全面了解品牌和产品知识，而在知识不断输出的过程中，用户的想法和需求也得到了满足；通过其中的互动，品牌能够对用户实行精准营销，培养出常客和超级用户。

### （二）知识营销的内容要点

（1）挖掘产品文化内涵，增加营销活动知识含量，并注重与消费者形成价值认同；

（2）注重与消费者建立结构层次上的营销关系，使消费者成为自己产品的忠实顾客。

（3）加强营销队伍建设，使营销更适合产品高技术含量、智能化、个性化等的要求。

## 五、情感营销

情感营销模式产生于物质富足的当下，消费者在购买产品时关注的已不仅仅是产品数量、价格及功效，而是更侧重于心理认同和情感上的满足。产品可以寄托受众的情感需求，企业也可以运用这些情感来营销产品，影响受众的决策。产品发展到一定阶段的时候，就要为品牌的核心注入情感因素，增强品牌的核心文化，同时在产品推广营销的过程中将这种情感能量释放出来，从而打动消费者，在产品销量稳定上升的同时获得爆炸式的营销效益。

在"刚需消费"逐渐消失的时代，每一个消费者的消费最终都与情感相联系，品牌的情感属性是否与目标消费者的情感属性一致，成为消费者是否埋单的决定性因素。

## 六、社群营销

美国互联网营销专家查克·布莱默（Chuck Brymer）在《点亮社群》中指出："互联网营销的本质就是用最小的投入，准确链接目标顾客，用完美的创意，实现强大的口碑以影响目标顾客。"有些用户彼此之间有相同或相似的兴趣爱好或者一定的利益关系，他们通过某种平台聚集在一起，企业通过产品销售或者服务，满足不同群体的需求，这就是社群营销。长时间的社群运营，可以提升社群用户的归属感，加深品牌在社群用户心中的印象，提升品牌凝聚力。社群经济的发展是移动互联网与新媒体进化的结果。

社群营销的本质就是找到品牌的关键消费人群，通过持续的运营逐步建立信任关系，最终让消费者因为信任而购买所推荐的产品，进而利用 KOL、KOC 的影响力带动更多的人购买推荐的产品。而在这个过程中，社群是桥梁、是工具，营销才是重点。简而言之，社群营销的本质就是"转化和裂变"，是一个把顾客变成粉丝、把粉丝变成朋友的过程。网络社群营销的方式比较人性化，不仅更容易受到用户的欢迎，还能让用户成为品牌的传播者。

### （一）营销发展的四个阶段

要深刻地理解社群营销，首先要了解营销从 1.0 发展到 4.0 的过程（如图 5－26 所示）。科特勒认为新时代的营销需要非常重视企业和消费者的关系，这意味着营销传播不能再跟以往一样单纯对消费者进行信息灌输，而是应该更关注消费者的内心世界，通过内容创新、传播方式创新，与消费者沟通，建立情感联系，使品牌成为消费者表达自我、展示自我的载体。

如图 5－27 所示，从工业时代到营销时代，再到今天的移动时代，随着时代的发展，受众从用户变成粉丝，再由粉丝聚合成社群。

### （二）社群对企业的价值

#### 1. 让流量变留量

通过社群可以让用户留存下来，还可以有效地把流量运营起来，极大地降低流量成本。

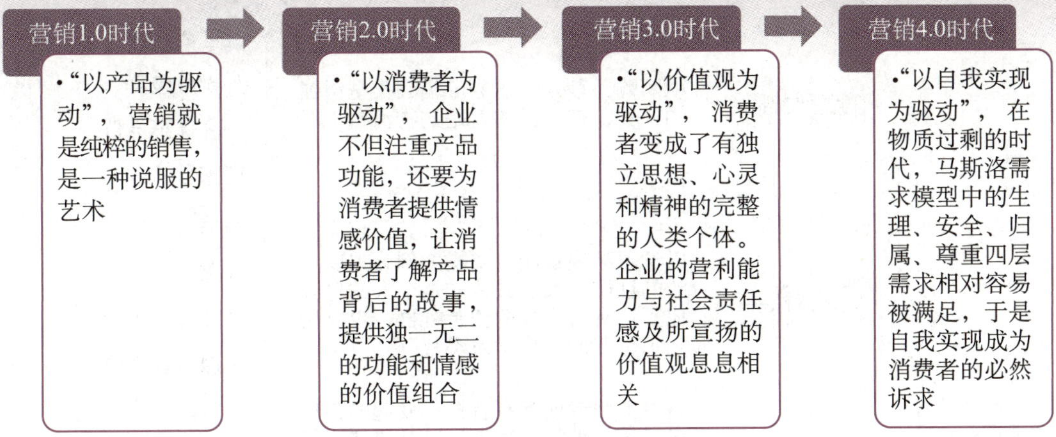


图 5-26　营销发展的四个阶段

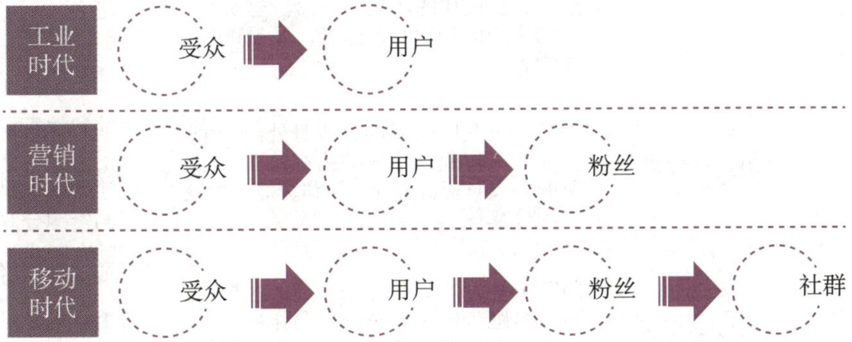


图 5-27　社群是如何产生的

2. 让用户变粉丝

用户和粉丝的区别就在于用户不忠诚，而粉丝拥有更高的品牌忠诚度。

3. 让人人皆渠道

通过社群可以让粉丝变成传播渠道和销售渠道，参与到社群的生产、传播中。

4. 让产品去库存

企业服务于社群粉丝时，产品可以先预售再生产，实现低库存甚至零库存。

5. 让用户有参与

企业可以征求意见，让用户参与到产品的功能设计中。

## （三）社群的类别及特点

1. 社群的类别

根据兴趣、目标和需求等可以将社群大致划分为以下类别（如图 5-28 所示）：消费型社群、成长型社群、品牌型社群、组织型社群、兴趣型社群。

2. 社群的特点

（1）互动性强。

社群营销是群内成员的多向互动式交流模式。在这种营销方式下，社群内的成员既

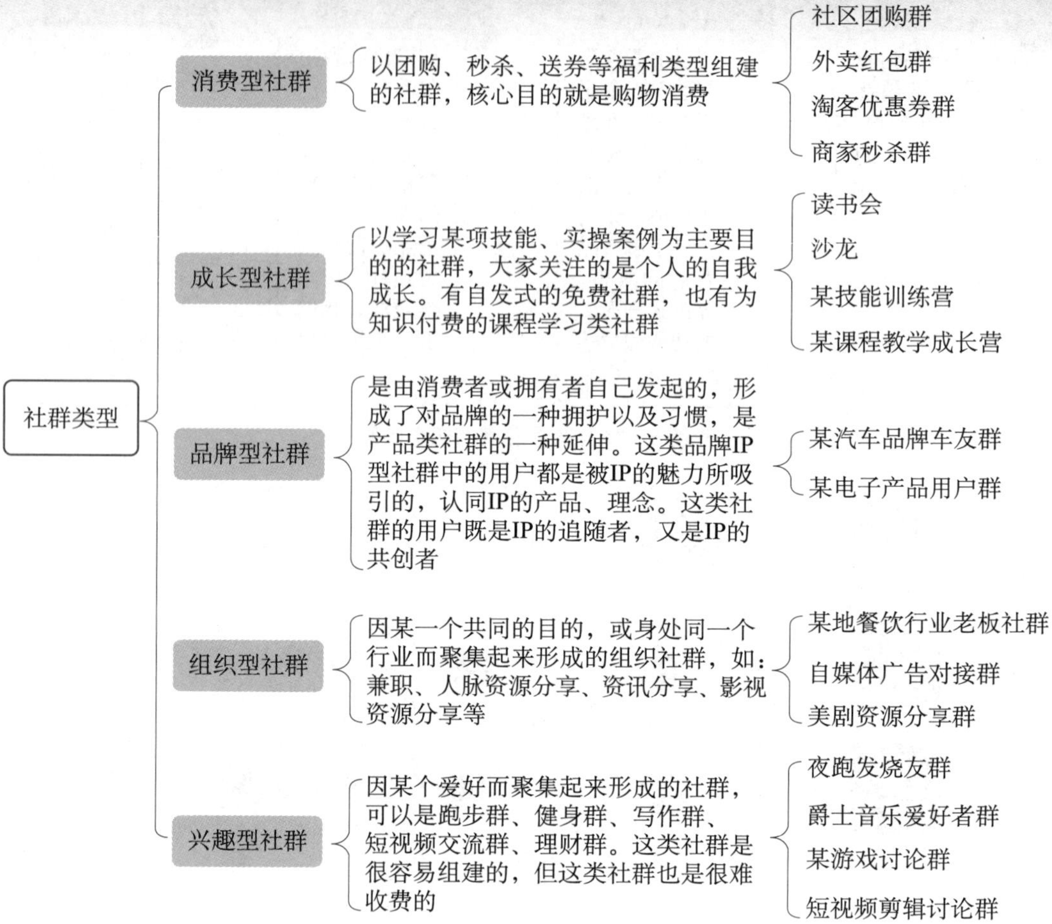


图 5－28　社群的类型

可以发布信息，也可以传播、分享信息。

（2）弱化中心。

社群营销是一种网状型结构，每个人都有话语权，每个人都是传播的主体，它是一个弱化中心的过程，但是并不代表没有中心。社群的建立者和组织者，是社群的中心。

（3）赋予情感。

赋予情感是指社群能够给人们传递有价值、有趣味的情感，促使社群内成员因为受到感染而不断地拉来新成员，以达到社群营销的目的。

（4）自行运转。

社群成员可以自主创造、分享信息，从而实现社群营销的自行运转，这样可以使企业的成本得到大幅降低。

（5）利益替换。

社群营销这种形态要想得到长期的生存发展，就必然要使社群内每一个成员都产生价值，为社群做贡献。具体的方法可以是将不能产生价值的人替换掉，这样既能增强社群内的活力，也能保证社群的完整性。

（6）范围较小。

社群营销是小范围内的一种活动，它通过小众化的社群自生长、自消化、自复制能力来实现运转，并以社群内每个成员的思想、话语权作为永动机牵引整个社群的发展方向及社群营销的效果。

## 课堂讨论

请判断以下哪些属于“社群”，并标注“√”或“×”。

1. 同一辆高铁上的乘客。（　　）
2. 在市场买菜的大妈们。（　　）
3. 我的全部微信好友。（　　）
4. 小米手机的用户们。（　　）
5. 某位歌手的粉丝。（　　）
6. 浙江人。（　　）
7. 高中同学微信群。（　　）
8. 台州吃货群。（　　）
9. 抖音某主播粉丝群。（　　）

### （四）搭建社群五步法

搭建社群的步骤主要包括寻阵地、搭框架、产内容、巧运营、能复制，称为“搭建社群五步法”，如图 5－29 所示。

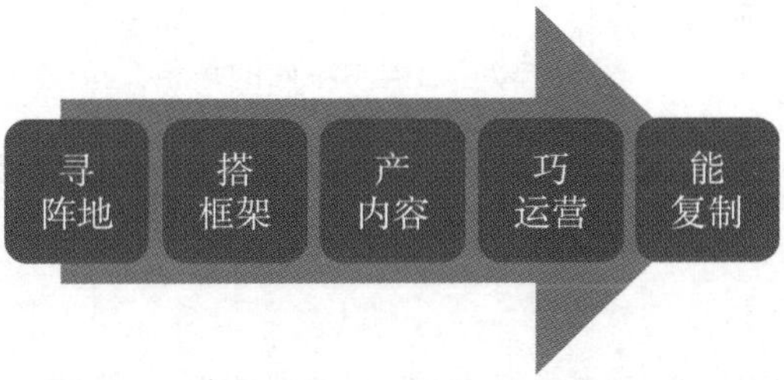


**图 5－29　搭建社群五步法**

1. 寻阵地

寻阵地即品牌找到营销阵地的过程，建立品牌核心价值观后，不仅要找到有同样爱好、信仰和价值观的圈子，还要找到里面能够起引领作用的、有影响力的 KOL 或 KOC。

2. 搭框架

将社群中的人分为不同的角色，如图 5－30 所示，不同角色需要承担不同的职责。

3. 产内容

活跃的、能转化的社群都是以优质内容为依托的，策划者、管理者都要想办法策划、创造内容，或者鼓励、引导社群内的成员合作产出内容。搭建完社群后，要实施

图 5－30　社群中不同的角色

“三位一体”的社群模式——内容＋社群＋产品，即用内容服务用户、用社群链接用户、用产品满足用户。

4. 巧运营

运营的目标是让用户有仪式感、参与感、组织感及归属感，激发社群的活力，同时也需要设置一定的社群准入机制。

5. 能复制

将品牌某个成功的社群的运营技巧和规则复制到另一个社群的运营中。

### （五）社群营销的方法

1. 研究和设计自己的核心产品和文化理念

对于社群营销而言，要想做出成绩，就需要有自己的核心产品和理念，需要有吸引用户的地方。好的产品和理念，会让用户更认同自己的社群和营销方式。

2. 尊重用户的感性需求，引发社群共鸣

产品的属性不仅表现在外观、功效和性能上，还要能满足用户的感性需求。例如，购买茶叶的用户，可能是喜欢饮茶的群体，可能是享受高端社交的群体，也可能是投资群体，不同群体的感性认知度不同。所以要理解用户的感性需求，传递更多的信任、尊重、快乐和自我价值，与用户有效沟通。

3. 制造社会证据，证明产品价值

用户购买产品时，会考虑产品的价值是否高于价格，社群营销的产品如果能体现价值高于价格、价格高于成本，那么就能获得较好的销量。在直播营销中，经常出现买产品赠送杯子、赠送雨伞等，用户会将产品与赠品价值简单相加，产生一种价值高于价格的划算感。通过此方法锚定价值，实现双方共利。

4. 赋予社群使命与目标，延长社群生命周期

社群是有生命周期的，大多数社群随着活动的结束也就销声匿迹了。做好社群维系至关重要，赋予社群使命与目标是其中一种方法。比如在社群内比省钱、比晒单、比抽奖等，以有趣的方式提高社群活跃度。

# 任务三　新媒体营销活动策划

## 情境重现

新媒体营销是以营销方案为基础的，它是由图文、音视频等富媒体形式的内容构成的。新媒体营销的出现，使得营销充满了未知性和趣味性，也使得营销方案中的文案写作、音视频创作以及创意呈现显得尤为重要。该罐装奶茶饮品A企业上新了产品，想要在春节即将到来之际，通过新媒体营销，打开年轻人市场，提升品牌知名度及产品销量。为了帮助该企业做好新媒体营销，你认为在正式撰写新媒体营销方案前，需要做哪些工作？

## 课堂讨论

以小组为单位，讨论企业为什么需要制定新媒体营销方案。

## 知识准备

新媒体营销方案能为品牌确立营销目标，为一系列营销活动提供方向，协调落实各部门的工作，明确营销过程细节，保证经费预算的合理使用，确保最大化地实现营销目标。本任务将从活动策划的准备阶段入手，分析营销方案的创作思路，并解析新媒体营销文案的写作技巧，最后详细介绍数据分析的相关知识，使营销人员能够在策划案实施

后，量化分析活动的成效。

## 一、新媒体营销方案的内涵

营销方案是一种隶属于市场策划范畴的活动方案，其目的是根据企业的营销目标，通过对企业的产品、服务、创意、价格、促销、渠道等内容进行设计和规划，生成一份可执行且创意突出的活动策划方案，以帮助企业梳理营销活动的环节，以期能够更好地开展营销活动。新媒体营销方案不仅是营销策划活动的主要成果，也是企业进行新媒体营销活动的书面行动计划。营销方案凝聚了整个策划活动的智慧成果，其写作水平的高低直接影响着营销策划方案的有效表达，也是衡量营销效果好坏的标准。

## 二、新媒体营销方案准备阶段

在制定新媒体营销方案前，需要做好以下准备工作，包括：明确营销活动目的、构思营销方案大纲、估算营销成本、确保活动内容可行性、制定工作计划表、确定活动具体流程、制定应急预案等。

### （一）明确营销活动目的

营销活动目的是指企业的本次营销策划活动想要达成的目标，是营销策划的出发点和落脚点，对营销策略和行动方案的制定具有指导作用。企业开展营销活动的目的一般分为两种（如图 5－31 所示）：盈利目的、宣传推广目的。无论是哪种类型的营销活动，最终目的都是盈利。

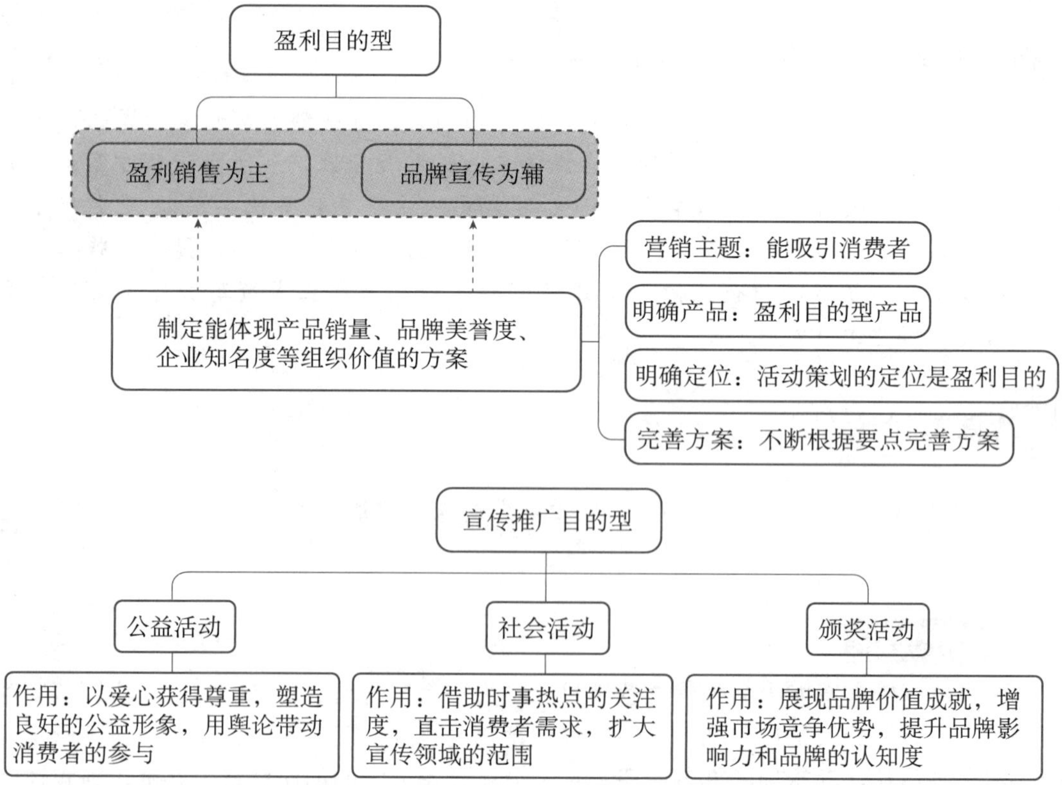


图 5－31　盈利目的型、宣传推广目的型介绍

### (二) 构思营销方案大纲

明确目的之后，就要构思营销方案的大纲，也就是方案的内容要点，以便指导后续工作的开展，与各部门根据大纲讨论各部分内容的可行性。一般来说，方案大纲不需要过于详细，只需列出要点即可，如：活动目的、活动主题、活动时间、活动地点、活动对象、活动流程、活动成本预算等，如图 5－32 所示。营销人员可以基于这个大纲，再根据市场变化、消费者行为、消费者需求等不可控因素对方案进行细节调整。

营销方案大纲策划的要求包括：表述简单明了、语言通俗易懂、全篇内容精简、方案要素全面。

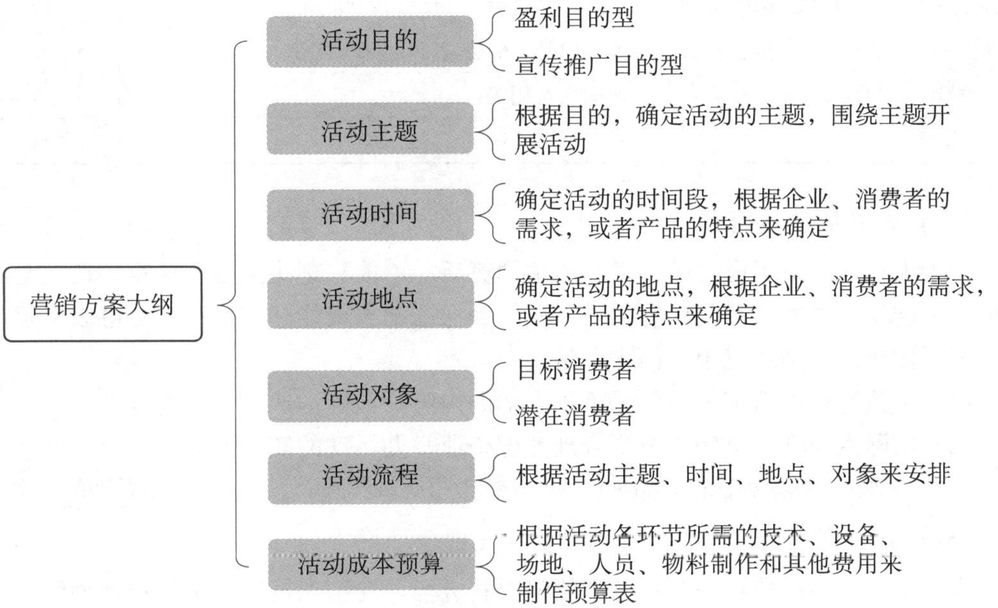


图 5－32　营销方案大纲

### (三) 估算营销成本

任何营销活动都需要资金的支持，因此需要制定营销活动的预算成本，让每一笔钱都“花在刀刃上”。当然，活动内容不同，活动成本的估算价格、估算要素也就不同，营销人员要了解活动涉及的主要资金项目，在整个估算工作中多与其他部门人员沟通，征求意见，根据实际情况列出活动的整体预算，避免成本估算工作脱离事实的错误发生。一般来说，一场营销活动的成本主要包括宣传、场地、物料、设备、技术、人员，以及交通、酒店食宿等其他方面的费用。

(1) 活动前期：活动推广费用、场地费用，以及活动宣传物料设计、人员、技术等费用。

(2) 活动现场实施：交通费用、餐饮费用、住宿费用。

(3) 后期活动结束：主要是杂费，杂费是指会展过程中因一些临时性安排而产生的费用，包括打印、临时运输及装卸、纪念品、模特与礼仪服务、临时道具、传真及其他通信、快递服务、临时保健、翻译与向导、临时商务用车、汇兑，等等。杂费的预算很难计划，通常可以在会务费用预算中增列不可预见费用以做机动处理。

如表 5－14 所示是某手机品牌新品发布会的营销成本预算表。

**表 5－14　某手机品牌新品发布会的营销成本预算表**

| 活动主题 | 某手机品牌的新品发布会 | | | |
|---|---|---|---|---|
| 活动目的 | 介绍新款手机的功能、理念，营销宣传 | | | |
| 资金项目 | 具体用途 | 单价（元） | 数量 | 总价（万元） |
| 宣传费用 | 平台预热广告 | 40 000/天 | 2 天 | 8 |
| | KOL 合作 | 5 000/人·条 | 20 人 | 10 |
| 场地费用 | 场地租借、舞台搭建 | 20 000/天 | 1 天 | 2 |
| 物料费用 | 宣传册、邀请卡、产品宣传图 | 20/套 | 1 000/套 | 2 |
| 设备费用 | 摄影摄像、话筒音响、桌椅、大屏幕等 | 100 000/套 | 1 套 | 10 |
| 人员费用 | 主持人、嘉宾、礼仪、摄影摄像师、保安等 | 80 000/团队 | 1 个 | 8 |
| 其他费用 | 矿泉水、嘉宾交通费、其他应急费用等 | / | / | 1 |
| 总计 | | | | 41 |

### （四）确保活动内容可行性

营销人员在完成了方案的构思和成本预算后，不能立刻决定是否执行，还要与各部门成员一起探讨方案涉及的内容的可行性，确保营销方案能够落地执行。可以从可执行性、实际操作性、绩效三个方面来考量。

（1）可执行性：营销人员熟悉策划方案的内容，做好沟通与人员的分工。

（2）实际操作性：营销人员要合理考虑企业举办活动的实际能力。

（3）绩效：根据盈利数据、品牌口碑的传播效果等，判断效益是否大于所花费的成本。

### （五）制定工作计划表

为保证营销活动的每一个环节都能够顺利进行，营销人员要制定工作计划表，将活动中涉及的内容环节分解，为每个环节制定一个效果可量化的数据指标，还应为每个环节指定负责的部门及人员，确定完成的时间等。某比赛工作计划表如表 5－15 所示。

**表 5－15　某比赛工作计划表**

<table>
<tr><td colspan="6">“×××”工作安排</td></tr>
<tr><td colspan="2">地点：×××</td><td colspan="2">时间：×××</td><td colspan="2">总负责人：×××</td></tr>
<tr><td colspan="6">1. 比赛前工作准备</td></tr>
<tr><td>时间</td><td colspan="2">工作内容</td><td>负责人</td><td>干事</td><td>备注</td></tr>
<tr><td rowspan="2">12：00</td><td colspan="2">确认场地</td><td></td><td></td><td>地点×××</td></tr>
<tr><td colspan="2">签到并清点物资</td><td></td><td></td><td>全体工作人员在 A4－204 签到，物资全部到位</td></tr>
<tr><td rowspan="5">12：00—14：00</td><td colspan="2">调试设备</td><td></td><td></td><td>准备好麦克风、麦架、灯光、音响、电脑等并进行调试</td></tr>
<tr><td rowspan="3">现场布置</td><td>悬挂横幅、张贴海报</td><td></td><td></td><td>事先准备好相关工具，借好梯子</td></tr>
<tr><td>签到台设置</td><td></td><td></td><td>准备好嘉宾、评委、演员签到表</td></tr>
<tr><td>舞台布置、座位分区设置</td><td></td><td></td><td>观众区、选手区、评委区、工作区、嘉宾区，安排好座位以区分</td></tr>
<tr><td colspan="2">搬放道具</td><td></td><td></td><td>桌子、椅子等所需道具准备完毕</td></tr>
</table>

续表

| | | | | |
|---|---|---|---|---|
| 14:00—14:30 | 休息 | | | 查漏补缺，继续完成未完工作 |
| | 主持人、参赛者签到 | | | 全体参赛者到场签到 |
| 14:30—16:00 | 比赛节目彩排 | 全体工作人员 | | 准备好的节目先进行彩排 |
| | 现场纪律 | | | 负责管理现场纪律，避免大声喧哗等 |
| | 主持人沟通，PPT和音乐操作沟通 | | | 交流和演练 |
| 16:00—16:30 | 检查布置 | | | 海报、座位表、台签是否张贴摆放到位 |
| 16:30—17:30 | 确认嘉宾 | | | 联系好嘉宾 |
| | 流程彩排 | | | 主持人与各节目人员熟悉晚会过程 |
| | 设备检查 | | | 检查麦克风、音响 |
| 17:30—18:00 | 休息 | | | 查漏补缺，继续完成未完工作 |
| 18:30—19:00 | 参赛者再次签到 | | | 保证各比赛节目人员到场 |
| | 发水 | | | 给嘉宾和评委席发水 |
| | 观众进场，派发物资 | | | 在入口对观众收取入场券副票用作抽奖，并对每位观众派发荧光棒和一张对选手表示支持的选票；引导并控制秩序；18:30—18:45 放音乐，18:45—19:00 放暖场视频 |
| | 引导嘉宾 | | | 引导嘉宾到预定位置，表演嘉宾后台准备 |
| 19:00 | 比赛正式开始 | 所有工作人员 | | 工作人员各就各位 |

### （六）确定活动具体流程

完成对整体工作的计划之后，就要对活动的具体流程进行安排和细化，尤其要注意标出重要的环节，以及需要部门交接的环节等，让参与活动的人员都了解并熟悉活动的具体内容，以确保活动成功举办。某公司年会的活动流程表如表 5-16 所示。

**表 5-16　某公司年会的活动流程表**

| 年会工作安排表 | | | | |
|---|---|---|---|---|
| 项目 | 具体内容 | 完成时间 | 执行人 | 备注 |
| 年会方案 | 年会方案初稿完成并报批运营部 | 11.1 | | 年会方案（不公布） |
| 预订酒店，确定年会时间、菜单 | 现场咨询周边酒店排期、设施情况、菜系、价位、分量等，与公司商议确定并预交订金，确定桌数、菜单等 | 11.1—11.30 | | 酒店一览表、订金（财务协助）、年会通知、年会菜单（可稍后修改确认） |

续表

| 项目 | 具体内容 | 完成时间 | 执行人 | 备注 |
|---|---|---|---|---|
| 年会工作小组/成员 | 综合公司订单、交通、节假、年会准备情况等初步确定年会日期 | 11.1—11.15 | | 工作安排表 |
| 节目 | 1. 年会座谈会 | 11.1—11.30 | | 报名表 |
| | 2. 节目筛选、组织排练（报名、排练可同步进行） | 11.15—11.30 | | 节目一览表 |
| | 3. 组织彩排［确定节目、出场次序（模拟出场）、服装（含主持人）、道具等］ | 12.1—12.30 | | |
| 主持人 | 1. 员工自荐、人力资源部或各部推荐、自愿报名 | 11.1—11.30 | | 报名表 |
| | 2. 筛选，组织排练 | 11.15—11.30 | | |
| | 3. 撰写主持词（人事修稿） | 12.1—12.30 | | 主持稿（含开场/闭幕词、祝酒词、串词） |
| | 4. 参加彩排（熟悉年会流程及应急情况） | 12.1—12.30 | | |

### （七）制定应急预案

应急预案是为妥善解决活动过程中发生的无法预测的意外事故而提前准备的备用方案，如：室外活动遇下雨天、开场时间延迟、活动嘉宾缺席、设备故障、电力中断、现场秩序混乱、节目出现意外等不可控事件。

## 三、新媒体营销方案的创作思路

大纲只是新媒体营销方案的写作框架，新媒体营销策划方案的具体内容则需要通过梳理创作思路来呈现。可以从设定新媒体营销目标开始，然后评估及选择新媒体营销平台，分析企业及相关竞品平台运营情况，判定内容规划和具体的行动方案，并对整体方案进行测试、评估和调整。

### （一）设定新媒体营销目标

目标就是你想完成什么，目标的设定应该遵循 SMART 原则，即具体的（Specific）、可衡量的（Measurable）、可以达到的（Attainable）、相关的（Relevant）、时限性（Time-bound）。具体来说，目标的指向可以理解为：你的内容目标用户是谁？你希望获得怎样的舆论反响？你如何去制作内容？你的方案是否便于实行？你的收益来自哪里？

设定新媒体营销目标，不能只考虑粉丝数、点赞量、转发量等线性、直观的指标，而应侧重于销售额、人气、影响力、网站流量等组合式指标。制定目标应遵循以下几点原则。

1. 明确终极目标

例如，对于一个产品推广项目，新媒体营销终极目标就是提高日订单量；对于一个品牌推广项目，新媒体营销终极目标就是提高转发量和人气等。

2. 直接从第三方平台获取数据作为目标

第三方平台，例如微信、微博、抖音等运营平台，可提供直观的数据指标，该类数据指标省事又直观，可以避免因对数据定义理解偏差而产生的误会。

3. 借助技术部门制作统计报表系统来做营销监控

第三方平台无法呈现组合型数据指标，可借助技术部门从日、周、月、季、年指标入手制作统计报表系统来进行营销监控。

4. 目标分解

营销目标可以分解为事务型目标和结果型目标。事务型目标包括每周发布的内容数量等，结果型目标包括内容的曝光量、粉丝增长率等。

5. 设置具体且可行的目标数据

例如，要提升品牌的曝光度，设置目标时就要明确百度指数上升多少；要增强用户黏性，就要明确产品活跃度提高多少。在描述目标时要列出具体的数据，避免使用泛泛的陈述性语句。

### （二）评估及选择新媒体营销平台

根据企业所处的市场环境、产品定位、战略选择、产品质量、价格体系、促销方式，以及执行控制方面的特征，在新媒体平台阵营中重点选择适合自身发展的平台。评估及选择新媒体营销平台应遵循以下原则。

1. 明确产品卖点

在开展了充分的市场调研并明确了消费者需求后，要进行产品卖点提炼，然后综合卖点和平台的受众群体来选择营销平台。例如，化妆品品牌最新产品营销可选择微博、小红书等年轻女性较多的社交平台；凉茶品牌受众以中老年为主，一般投放在电视、今日头条等平台，但是若凉茶品牌推出了茉莉绿茶等口味饮料，就更适合在抖音、微博等年轻人较多的平台进行营销。

2. 了解平台特征

平台具备庞大的用户群体，要依据用户数据和用户浏览习惯生成各类用户画像。例如，快手软件的用户集中在三、四线城市及农村，小红书的用户多为一、二线城市年轻女性等。

3. 尝试多平台，降低营销风险

在正式开展大量推广及营销前，可尝试多平台营销，然后在推广效果较好的平台逐步扩大投入。

### （三）分析企业及相关竞品平台运营情况

通过观察和分析竞品，运营人员能够了解市场的动态变化及格局，获取灵感、吸收经验，进而策划优质方案。首先，要对企业及相关竞品的新媒体平台营销数据进行分析与对比；其次，要对竞品的营销方案进行全面分析，重点关注竞争对手的切入点；最后，要总结竞品优势，取长补短，为制定下一个环节的营销方案提供参考指南。

### （四）制定内容规划和具体行动方案

新媒体营销方案应由内容规划和具体行动方案共同组成。拟写方案内容大致包括：制定内容规划、制定具体行动方案、细分内容主题、安排内容的发布数量和时间、明确内容定位、达成阶段性目标。

### （五）方案测试、评估及调整

营销策划方案不是一成不变的，它应该随着实际情况的变化而做出及时的调整。通过新媒体营销数据分析，记录并总结具体营销策划活动的经验与教训，重新调整新媒体营销方案。企业新媒体营销策划内容模板主要包括企业情况分析、企业目标体系规划、企业营销策略制定、营销活动流程制定四大板块，如图 5－33 所示。

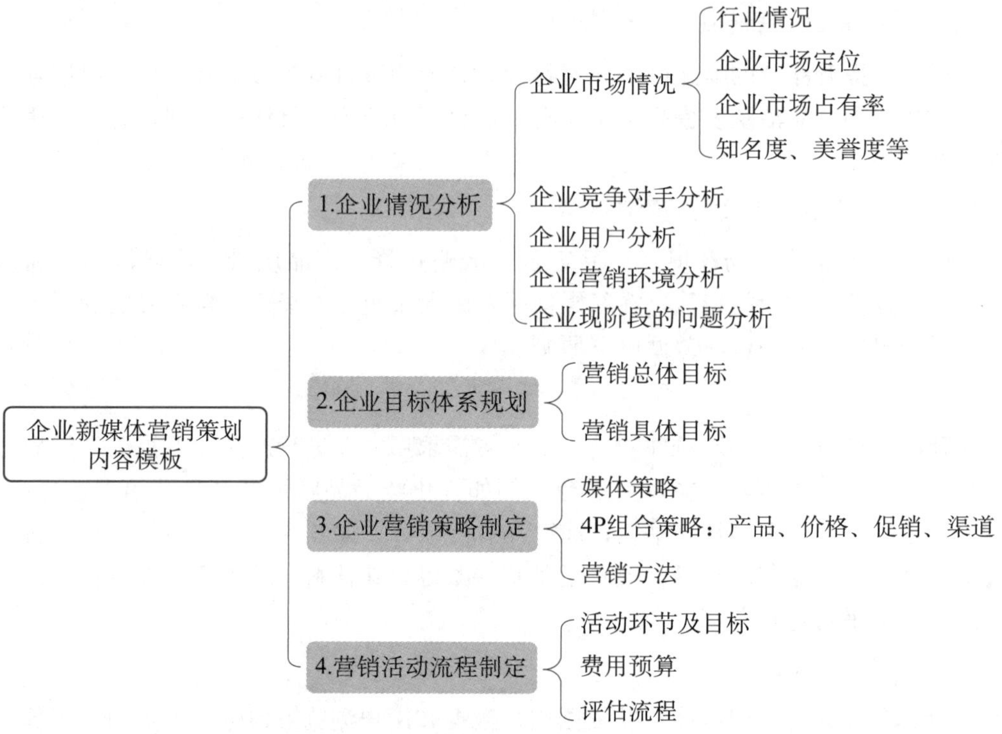


图 5－33　企业新媒体营销策划内容模板

## 四、新媒体营销文案写作

### （一）新媒体营销文案的特征

与传统文案相比，新媒体营销文案有以下几个主要特征。

1. 传播渠道更多元

企业可以通过微信公众号、微博、抖音、企业 App、企业网站等多渠道进行传播，根据不同渠道的用户特性修改文字内容、排版模式，以达到不同的目标和效果。

2. 互动更及时

新媒体营销文案是双向的，企业可以借助新媒体平台直接与消费者互动，因此文案的设计需要具备互动性。

3. 目标人群更精准

不同新媒体平台使用人群特性有差异，例如性别差异、年龄差异、职业差异等，做好平台与人群的精准分类，可以使营销文案投放更精准。

4. 内容接地气、传播更迅速

新媒体营销内容更接地气，以大众的口吻来描述的文案更容易被用户再创造和传播。在保证表达产品信息核心要点的同时，更要保证内容能够被迅速传播和复制。

5. 成效更易评估

新媒体营销平台具备精准的数据分析功能，通过用户的数据反馈，更方便企业进行成效评估，调整文案策略，提升营销效能。

### （二）新媒体营销文案创作思维

新媒体营销文案创作思维主要包括以下七种：用户视角、制造对比、去抽象化、可视化表达、调动用户情绪、通过标题引发关注、讲一个好故事。

1. 用户视角

站在用户的角度创作他们能够感知的文案，要让用户认为这个产品或服务正是他们所需要的。

## 课堂讨论

试比较某品牌体重秤的两种文案，说说如果你是消费者，能分别通过两种文案捕捉到什么卖点。

普通文案：精准测量　高精度锰钢传感器

卖点：______

用户视角文案：喝杯水都能感知的精准

卖点：______

2. 制造对比

每天消费者都要面对大量冗杂的信息，要让消费者在同质化严重的产品里筛选出自家企业的产品，对于企业来说是一个巨大的挑战。因此在创作文案时，就应该考虑通过制造对比、塑造差异，帮助消费者减少决策成本。人的大脑对于自己熟悉的事物能够迅速辨别并产生认知，因此制造对比可以突出产品之间的差异，使消费者心中产生清晰的记忆点和印象，从而帮助他们更快地做出消费决策。如图 5－34 所示，某品牌乳茶在文案宣传中为了进一步帮助消费者理解低糖、低脂肪的产品卖点，直接用小于 1.5 个苹果的热量来辅助解释，苹果是人们非常熟悉的健康且低热量的食物，这样的对比能迅速地帮产品在消费者脑海中形成一个好喝又不易使人发胖的印象。

3. 去抽象化

语言的本质是抽象的，但文案需要去抽象化，因为文案的目的在于宣传、销售，使目标用户发生消费行为。在文案的去抽象化过程中，需要通过具体的信息、数字化的呈

图 5－34　某品牌乳茶宣传文案

现，使用户快速感知到产品的卖点。如图 5－35 所示，某手机品牌的宣传文案“充电 5 分钟，通话 2 小时”，通过 5 分钟与 2 小时的数字化对比，让用户捕捉到了“充电快”“电量耐用”两个卖点。

图 5－35　某手机品牌的 VOOC 闪充技术宣传文案

4. 可视化表达

新媒体营销文案仅仅呈现具体的信息还不够，还需要视觉化的表达，让消费者在阅读文案时能产生相应的联想和身临其境的体验，这样才能让文案传播如虎添翼。如图 5－36 所示，某产品的名称“猫肚皮枕”就已经传递了该枕头像猫肚皮一样柔软的信息，再通过产品首图与文案“枕在猫肚皮上的舒适感”，进一步阐释了产品带给用户的体验，形象生动。

5. 调动用户情绪

文案要能引起用户共鸣，调动用户情绪，通过有情感的、有温度的文案，建立品牌

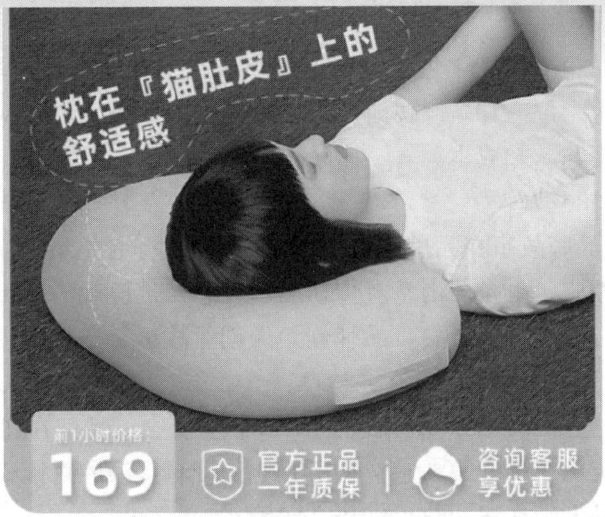


图 5－36 “猫肚皮枕”宣传文案

的形象和口碑，并能引发用户自发的二次传播。如图 5－37 所示，某食品品牌与某书店跨界联名，在世界都市日合开了一个“饱读诗书展”，号召人们将精神食粮和身体食粮合二为一，去汲取精神和身体必需的能量。

图 5－37 某食品品牌与某书店的跨界联合宣传文案

6. 通过标题引发关注

在新媒体文案宣传中，标题能通过简短的文字让读者在短时间内了解信息内容，吸引读者的注意力。因此，在拟定标题时要坚持以下原则：能站在读者角度，用好关键词，突出亮点，新颖有创意，语言简练且准确、具体，有亲切感。

7. 讲一个好故事

一个好的故事容易激发人的大脑中与产品相关的区域，让人产生代入感，实现角色转换。要通过讲故事将品牌人格化，也就是将品牌拟人化、拟物化和情感化，彰显品牌的价值观、格调、情怀等。

### （三）常见的新媒体营销文案写作

常见的新媒体营销文案有品牌文案、海报文案、详情页文案等。

1. 品牌文案写作

品牌文案是对品牌的"文化包装"，其实质是通过为品牌赋予深刻而丰富的文化内涵，确立鲜明的品牌定位。在新媒体时代，品牌是企业生命力的体现，好的品牌文案能有效降低品牌的传播和认知成本。

（1）品牌文案的类型。

1）品牌故事。品牌故事在品牌创立和发展过程中有着重要意义，好的品牌故事，不仅仅会赋予品牌性格，也是向消费者传达品牌理念、价值观的重要工具。品牌故事的写作角度有很多，可以从品牌历史、品牌创始人创业故事、产品的设计过程、品牌名和Logo设计由来、起源地文化等入手。

2）日常品牌文案。日常品牌文案就是在日常生活中，品牌在各大网络营销平台发布的关于品牌推广与销售的文案，它包括所有与消费者接触的直接或非直接销售产品的文案。一般分为产品上新文案、热点借势文案等。

（2）品牌故事的写作。

品牌故事的写作可分为内容模型梳理、画面塑造、文案逻辑搭建三个步骤。

1）内容模型梳理。

如表5-17所示，内容模型主要由内容层、结构层和表达层组成。

内容层：指故事的内容角度，包括品牌背书、创业者故事、企业发展历程、品牌精神、品牌理念、产品配方故事、某项工艺的运用、产品风格、产品文化典故等。

结构层：指故事采用的文体，包括记叙文、说明文、书信体、诗歌、剧本等。

表达层：指故事的表达方式，包括陈述式、提问式、对话式、个人独白、引用式、悬念式等。

**表5-17 品牌故事内容模型**

| 内容层 | 结构层 | 表达层 |
| --- | --- | --- |
| 例：序言—品牌精神 | 诗歌 | 陈述式 |
| …… | …… | …… |

2）画面塑造。

采用具象思维，让文字有画面感，同时要考虑输出文案时整体画面的组合创意。

3）文案逻辑搭建。

可以使用好莱坞最常见的故事策划技巧——三幕式结构（如图5-38所示）界定每个阶段必须发生的具体情节事件，指引品牌故事的创作。

第一幕：制造冲突。

制造参与感，让用户参与到故事和情节中来，产生代入感，接着为人物的目标设置障碍。

第二幕：引发共鸣。

展现挑战困难的细节，推动情节的发展和变化，体现克服重重困难才获得了好结果，增加用户的情感投入。

第三幕：结束冲突。

获得成功，继续启程，需要升华立意。

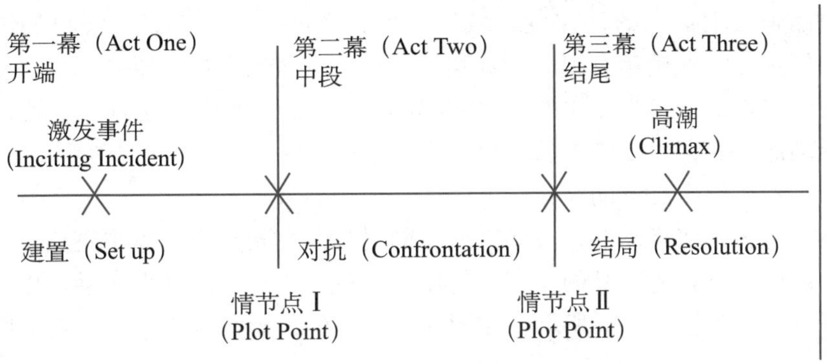


图 5-38　三幕式结构

（3）日常品牌文案的写作。

1）产品上新文案的写作。

品牌推出新产品之后，往往会在新媒体平台发布上新预热文案，为新产品造势，引起目标消费者的关注与期待。其写作方法包括：直接描述新品卖点；设置悬念，引发消费者好奇心；通过与竞品对比，直观地体现出本产品的优势。

2）热点借势文案的写作。

热点借势文案是指品牌借势节假日或者突发重大事件的流量创作的文案，往往需要将借势的相关元素与产品卖点、目标消费人群的情感需求相结合，以达到品牌营销的目的。需要注意的是，借势热点事件时不要“唯流量”，特别是在天灾人祸面前，不要只顾利益，罔顾道德。

## 对点案例

### 毫无底线！品牌借势“灾难营销”？

2021 年 7 月，河南郑州遭遇千年一遇特大暴雨自然灾害。某房地产公司为了蹭热点而“借机”发布广告，广告背景图是一辆汽车陷于大水之中，大水即将淹没车头，配文为“就算大雨让这座城市颠倒，有车位，无烦恼”等。这种拿百姓痛点当作商品卖点、将城市危机视为企业商机的做法，被大家嗤之以鼻。最终，该公司被责令改正违法行为，依法处以罚款 100 万元。

资料来源：九派新闻．“灾难营销”丑陋无比．(2022-03-23) [2023-02-15]. https://baijiahao.baidu.com/s?id=1728082800753610375&wfr=spider&for=pc.

**分析提示**

近些年来，一有突发热点事件，就会有人罔顾法律法规和道德伦理，挖空心思蹭热度、博取流量。网络不是法外之地，无论是个人还是企业，蓄意在社交平台上搞“灾难营销”，不仅是泯灭良知的行为，还涉嫌违反《广告法》中的广告不得“妨碍社会安定，损害社会公共利益”和“妨碍社会公共秩序或者违背社会良好风尚”等规定。凡是无底线蹭热度、博流量的行为，都为法律所不容。

2. 海报文案写作

海报文案一般由文案与图片组成，通过视觉方式向消费者传递重要的营销信息，提升消费者对品牌营销信息的认知度，激发其购买欲望。一般来说，海报的组成部分包括：标题、副标题、促销信息和促销日期、地点等。营销人员需要先了解海报的主题诉求，然后着手创作文案。根据主题诉求的不同，海报文案可以分为：产品宣传海报文案、主题活动海报文案、品牌塑造海报文案。

（1）产品宣传海报文案的写作。

以产品为主体，将产品的核心卖点或者同时将几个卖点作为写作要点，在深入挖掘消费者需求的前提下，从产品的功能、材质、外观、价格或者技术入手，以简洁、形象的语言进行描述。如图 5－39 所示，左图是对产品的外观进行描述，而右图则是对产品的功能进行描述。

外观描述　　功能描述

**图 5－39　某产品宣传海报文案**

（2）主题活动海报文案的写作。

如图 5－40 所示，主题活动海报文案需要重点突出的是活动的主题、时间、地点、参与方式等信息，重点要呈现活动的力度。

**图 5－40　某珠宝节海报文案**

（3）品牌塑造海报文案的写作。

如图 5－41 所示，品牌塑造海报文案的写作需要找准企业自身的定位，结合品牌故事、文化理念、价值观等角度来呈现品牌价值，吸引消费者注意。

3. 详情页文案写作

详情页文案是对产品信息的描述，通常以文字、图片、视频等形式呈现。内容需要全面具体地展现出产品卖点，突出消费者感兴趣的关键信息。好的详情页文案能极大地

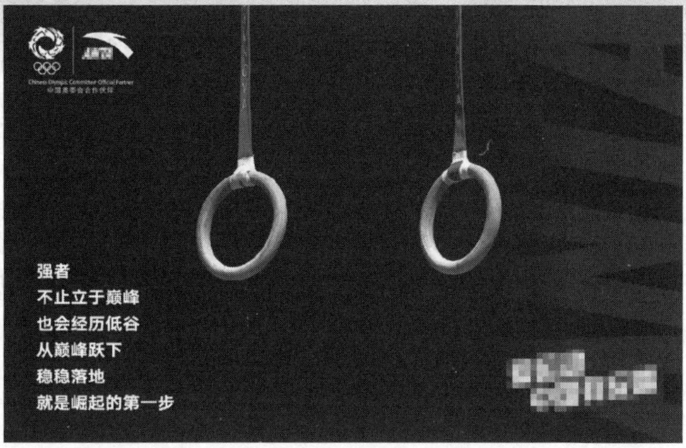


图 5-41　某运动品牌北京冬奥会闭幕式海报

提升产品页面转化率。产品详情页文案的设计要达到以下目的：介绍产品，保证消费者对产品属性有足够了解；促进产品的销售，提供利益点引发消费者购买行为，提高成交率；树立良好品牌形象，提高消费者的信任度；引导顾客完成自主购物，减少其下单决策成本。

（1）详情页文案的组成部分。

详情页文案是由产品图片、产品介绍信息、产品优惠信息等部分组成的。

1）产品图片：包括产品的 3D 视角全图、产品细节图、产品的功能及设计图、产品操作演示图、产品使用场景图等。

2）产品介绍信息：包括产品核心卖点介绍、产品功能介绍、产品工艺介绍等。

3）产品优惠信息：突出产品的性价比。

（2）详情页文案的写作技巧。

详情页文案的写作步骤包括：激发消费兴趣、突出产品卖点、展示产品品质、消除消费疑虑、制造紧迫感。其写作技巧如图 5-42 所示。

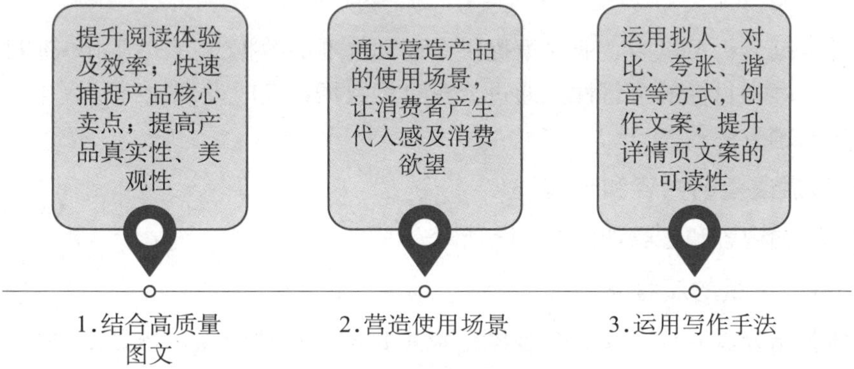


图 5-42　详情页文案写作技巧

## 五、数据分析

新媒体营销与传统营销的显著差异在于动态变化的营销手段，可以不断根据市场与用户的反应及时改变营销方式和内容。这就要求运营人员能主动分析用户数据、内容数据和营销转化的相关数据。同时在企业中，运营人员运营水平、工作成效往往也是用数据来考核的。可以这么说，数据是运营的基础，它就像一条绳索，贯穿整个运营工作，既是运营KPI考核的直接呈现方式，也是运营方向的理论支撑点。

数据思维与数据分析

### （一）数据复盘的意义

“复盘”是进阶版的“总结”，是一套持续循环提升的工作方法，也是一种让个人和团队持续成长的思考方式。掌握数据复盘，可以帮助运营人员把握用户关切的热点方向、预测运营的方向、优化营销内容、了解运营的质量、控制运营的成本以及评估运营的方案，并及时通过一系列运营手段确保用户留存和新增。数据复盘的意义可以概括为以下几点：直观展示运营效果、预测市场趋势、优化企业竞争力、辅助运营决策。

1. 直观展示运营效果

新媒体运营工作是否产生价值、能否有效实现营销目标，需要通过数据来了解与判断。对于新媒体运营效果数据，不同的平台关注点不同，企业比较关注的数据包括流量数据、粉丝数据、阅读量数据、内容数据、活动转发与评论数据等。

2. 预测市场趋势

分析行业大数据，有助于判断未来的热点以及趋势。常见的行业数据查询工具包括百度指数、新榜有数、清博指数、微信指数（在微信App中搜索并打开）等。分析网民大数据，有助于判断新媒体内容、活动、推广是否要和热点结合。

3. 优化企业竞争力

对新媒体数据进行分析可以实现数据驱动企业运行效率的提升及业务的增长，促进企业战略目标的达成。企业可以通过多种数据分析方法对数据进行诊断，精准定位，找到核心关键要素，并反馈到业务环节进行针对性改善，再对改善效果进行监测和评估，实现业务闭环和有效管理。

4. 辅助运营决策

新媒体数据分析可以为企业决策提供全面和精准的数据支持。例如，通过分析结果数据，反推方案中目标的可行性；通过分析过程数据，及时发现执行过程中的问题，作为下次制定营销方案的参考。

### （二）数据复盘的内容和步骤

数据复盘的内容和步骤如图5-43所示。

### （三）数据分析的流程

新媒体数据分析通常需要五个步骤：设定目的、挖掘数据、数据处理、数据分析、数据总结。

1. 设定目的

数据分析应具有明确的目的性，这样才能保证数据分析的有效性。数据分析人员需要在数据分析需求中提炼出需要解决的具体问题，然后找到问题关键点，接着提炼出分析目的。例如，需要解决的问题是：拉新还是促活？留存还是转化？成交还是

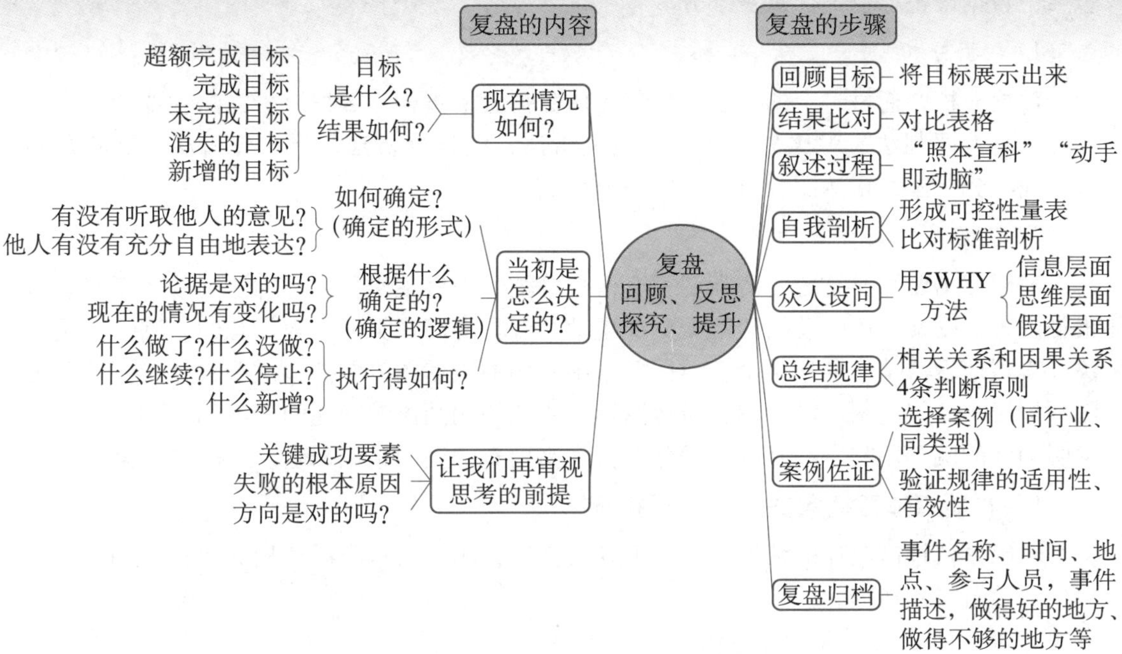


**图 5-43　数据复盘的内容和步骤**

资料来源：简书．复盘方法论.(2017-08-21)[2023-02-15]. https://www.jianshu.com/p/b7ba4fcfa195?utm_campaign=maleskine&utm_content=note&utm_medium=seo_notes&utm_source=recommendation.

裂变？

2. 挖掘数据

为了使新媒体数据分析更精准、更有效，被分析的数据必须通过科学的方法进行挖掘与整理，如图 5-44 所示是分析某款电商产品需要去挖掘的数据。数据来源设计完成后，数据分析人员需要开始进行新媒体数据的挖掘与获取，可以通过后台数据直接获取、第三方平台获取、手动统计获取等方式。

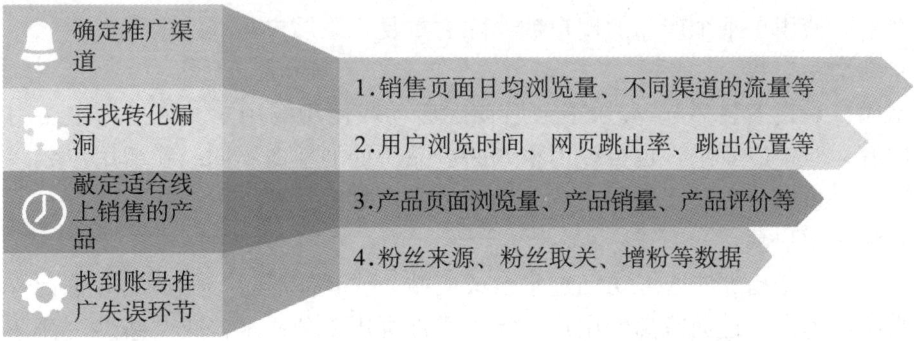


**图 5-44　分析某款电商产品需挖掘的数据**

3. 数据处理

在挖掘数据环节得到的数据通常属于原始数据，这样的数据无法直接使用。因此，需要对原始数据进行处理和加工，得到可被分析的数据。数据处理与加工通常包括数据合并、数据修正、公式计算三部分。

4. 数据分析

数据分析要通过一定的方法，最终完成数据分析报告。数据分析方法主要包括以下几种：直接评判法、对比分析法、分组分析法、结构分析法、平均分析法、矩阵分析法、漏斗分析法、雷达图分析法、回归分析法等。

5. 数据总结

数据总结要图文结合、清晰明了、框架简洁、内容主次分明，能使阅读者正确理解报告内容。图文并茂的总结让数据更加生动活泼，提高视觉冲击力，有助于阅读者更形象、直观地看清楚问题和结论。数据总结中常用的数据图表包括：饼图、柱形图、条形图、折线图、气泡图、散点图、雷达图等。一般能用图说明问题的就不用表格，能用表说明问题的就不用文字。好的数据分析报告需要有明确的结论、建议或解决方案。

### （四）新媒体营销需关注的数据指标

新媒体营销需关注的数据包括以下几大类别：用户数量与质量相关数据、用户行为数据、经营指标数据。

1. 用户数量与质量相关数据

用户数量与质量是数据指标中最重要的维度，这一维度下包含了大量的细分指标。

（1）活跃用户数。

活跃用户，是与“流失用户”相对的一个概念，是指那些会时不时地阅览平台或网站的内容，并为平台或网站带来一些价值的用户。活跃用户可用于衡量平台或网站的运营现状，可以细分为日活跃用户数、月活跃用户数等指标。

1）日活跃用户数（Daily Active User，DAU）：常用于反映网站、互联网应用或网络游戏的运营情况。DAU 通常是指统计一日（统计日）之内，登录或使用了某个产品的用户数（除去重复登录用户），这与流量统计工具里的访客（User View，UV）概念相似。

2）月活跃用户数（Monthly Active User，MAU）：通常是指统计一个月（统计月）之内，登录或使用了某个产品的用户数（除去重复登录用户）。

（2）新增用户数。

新增用户是指安装 App/登录平台后首次启动或使用的用户。该指标主要用来衡量产品、内容运营推广效果，也可以用来判断产品所处的生命周期。新增用户数因为统计周期的不同，可以分为日新增用户数、周新增用户数、月新增用户数。

（3）流失用户数。

流失用户：是指那些曾经访问过平台或网站，或者注册过，但由于对平台或网站逐渐失去兴趣而远离，进而脱离的用户。流失用户可用于分析平台或网站是否存在被淘汰的风险，以及是否有能力留住新用户。

（4）用户留存率。

用户留存率是指某一统计时段内的新增用户中再经过一段时间后，仍启动该应用的用户比例。它是衡量产品的用户黏性、产品功能迭代是否成功的重要指标；同时还可以衡量渠道质量。用户留存率可重点关注次日、7 日、14 日以及 30 日留存率，次日留存率即某一统计时段（如今天）新增用户在第二天（如明天）再次启动应用的比例，以此类推。

（5）每个用户的总活跃天数。

每个用户的总活跃天数是指在某一周期内平均每个用户在 App 的活跃天数，它是衡量产品的用户黏性、用户质量和用户活跃度的重要指标。

（6）用户结构。

用户结构主要是指不同类型的用户数量分别是多少，用于衡量产品健康度。它包含的指标有连续活跃用户数、忠诚用户数、流失用户数、回流用户数等。

2. 用户行为数据

用户行为数据，就是访客在进入平台后进行操作而产生的数据，分析网站用户行为有利于满足平台的用户需求，提升平台信任度。用户行为由简单的 5 个元素构成，即时间（When）、地点（Where）、人物（Who）、交互（How）、交互的内容（What），也就是说用户在什么时间、什么地点、以何种交互方式完成了内容的操作。

（1）产品功能指标。

产品功能指标主要指产品中某模块（如拼多多的“砍一刀”模块）的活跃用户数、新增用户数、用户留存率、用户结构等一系列跟上文提到的类似指标，只不过产品功能指标针对的不是整个产品，而是具体到某一功能。

（2）转化率。

转化率是指下一个页面的访问量与当前页面的访问量的比值，它可以用来衡量产品路径的用户体验，进而指导产品页面、流程的优化和功能迭代。在电商中，转化率＝产生购买行为的客户人数／所有到达店铺的访客人数×100%，一家正常运转的店铺转化率通常在 3%～5%。一般来说，影响电商转化率的因素如图 5－45 所示。

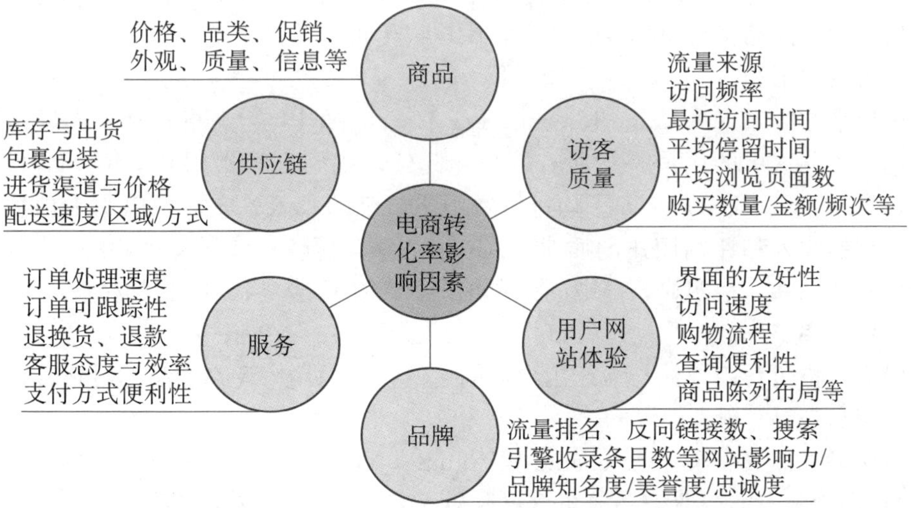


图 5－45　影响电商转化率的因素

（3）启动次数。

启动次数是指在某一周期内用户启动应用的次数，一般需要关注两大指标：一个是用户总启动次数，另一个是人均启动次数。它可以反映产品的用户黏性和用户活跃度。

（4）用户使用时长。

用户使用时长是指在某一周期内用户从打开 App/网站到关闭 App/网站的使用时间，需要关注三个指标：用户总使用时长、人均使用时长和单次使用时长。它主要用来衡量用户黏性和用户活跃度，一般与启动次数一起分析。

（5）使用时间间隔。

使用时间间隔是指用户相邻两次打开 App/网站的时间间隔，可通过对比不同周期的用户使用时间间隔来监测用户体验是否存在问题。

（6）页面访问分析。

页面访问数据包括页面访问次数、停留时长、跳出率、用户访问页面数和用户访问路径。

1）页面访问次数：是指某一周期内某一页面的访问次数。

2）停留时长：是指用户在一次页面访问中在某一页面上停留的时长。

3）跳出率：是指只访问了该页面就离开产生的访问量与总访问量的比值，它可以反映某一页面对用户的吸引力，以及可能存在的产品流程和影响用户体验的问题。

4）用户访问页面数：是指用户一次启动后访问的页面数，可以通过对比不同周期的页面访问分布来发现影响用户体验的问题。

5）用户访问路径：是指用户从打开 App/网站到关闭 App/网站过程中每一步页面访问和跳转的情况，不同类型用户会有不同的页面访问路径。对用户访问路径进行分析，可以有针对性地做出优化。

3. 经营指标数据

经营指标主要是指产品在商业化过程中所涉及的与收入相关的指标，如每用户平均收入、付费率、商品交易总额、续费率、用户终生价值等。

（1）每用户平均收入。

每用户平均收入（Average Revenue Per User，ARPU）是指在某一周期内用户产生的平均收入，这里的用户是指所有用户。此外，我们也经常用到 ARPPU（Average Revenue Per Paying User），即平均每付费用户贡献的收入。它们可以用来预估产品未来可以达到的收入和评判用户的质量。ARPU 注重的是一个时间段内商家从每个用户那里所得到的利润。很明显，高端的用户越多，ARPU 越高，利润也越高。

（2）付费率。

付费率是指付费用户数与活跃用户数的比值，可以用来评判产品的付费转化效果。

（3）商品交易总额。

商品交易总额（Gross Merchandise Volume，GMV），也就是成交总额（一定时间段内）。它多用于电商行业，一般包含已付款金额和拍下未支付订单金额，属于电商产品的常用指标，可以反映电商平台的体量。

（4）续费率。

续费率一般是指会员的续费率，即到期后续费的会员用户数与到期的会员用户数的比值，可以用来衡量付费用户的黏性。

(5) 用户终生价值。

用户终生价值（Life Time Value，LTV），在 App 中指用户生命周期价值（如图 5－46 所示），即用户从第一次打开 App 到最后一次关闭 App 的时间内为产品提供的收入。它可以用来衡量不同的产品生命周期中用户的质量，当 LTV 大于平均获客成本和后续的运营成本时，产品获得净收益。

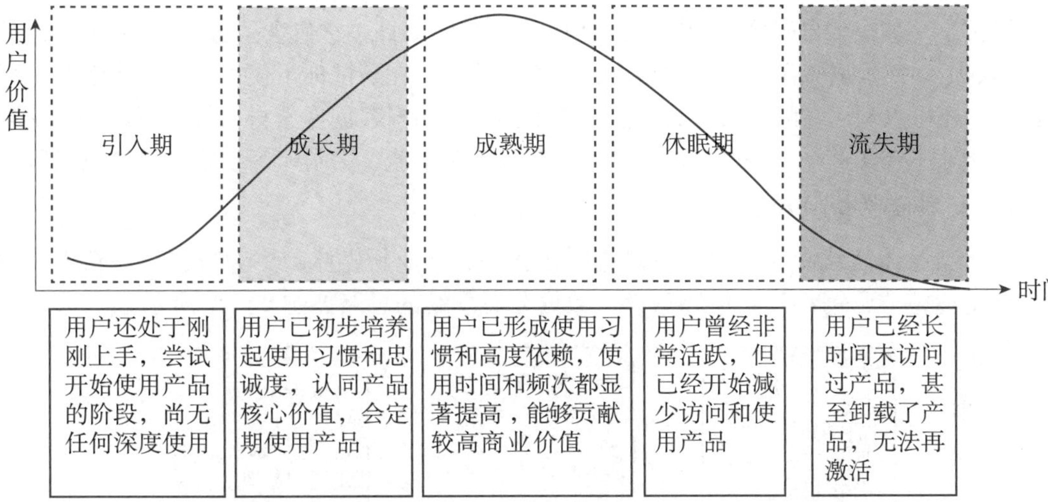


**图 5－46　用户生命周期价值**

资料来源：淘主播．4 类常见的用户生命周期分层法．（2021－03－17）[2023－02－15]．http：//www.tzhubo.com/4182.html.

## （五）新媒体数据分析工具

1．新榜

新榜是一个综合性的内容产业服务平台，而且当前比较主流的自媒体平台数据，比如微信公众号、微博、小红书，以及视频类的抖音、快手等的数据都可以搜索得到。它针对数据产生的时间，分为日榜、周榜、月榜三种，数据分类也很清晰，包括发布作品数、转发数、评论数、点赞数、新增粉丝数、累计粉丝数等。用户可以在此看到相关行业的整体运营情况，了解平台最真实、最具价值的运营榜单，方便用户了解新媒体整体发展情况，为用户提供有效的参考导向。

2．清博智能

清博智能是中国新媒体大数据权威平台，拥有清博指数、清博舆情、数据运营等多个核心产品，提供微信、微博、头条号等新媒体排行榜，以及广告交易、舆情报告、数据咨询等服务。清博数据和新榜一样，将榜单数据分为日榜、周榜和月榜三种。

3．微信指数

微信指数是微信官方的一款微信大数据分析小程序，是微信整合了微信上的搜索和浏览行为数据，基于对海量云数据的分析，从而形成当日、7 日内、30 日内以及 90 日内的“关键词”动态指数变化情况，方便人们看到某个词语在一段时间内的热度趋势和最新指数动态。微信指数和其他数据分析工具不同的是用户在手机端就可以查看数据情况。

4. 西瓜数据

西瓜数据是专业的微信公众号大数据服务商，它收集了 380 万个公众号的数据，4 亿篇公众号发文记录，提供广告价值预估、地区行业热门公众号排行等服务，可以实现分钟级阅读量监控、全网竞品搜索监控，是公众号运营及广告投放效果监控首选大数据工具。

5. 易撰

易撰是一款很多自媒体“创客”都在用的自媒体工具，它包含了近 20 款主流自媒体平台的数据，并根据数据来源及类型做了详细的分类。在易撰你不仅可以详细了解行业发展数据，还可以利用它的八大核心功能，查询到丰富的内容创作素材，甚至可以进行文章排版，此外还有文章查重、爆文标题助手、视频批量下载、去水印等十分实用的小工具。

### （六）撰写数据分析报告

分析新媒体运营情况、同行新媒体运营状态、行业新媒体趋势等数据，对新媒体团队甚至企业整体营销都具有指导意义。数据分析总结的思路如图 5－47 所示。

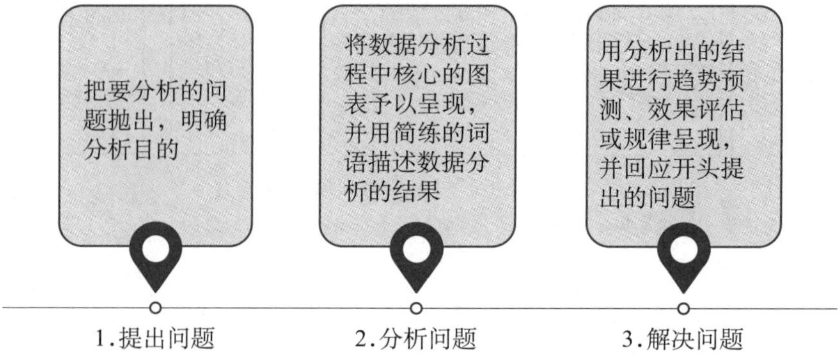


图 5－47　数据分析总结的思路

对新媒体数据进行挖掘、处理及分析后，一般可以得到较为完整的数据结果。但纯粹的数字或图表，仅数据分析者自己清楚，无法用于内部交流。因此在数据分析结果完成后，还需要撰写数据分析报告，使数据分析结果易于理解与留存。

1. 新媒体数据分析报告的类型

新媒体数据分析报告按报告频率可以分为日常报告和不定期报告；按研究范围可分为外部报告和内部报告。因此，新媒体数据分析报告主要包括日常运营报告、专项研究报告及行业分析报告，如表 5－18 所示。需要特别指出的是，由于同行的内部运营数据通常无法直接获取，因此行业分析报告主要是对行业的整体分析及同行的日常数据监测。

表 5－18　新媒体数据分析报告的类型

| | 内部报告 | 外部报告 |
|---|---|---|
| 日常报告 | 日常运营报告 | 行业分析报告 |
| 不定期报告 | 专项研究报告 | |

（1）日常运营报告。

日常运营报告指的是新媒体部门每天、每周、每月、每季度等都需要进行的汇报，如《企业网站流量日报》《微信公众号粉丝周报》《某账号推文阅读量周报》《企业网站转化率月报》等，它是根据不同新媒体平台的日常运营数据撰写的分析报告，能够帮助企业及时找出问题，提出改进措施。日常运营报告的重点是表头设计与流程固化。

（2）专项研究报告。

专项研究报告指的是针对某个特定问题而进行的数据分析与汇报，如《三八妇女节某活动效果报告》《本月微博销售额走低数据分析报告》《××账号粉丝增长来源分析报告》《××平台流量异常分析报告》等，它能够帮助企业根据某项问题提出针对性的解决措施。专项研究报告的重点是数据的深入挖掘和解决方案。

（3）行业分析报告。

行业分析报告指的是行业整体的新媒体情况汇报。分析行业整体的新媒体情况，有助于掌握整体趋势，做到知己知彼。行业分析报告的重点是整体情况和同行分析。

2. 数据分析报告的撰写

（1）日常运营报告的撰写要点。

日常运营报告是一种常态化报告，它呈现的是新媒体部门的整体运营状态及各新媒体平台的日常数据情况。日常运营报告通常会由数据分析者整理并发送给相关部门的同事。日常运营报告又分为工作日程表、运营效果表和总结汇报表。

1）工作日程表。

工作日程表的内容主要是新媒体团队的日常工作过程，通常包括事项完成的时间、任务完成的数量、过程链接的汇总等。

2）运营效果表。

如表 5－19 所示，运营效果表的内容主要是新媒体团队的运营结果，由于新媒体运营结果通常不受人控制，因此可以更客观地展示新媒体的整体运营效果。

**表 5－19　运营效果表**

<table>
<tr><th colspan="2"></th><th>1月</th><th>2月</th><th>3月</th><th>4月</th><th>5月</th><th>6月</th><th>7月</th><th>8月</th><th>9月</th></tr>
<tr><td colspan="2">销售额（元）</td><td>10 000</td><td>10 000</td><td>20 000</td><td>30 000</td><td>40 000</td><td>40 000</td><td>40 000</td><td>50 000</td><td>80 000</td></tr>
<tr><td rowspan="3">运营目标</td><td>流量（UV）</td><td>3 086.42</td><td>3 086.42</td><td>5 848</td><td>10 526.1</td><td>14 035</td><td>14 035</td><td>14 035</td><td>16 666.7</td><td>26 666.7</td></tr>
<tr><td>转化率</td><td>1.80%</td><td>1.80%</td><td>1.90%</td><td>1.90%</td><td>1.90%</td><td>1.90%</td><td>1.90%</td><td>2%</td><td>2%</td></tr>
<tr><td>客单价（元）</td><td>180</td><td>180</td><td>180</td><td>150</td><td>150</td><td>150</td><td>150</td><td>150</td><td>150</td></tr>
<tr><td colspan="2">公式</td><td colspan="9">销售额＝流量×转化率×客单价</td></tr>
<tr><td colspan="2">预计广告投入</td><td></td><td></td><td></td><td></td><td></td><td></td><td></td><td></td><td></td></tr>
<tr><td colspan="2" rowspan="2">运营阶段</td><td colspan="3">第一阶段过渡期</td><td colspan="3">第二阶段过渡期</td><td colspan="2">第三阶段优化期</td><td rowspan="2"></td></tr>
<tr><td colspan="3">团队建设，员工培训，供应链重建，系统的完善。通过活动让更多人体验产品，了解熟知我们</td><td colspan="3">积累信用，积累客户，积累经验。对团队来说是第一阶段后的市场检查，有助于实现快速发展</td><td colspan="2">淡季。经过第二阶段后，存在各种问题，进行总结、分析、学习，同时为下阶段的爆发做好准备</td></tr>
</table>

3）总结汇报表。

过程表和效果表主要用于新媒体部门内部分析与交流，但是在向其他部门（销售部、人力资源部等）及公司总经理汇报时，则需要注意减少过于专业化的词汇，且无须展示全部数据，如表 5－20 所示，直接提炼出各部门关心的核心数据即可，力求精简、高效。

**表 5－20　总结汇报表**

| | | |
|---|---|---|
| 日期 | 2022 年 8 月 1 日至 2022 年 8 月 13 日 | |
| 汇报人 | 新媒体经理 | |
| 具体数据 | 微信公众号粉丝增加 | 3 121 |
| | 微信公众号粉丝总数 | 27 653 |
| | 微博粉丝总数 | 85 772 |
| | 网络订单数量 | 258 |
| | 网络订单金额 | 25 800 |
| | 待发货订单数量 | 85 |
| | 待发货订单金额 | 8 500 |

（2）专项研究报告的撰写要点。

专项研究报告需要针对某个新媒体事件或问题逐层进行分析，尽量找到问题源头，并在报告中给出明确的研究建议。一份专项研究报告，需要符合完整的报告格式，且每一环节层层相扣。专项研究报告一般包括问题表述、研究思路、研究过程、数据解读、分析建议等部分。

（3）行业分析报告的撰写要点。

对某行业进行分析，主要是分析行业大数据，从而了解行业内用户的基本特征、行为路径等细节。现阶段各大互联网平台都已经将大数据开放，数据分析人员可以借用上文提到的数据分析工具，直接获取相关数字或图表进行行业分析。行业分析报告主体的撰写架构是“分—总”格式，分别对行业、对手展开分析，最后进行整体分析结果的总结并提出运营建议，如图 5－48 所示。

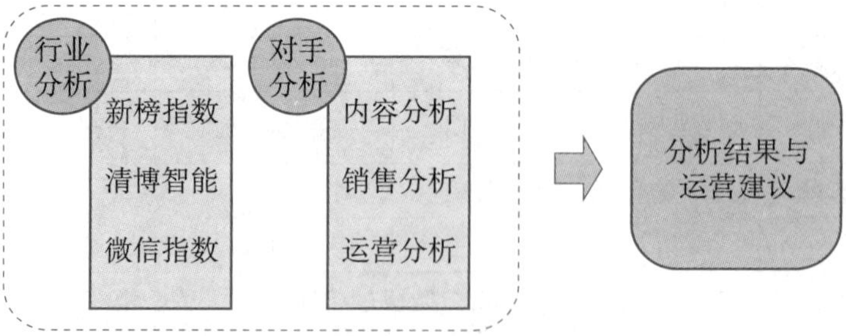


**图 5－48　行业分析报告主体的撰写架构**

## 科技创新

东方甄选直播间爆火：农产品该如何电商化？

我国作为农业大国，农产品是基本的食物来源和生存资源，在整个社会的商品传播中处于基础性和基本性地位，涉及十几亿人民的温饱问题，产业链关乎数亿农民的就业问题。在乡村振兴和农业现代化的大背景下，农业数字化站在了政策的风口上。自2004年起，中央每年发布的第一份文件都是针对三农问题的，近年来，中央一号文件中越来越多地涉及与农业数字化有关的内容，智慧农业、信息技术与农业结合、互联网+农业等词语越来越多地被提及（如表5-21所示）。

**表5-21 2017—2020年中国农村电商政策盘点**

| | | | |
|---|---|---|---|
| 2017年 | 8月 | 商务部、农业部 | 《关于深化农商协作大力发展农产品电子商务的通知》 |
| | 12月 | 农业部办公厅 | 《关于深入实施贫困村"一村一品"产业推进行动的意见》 |
| 2018年 | 1月 | 中共中央、国务院 | 《关于实施乡村振兴战略的意见》 |
| | | 财政部 | 《农业综合开发财务管理办法》（修订） |
| | 5月 | 财政部办公厅、商务部办公厅、国务院扶贫办综合司 | 《关于开展2018年电子商务进农村综合示范工作的通知》 |
| | | 工业和信息化部 | 《关于推进网络扶贫的实施方案（2018-2020年）》 |
| | 12月 | 国务院办公厅 | 《关于深入开展消费扶贫助力打赢脱贫攻坚战的指导意见》 |
| 2019年 | 2月 | 中共中央办公厅、国务院办公厅 | 《关于促进小农户和现代农业发展有机衔接的意见》 |
| | 4月 | 中共中央、国务院 | 《关于建立健全城乡融合发展体制机制和政策体系的意见》 |
| | | 财政部办公厅、商务部办公厅、国务院扶贫办综合司 | 《关于开展2019年电子商务进农村综合示范工作的通知》 |
| | 5月 | 财政部办公厅、商务部办公厅 | 《关于推动农商互联完善农产品供应链的通知》 |
| 2020年 | 1月 | 中共中央、国务院 | 《关于抓好"三农"领域重点工作确保如期实现全面小康的意见》 |
| | 2月 | 商务部办公厅、财政部办公厅 | 《关于疫情防控期间进一步做好农商互联完善农产品供应链体系的紧急通知》 |

随着技术、人力成本、机械化水平等方面的变化，国内农产品始终在消费品发展模式的边缘徘徊，在标准化、一体化、流程化、品牌化等方面发展受限。而疫情期间，因居家隔离等原因，线上购买生鲜农产品的需求大大增加。在此背景下，各新媒体平台也结合了自身内容特点，推出"三农"故事征集、家乡风采展示、农人扶持、助农带货等活动，积极引导"三农"内容创作。

对比农产品的传统销售模式来看，农产品电商有三大优势：减少流通环节，降低交易成本，加快物流运转。对于消费者来说，它选择多、实惠，是线上消费的首选。

2021年底，新东方在抖音平台推出助农业务。"东方甄选"直播间主打农产品直播带货，主播由新东方名师转型而来，双语直播快速破圈，引发全民关注。

"我没有带你去看过长白山皑皑的白雪，我没有带你去感受过十月田间吹过的微风，我没有带你去看过沉甸甸的弯下腰，犹如智者一般的谷穗，我没有带你去见证过这一切，但是，亲爱的，我可以让你去品尝这样的大米。”29 岁的陕西小伙儿董宇辉成了新东方的新标志和“励志偶像”——中英文双语无缝切换，典故和金句信手拈来，知识点和卖货梗浑然一体，一场“高级脱口秀”式样的直播让粉丝欲罢不能，心甘情愿下单。主播董宇辉一举打破了视频滤镜的“颜值正义”，带领着一帮从教师岗位转型的新东方主播们用文化的内涵、知识的力量和情感的共鸣，在“乱花渐欲迷人眼”的直播红海中打开了一片新天地。



农产品，这个被多数头部主播排除在带货产品列表之外的物种，再次走入大众视野。

东方甄选凭故乡的味道，让在电商直播中鲜少出现的商品，从田野走入市井。东方甄选为助农直播开辟了一条新的道路。关注度的提升已让东方甄选对接到了更多农业资源，包括来自省级农业厅的合作洽谈。未来，东方甄选的直播，或许不只局限在室内，而是会走进田间地头，将原生态的农业展现给更多人。直播带货，本质上是一种高效的推荐电商模式。艾瑞 2021 年的一项助农直播调查显示，有 98.3% 直播助农用户表示会购买农副产品。从这一点看，积累了 2 000 万粉丝的东方甄选直播间，将会越来越不愁产品的销售。摆在东方甄选面前的，是一条广阔的赛道。

农业是中国发展最悠久、最有竞争优势的行业，但不可否认，国内农业现代化依旧处于初级阶段，农产品品牌化、供应链完备化的问题仍然存在。对于东方甄选来说，让农产品带着情感走入消费家庭，是获得好感的第一步，但单纯依靠观众的情怀来高价售卖的策略，不会长久。对于农产品来说，东方甄选只是一个“卖货中介”，长效的发展需要品牌力、渠道力、产业链等多维度的提升和探索。

资料来源：人人都是产品经理社区．东方甄选火了，农产品能活吗？.（2022-06-29）[2023-02-15]. http://www.163.com/dy/article/HB1IL5A20511805E.html.

请思考：电商助农直播的优势与劣势分别是什么？

## 项目检测

### 知识训练

### 一、单项选择题

1. 新媒体营销，是以（　　）为核心，利用新媒体平台进行营销的一种方式。

A. 营销　　B. 内容

C. 新媒体　　D. 平台

2. 新媒体营销的特征不包括：（　　）。

A. 成本低廉化　　B. 传播高效化

C. 渠道单一化　　D. 交互即时化

3. 搜索引擎营销的方式不包括：（　　）。

A. 关键词搜索　　B. 竞价排名

C. 网盟推广　　D. 搜索引擎优化

4. 根据 4P 营销理论，以下哪一个不是营销的要素？（　　）

A. 产品　　B. 消费者

C. 渠道　　D. 价格

5. PMF即产品和市场达到最佳的（　　）。

A. 利益点　　B. 锚点

C. 契合点　　D. 重合点

6. 口碑营销的最大特点是（　　）。

A. 传播速度快　　B. 成本低廉

C. 覆盖面广　　D. 可信度高

7. 在社群营销的过程中，（　　）是桥梁、是工具，（　　）才是重点。

A. 社群；营销　　B. 营销；社群

C. 平台；营销　　D. 营销；平台

8. 策划营销方案大纲的要求不包括：（　　）。

A. 表述简单明了　　B. 语言通俗易懂

C. 成本低廉可行　　D. 方案要素全面

9. （　　）是品牌借势节假日或者重大突发事件的流量，进行创作的文案。

A. 产品上新文案　　B. 产品推广文案

C. 企业推广文案　　D. 热点借势文案

10. 数据复盘的意义不包括：（　　）。

A. 直观展示运营效果　　B. 展现销售量

C. 预测市场趋势　　D. 辅助运营决策

## 二、思考题

1. “话题营销”是新媒体营销中常见的一种方法，具体是如何开展的？

2. 社交媒体营销的优势有哪些？

3. 4P与4C框架有何不同？

4. 病毒营销的特点是什么？

5. 社群营销的类别有哪些？

6. 新媒体营销需要关注的数据指标有哪些？

## 三、知识强化题

1. 填空题：请填写对应的分析报告类型（日常运营报告、专项研究报告、行业分析报告）。

（1）《粉丝来源专项研究报告》：________________。

（2）《2021年第一季度快消行业新媒体分析报告》：________________。

（3）《公众号流量日报》：________________。

（4）《付费率专项调研报告》：________________。

（5）《抖音粉丝周报》：________________。

（6）《“双11”购物节微信推广活动效果报告》：________________。

2. 多选题：以下哪些数据需要向上级汇报？（　　）

A. 网站近100天访问来源数据汇总

B. 微信公众号自定义菜单点击数据

C. 近半年各条微博的具体转发数及评论数

D. 竞争对手上周发布文章的“关键词”总结

E. 网站 100 个内页的跳出率具体数据

F. 近 30 天的 10 个产品盈利情况

3. 连线题：请将产品与产品标签、消费者需求一一匹配连线。

| 产品标签 | 产品 | 消费者需求 |
| --- | --- | --- |
| 新能源 | 苹果手机 | 理想 |
| 情怀 | 锤子手机 | 环保 |
| 时尚 | 特斯拉汽车 | 颜值 |

4. 填空题：请查阅相关资料，将以下专业名词翻译成非专业人士也能听得懂的话，以便跨部门沟通。

例如，微信公众号推文阅读量：看推文的人数。

（1）推文转化率：________________。

（2）推文转发率：________________。

（3）推文跳出率：________________。

（4）公司 App 的 DAU：________________。

**技能训练**

**实训一：文案设计训练**

上网搜索“小罐茶”的文案营销案例，并模仿小罐茶，为某罐装奶茶企业的新产品（如图 5－49 所示）设计瓶身文案，以及新媒体平台传播文案。

图 5－49　罐装奶茶企业的新产品

**实训二：品牌故事写作训练**

请上网搜索“褚橙”的品牌故事，根据品牌故事写作技巧中的“三幕式结构”完成下表。

| 品牌 | 第一幕 | 第二幕 | | | 第三幕 | | |
| --- | --- | --- | --- | --- | --- | --- | --- |
| 褚橙 | 设定 | 第一情节点/诱发因素 | 上升的行动/品牌做出的努力 | 中点/挫折点 | 第二情节点/奋力一搏 | 高潮/一击即中 | 结局/品牌的地位及价值 |
| | | | | | | | |

**实训三：主题营销活动策划**

使用任意一种新媒体营销方法策划主题营销活动。

营销背景："双 11"大促临近，2020 年创立的某牛排品牌，主攻年轻健身人群市场，以低卡、低脂、健康为卖点。

产品信息：本次大促主推的牛排产品为西冷牛排，大促价为 110 元/10 片，并赠送刀叉、平底锅各一份，以及配套调料一份。

请你为该品牌策划主题营销活动，并撰写策划案一份。

要求：

1. 本次活动的预热、实施都在新媒体平台进行。
2. 全班同学 4～5 人为一小组，以小组为单位完成任务。

**实训四：数据分析——撰写工作日程表**

为自己运营的公众号撰写一份"日常运营报告"中的"工作日程表"。

# 参考文献


[1] 黎万强．参与感：小米口碑营销内部手册［M］．北京：中信出版社，2018.

[2] 秋叶，萧秋水，刘勇．微博营销与运营［M］．北京：人民邮电出版社，2017.

[3] 吴航行，李华．短视频编辑与制作［M］．北京：人民邮电出版社，2019.

[4] 秋叶，郑昊，米鹿．短视频策划、制作与运营［M］．北京：人民邮电出版社，2020.

[5] 叶飞．小红书内容创作、运营与带货：从小白到高手［M］．北京：化学工业出版社，2022.

[6] 乔纳·伯杰．疯传［M］．北京：电子工业出版社，2020.

[7] 苏芯．进击的文案［M］．北京：电子工业出版社，2020.

[8] 菲利普·科特勒．营销管理［M］．北京：中信出版社，2022.

[9] 王中伟．卖货文案［M］．北京：电子工业出版社，2020.

[10] 杨不梅，李广顺，梦芝．爆款文案策划：新媒体营销宝典［M］．北京：化学工业出版社，2021.

[11] 直播商学院．直播文案策划与编写：从入门到精通［M］．北京：化学工业出版社，2021.

[12] 皮拉尔·亚历山德拉．10 分钟编剧手册［M］．北京：人民邮电出版社，2021.

[13] 王小亦．短视频文案：创意策划、写作技巧和视觉优化［M］．北京：化学工业出版社，2022.

[14] 雨涛．如何写出短视频爆款文案［M］．北京：民主与建设出版社，2022.

[15] 杜志红．短视频艺术传播通论［M］．苏州：苏州大学出版社，2021.

[16] 谭俊杰．短视频文案编写从入门到精通（108 招）［M］．北京：清华大学出版社，2021.

[17] 云蔓．小红书运营实战一本通［M］．北京：清华大学出版社，2022.

[18] 秋叶，姜梅．小红书运营［M］．北京：北京大学出版社，2022.

[19] 大卫·奥格威．一个广告人的自白［M］．北京：中信出版社，2015.

［20］邓佳煜，罗璇，张雨．新媒体策划与制作［M］．武汉：华中科技大学出版社，2022.

［21］叶妙琳．微信公众号平台操作与版式设计全攻略［M］．北京：人民邮电出版社，2021.

［22］庐七．微信公众号运营：实战方法、案例与技巧［M］．北京：电子工业出版社，2017.

［23］陶亮，吴航行．新媒体信息编辑［M］．北京：人民邮电出版社，2021.

［24］罗丹丹．软文营销［M］．北京：清华大学出版社，2021.

［25］秋叶，邻三月，泰阳．社群营销实战手册［M］．北京：人民邮电出版社，2022.

［26］赵阳．零基础学社群营销［M］．北京：清华大学出版社，2022.

［27］纪伟娟，贾昆霖．搜索引擎营销实战教程（SEO/SEM）［M］．北京：人民邮电出版社，2020.

［28］秋叶．新媒体营销与运营［M］．北京：人民邮电出版社，2021.

［29］勾俊伟，刘勇．新媒体营销概论［M］．北京：人民邮电出版社，2019.

［30］倪莉莉，郑伶俐．新媒体营销与案例分析［M］．北京：人民邮电出版社，2022.

［31］查克·布莱默．点亮社群：互联网营销的本质［M］．北京：东方出版社，2010.

［32］克里斯多福·莱利．好莱坞剧本标准格式［M］．台北：城邦-PCUSER计算机人出版社，2020.

［33］赵春红．新媒体数据分析基础教程［M］．北京：北京大学出版社，2022.

［34］段峰峰．新媒体数据分析与应用［M］．北京：人民邮电出版社，2020.

［35］黄桓．新媒体用户研究：节点化、媒介化、赛博格化的人［M］．北京：中国人民大学出版社，2020.

［36］王力建．新媒体和电商数据化运营［M］．北京：清华大学出版社，2022.

［37］IMS（天下秀）新媒体商业集团．新媒体用户行为与心理［M］．北京：清华大学出版社，2022.